本书得到哈尔滨商业大学应用经济学学科建设项目、哈尔滨商业大学东北亚服务外包研究中心博士后科研工作站研究项目、哈尔滨商业大学应用经济学博士后科研流动站研究项目等项目的支持。

Research on the Optimization of
LOCAL TAX SYSTEM

地方税体系优化研究

章力丹 　王曙光 　◎著

中国财经出版传媒集团
经济科学出版社
Economic Science Press
·北京·

前言

1994年分税制改革作为财政管理体制改革的重要里程碑，使得中央与地方间的经济分权逐步打破政治分权的局限性，对规范中央与地方间的财政关系、调动中央与地方两个积极性、强化各级政府宏观调控能力和增强中央与地方政府公共服务的供给能力等方面具有积极的现实意义，也为后期深化财税体制改革和完善现代税收制度提供了基本研究框架；2012年党的十八大报告明确提出"构建地方税体系，形成有利于结构优化、社会公平的税收制度"，2017年党的十九大报告强调"深化税收制度改革，健全地方税体系"，2021年《中华人民共和国国民经济和社会发展第十四个五年规划和2035年远景目标纲要》提出"完善现代税收制度，健全地方税、直接税体系"，以及2022年党的二十大报告提出"健全现代预算制度，优化税制结构"等政策要求，体现了地方税体系改革的客观必然性及国家关于地方税体系改革的战略定位、目标与方向。

地方税体系不是简单意义上的地方税收划分问题，涉及地方税税种格局、主体税模式、税权划分、权益分配和征收管理等内容，其实质是中央与地方、地方与地方之间税收权益的科学分配，这是优化地方税体系的难度之所在，需深入探讨如何在高度集中的国家政体下，通过完善税权纵向配置，在保障中央与地方财力规模适中的同时，充分调动中央与地方两个积极性及促进中央与地方各级政府治理能力的提升。其核心问题之一是地方主体税的选择问题，关系着地方财政收入能力和收入可持续性等诸多方面。2016年全面"营改增"政策在全国推行，作为地方主体税种的营业税正式退出历史舞台，以致中央与地方之间的纵向财政失衡、地方政府之间的横向财政失衡、区域间财政公平与效率的失衡等地方税体系的矛盾及地方主体税"缺位"问题凸显。尤其是2020年以来新冠疫情的影响，面对世界百年未有之大变局、中美贸易摩擦等方面的不确定性，以及国家出台的一系列减税降费政策等因素加大了地方财政压力，因此研究我国优化地方税体系及确立主体税以保障地方财政收入稳定增长，可谓意义重大。

诚然，优化地方税体系问题不仅是财税理论研究的重要命题，也是关系基本公共服务均等化及人民福祉的实践问题，需协调好中央与地方之间的财力分配关系和税种划分格局，以及地方政府之间税源分布的均衡性、主体税种收入能力的持续性、税收收入与非税收入等多重关系。本书旨在以"地方税体系优化"为研究对象，按照"厘清地方税体系的科学内涵—明晰地方税体系问题及成因—地方主体税种分析与选择—地方税体系的总体设计—完善地方税体系的配套措施"的基本思路展开系统的研究。

本书选用的相关数据、政策法规等资料的时间截至2022年12月。书中非特殊说明和注明数据均来自《中国统计年鉴》《中国税务年鉴》和财政部官网等资料。

本书在撰写过程中，哈尔滨商业大学财政与公共管理学院蔡德发教授、王炜教授给予了极大的支持、指导和帮助，博士研究生李慧及硕士研究生吴泽宇、胡举超、白佳艳、叶京昆、胡凯琪和张立红参与了部分内容的撰写、资料收集和文字校对等工作。此外，本书参考了诸多的文献资料（在参考文献和脚注中已注明），在此一并表示感谢。

因作者水平及资料所限，书中不当或错漏之处，敬请读者提出宝贵意见。

作者

2022年12月

目录 CONTENTS

第一章 绪论 // 001
 第一节 研究背景、目的及意义 // 001
 第二节 国内外文献综述 // 006
 第三节 研究内容与方法 // 022
 第四节 研究思路与创新 // 024

第二章 地方税体系的基础理论 // 027
 第一节 地方税体系的概念界定 // 027
 第二节 地方税体系的理论释析 // 032
 第三节 地方税体系的相关理论 // 036

第三章 地方税体系建设及问题分析 // 044
 第一节 地方税体系的历史变迁 // 044
 第二节 地方税体系的总体概况 // 048
 第三节 地方税体系的问题分析 // 058
 第四节 地方税体系的问题成因 // 070

第四章 国外地方税体系建设的经验与启示 // 075
 第一节 联邦制国家地方税体系的建设经验 // 075
 第二节 单一制国家地方税体系的建设经验 // 084
 第三节 国外地方税体系建设对中国的启示 // 092

第五章　地方税体系及主体税的分析与选择 // 096
第一节　地方税收规模和结构影响因素分析 // 096
第二节　地方主体税备选税种的可行性分析 // 111
第三节　层次分析法下构建地方主体税选择模型 // 124
第四节　确定地方主体税的主要观点及选择 // 132

第六章　地方主体税模式的定位与要素设计 // 137
第一节　地方主体税模式的定位 // 137
第二节　房地产税制设计与测算 // 140
第三节　消费税优化思路与设计 // 156

第七章　优化地方税体系的总体思路与设计 // 166
第一节　优化地方税体系的总体思路 // 166
第二节　强化地方税体系法治化管理 // 174
第三节　明确中央与地方间税权划分 // 178
第四节　合理调整和优化地方性税种 // 181
第五节　完善征管体制规范税源管理 // 185

第八章　优化地方税体系的配套改革与举措 // 191
第一节　适当调整央地间的事权划分 // 191
第二节　完善现行财政转移支付制度 // 195
第三节　强化税费综合管理制度改革 // 201

第九章　结论与展望 // 204

附录 A　各层次成对比较矩阵指标赋值 // 207

附录 B　实证分析过程（基于 MATLAB 语言） // 210

参考文献 // 217

第一章 绪 论

第一节 研究背景、目的及意义

一、研究背景

地方税体系是完善现代税收制度的重要组成部分，是健全我国财政管理体制的重要环节，是推动财政发挥"国家治理的基础和重要支柱"的重要手段，也是更好地发挥税收在国家治理中的基础性、支柱性和保障性作用的重要依托。受国家政体、经济形势、发展水平、社会结构、要素禀赋和历史传统等因素的影响，世界上不同国家的地方税体系各具特色。从各国的税权划分情况看，主要分为分散型、适度集中相对分散型和集中型三种类型，通常情况下绝大多数国家的税收立法权由中央政府掌握，而从提高税收征管效率和支持地方经济发展等角度考虑，部分国家将个别零星小税种的少许税权赋予地方政府；从地方税税种构成看，多数国家地方政府以财产税作为主体税，少数国家选择所得税、商品税和流转税等税种作为地方主体税，当然，也有个别国家选择在不同层级政府间设置差别化的主体税种；从税种类别看，世界各国税种多种多样，但不同国家间税种设置差异较大；从地方税收收入规模看，绝大多数国家中央税收收入在税收总额中占据绝对比重，而地方税收收入仅占小部分比重；从地方税征管情况看，主要包含分税分机构和分税不分机构两种模式。综合国内外地方税体系建设情况可看出，国内外地方税体系建设具有一定的共性，又各具特色。总体来看，国外地方税体系较为完善，我国地方税体系在新一轮税制改革背景下仍需完善。

1994年分税制财政体制改革将税种统一划分为中央税、地方税和共享税，致力于"提高两个比重"，即中央财政收入占全国财政收入比重和财政收入占GDP比重，该项改革规范了中央与地方之间的财政分配关系，极大地调动了地方政府的积极性，激发了地方的经济发展活力。但随着分税制改革进程的不断深入，逐步证明了此次分税制改革是不彻底的，其改革实质上是政府将财力逐渐上移、事权逐渐下放的过程，政府间支出责任尚未明确，中央与地方财政收入尚未按照税种进行划分，省级以下地方政府财政关系未明确规范等问题的存在造成地方财政收支缺口较大，尤其是基层财政收不抵支现象严重，间接导致了地方政府过度依赖土地财政、地方隐性债务激增和政府短期投资行为等现象，阻碍了地方经济的良性运行和发展。2012年1月1日我国首先在上海试点试行"营改增"政策，2013年8月1日"营改增"政策在全国推广试行，直至2016年5月1日，作为地方主体税种的营业税正式退出历史舞台，以致地方税收收入大规模减少，地方主体税种缺失，对地方税体系造成了较大冲击。

2012年党的十八大报告提出"构建地方税体系，形成有利于结构优化、社会公平的税收制度"的政策要求；2015年党的十八届三中全会提出"必须完善立法、明确事权、改革税制、稳定税负、透明预算、提高效率，建立现代财政制度，发挥中央和地方两个积极性"的战略导向，把财政置于国家重要战略地位；2017年党的十九大报告提出"深化税收制度改革，健全地方税体系"的新要求；2020年党的十九届五中全会提出"建立现代财税金融体制"的发展目标；2021年《中华人民共和国国民经济和社会发展第十四个五年规划和2035年远景目标纲要》（以下简称"十四五"规划纲要）指出"完善现代税收制度，健全地方税体系"等改革建议；2022年党的二十大报告提出"健全现代预算制度，优化税制结构"等政策要求。这些政策都反映了党的十八大以来党中央和国务院对深化税收制度改革、优化地方税体系相关问题的高度重视和改革的系列战略部署，以及地方税体系改革的客观必然性，为优化地方税体系和确立地方主体税提供了重要的指导方向。鉴于此，本书以"地方税体系优化"为研究对象，旨在探索地方税、地方主体税及地方税体系的内在机理与理论依据，深入挖掘优化地方税体系的约束性因素，并提出优化地方税体系的总体设计及其配套措施。

二、研究目的

"十四五"规划纲要为全面建成社会主义现代化国家指明了方向、明晰了目标、勾画了蓝图和提供了路径，也为"完善现代税收制度"作出了具体的战略部署，"优化税制结构，健全地方税体系"是实现"十四五"规划纲要目标的重要抓手和有力保障。地方税体系在一定程度上夯实了中央财政基础、弥补了地方财政缺口、保障了地方基本公共服务的有效供给，但地方主体税种缺位对地方财政收入的持续性和稳定增长造成了较大挑战，加剧了地方财政特别是县乡财政困难。因此，本书探究如何结合中央与地方财政收入能力、事权划分和支出责任等特点，合理划分中央与地方、地方与地方之间的税收权益，探索优化地方税体系的具体路径，具言之，即通过释析地方税体系存在的理论基础和现实基础，探究优化地方税体系的根本矛盾所在；通过阐释地方税体系的制度建设、税权配置、征管模式、主体税定位、税种结构和税收规模等情况，分析地方税体系存在的地方税法制不规范、税权配置纵向失衡、现代征管模式滞后、地方主体税种缺位、地方税结构不合理和地方税收规模较小等问题；通过地方税收收入规模和结构影响因素的实证分析，总结影响地方税收收入规模和结构的因素包括经济发展优度、税收汲取能力和公共服务水平三个公因子，并探讨了三个公因子对地方税收收入规模和结构的具体影响，以期为地方税结构优化提供重要参考，基于地方主体税定位及备选税种的可行性分析，运用层次分析法构建地方主体税选择模型，凝练房地产税和消费税的地方双主体税模式及其税制要素设计方案。在此基础上，提出优化地方税体系的总体设计和配套措施等建议，以加快健全地方税体系和确立科学的地方主体税，为新一轮财税体制改革建言献策。

三、研究意义

（一）理论意义

地方税体系相关问题是财政学的核心问题和研究的重要内容之一，更是当前国内外学界和政府部门研究的重点和热点问题之一。我国学术界和理论界为建立良好的中央与地方之间的财权、税权、事权和支出责任关系，对地方税体系建设问题进行了诸多理论研究，但运用实证分析方法研究地方税体系及其主体税确立问题的成果较少。本书以"地方税体系优化"为研究对象，系统梳理国内外关于地方税体系及其主体税选择的研究成果，积极探索国内外关于地方税体系及其主体税的基础理论，在借鉴财政分权理论、税收效率理论、委托代理理论和公共选择理论等理论内容的基础上，深入研究地方政府、地方税、主体税、地方税收及地方税体系等概念的科学内涵，明晰主体税、地方税与地方税体系的形成机理，从而摆脱过去以孤立和片面的视角研究主体税、地方税及地方税体系建设问题，最后从理顺中央与地方之间的财政分配关系、保障地方财政收入持续稳定增长和提高地方政府治理效能等角度出发，提出确立房地产税与消费税的地方双主体税模式及地方双主体税的税制要素设计方案、优化地方税体系的总体设计及配套措施等。

（二）实践意义

1994年分税制改革明确界定和划分了中央和地方之间的财权与事权关系，按照事权和财权相结合的原则，对中央与地方政府之间的税种和税权进行了具体划分，真正意义上的地方税体系由此诞生，使得我国中央与各级地方政府之间的财政利益得以实现，财政体制朝着合理化、稳定化和规范化的方向发展。本书旨在梳理和分析地方税体系优化存在的问题及其成因，提出地方主体税的选择方案和地方税体系的优化路径，这对全面贯彻落实"十四五"规划纲要要求具有重要的实践意义，主要表现为以下方面。

第一，有利于保障地方财政收入稳定。保证中央与地方财权和事权相统一是分税制财政体制的重要目标之一，但在实践中，我国中央与地方政府的财权与事权存在着一定程度的不统一，即地方承担了过多的事权，却没有足够的财力作为保障，多数省份只能依赖中央财政转移支付弥补地方财政缺口，而在转移支付无法满足时，一些地方政府寻求土地财政、举债和乱收费等违法行为增加地方财政收入，造成地方隐性债务激增，这对地方财政的可持续性造成了较大的压力。因此，优化地方税体系、保障地方财政收支相对平衡意义重大。

第二，有利于推进地方税体系的优化。我国地方税体系构建的基本脉络始于1980年国家制定的"六五"计划直至2021年的"十四五"规划，在此期间地方税税种的设置和税率的调整越来越符合经济社会发展要求。但1994年的分税制在实施过程中逐渐出现了事权下移和财权上收的局面，造成了地方政府、特别是县乡级政府的财政支出困难，总体而言，现行的地方税体系是有待完善的，因此本书系统地研究分析优化地方税体系相关问题，并提出地方税体系的科学化和合理化改革思路，有助于优化地方税体系及确立其主体税。

第三，有利于深化我国税收制度改革。"十四五"规划纲要指出了新一轮财税体制改革的具体战略部署之一即是"完善现代税收制度，健全地方税体系"，这是继党的十八大及党的十八届三中全会以来关于"地方税体系"改革问题的又一次重要探索和重要方向，由"构建"到"完善"再到"健全"地方税体系，表明税制改革要在主体税确立、税种结构设置、税权调整划分和税收征管制度完善等方面取得新突破。因此，研究地方税体系建设问题，提出优化地方税体系的总体设计，有助于推进新一轮财税体制改革目标的实现。

第四，有利于为部门的决策提供参考。基于地方税体系的问题分析及优化地方税体系的一般性讨论，本书分别从房地产税和消费税地方双主体税的确立方案及其税制要素设计、优化地方税体系的改革建议和配套措施等角度提出了优化地方税体系的总体方案，旨在对优化地方税体系及确立其主体税问题从财政学学科专业角度提供较为可行的观点和看法，以期为政府及有关部门决策提供有益的参考，进而确保地方政府财力和职能的有效实现，引导国民经济的健康发展，促进经济结构的有序调整。

第二节 国内外文献综述

一、国外研究文献

西方发达国家对地方税体系的研究起步较早，取得了丰硕的理论和实践研究成果。本书从地方税体系基础理论、中央与地方税权划分原则、地方税收收入规模实证分析和地方税体系建设四个方面梳理了国外的研究成果，旨在厘清地方税、主体税及地方税体系的内在机理，探索地方税体系的理论渊源，为优化中国地方税体系和确立主体税提供有益的参考和借鉴。

（一）地方税体系基础理论的研究

20世纪50年代，国外学者对政府间关系及其财政关系问题进行了较为深入的研究，为政府提供非排他性公共物品的可行性、地方政府存在的合理性、中央与地方财政分权的必然性等奠定了重要的理论基础。如美国经济学家萨缪尔森（P. A. Samuelson）教授1954年在《公共支出的纯理论》一书中以古典经济学为基础，提出公共产品即每个人对该产品的消费不会减少其他人对该公共产品的消费，其是从排他性和竞争性角度对公共物品和私人物品进行的划分，是早期古典公共物品理论的开端；美国公共经济学家蒂布特（Tiebout，1956）、德国现代财政学之父马斯格雷夫（Musgrave，1959）和美国马里兰大学奥茨（Oates，1972）以公共物品理论为基础，以市场失灵为起点，以帕累托最优和社会公正为准则，运用新古典经济学理论分析财政分权的必要性、中央与地方政府职能划分及其财政工具在不同级次政府之间的选择和配置问题，形成了第一代财政分权理论，其中蒂布特模型首次将主流公共产品理论对全国性物品需求分析扩展至地方公共物品的需求，并将地方政府引入公共物品供给模型中，挑战了马斯格雷夫等的公共物品供给不存在最优解的观点，开创了公共经济学、区域经济学及经济学的新领域，奥茨的分权定理认为，不同地区居民对公共物品的偏好不尽相同，由地方政府向本地区居民提供公共产品更有效率，利于实现资源的最有效配置和帕累托最优；钱颖一和温加斯特（Qian & Weingast，1997）、麦金农（McKinnon，1997）等在第一代财政分权理论基础上，引入公共选择理论、软预算约束、委托代理理论、制度经济学理论和信息经济学等理论，形成了第二代财政分权理论，其中布伦南和布坎南（Brennan & Buchanan，1980）提出，通过各级政府的内部竞争，建立预算约束机制，以实现政府内部的分权。温加斯特（1995）提出，第二代财政分权理论的基本条件主要包括：一是地方政府对地区经济拥有管理责任，二是市场条件自由，三是地方政府面临"硬预算约束"。钱颖一和温加斯特（Qian & Weingast，1997）提出，引入约束与激励机制用于约束地方政府行为和保护市场，从而实现社会福利的最大化。美国经济学家罗纳德·麦金农（Mckinnon，1997）提出，欧洲货币体系建立的前提之一在于使货币权力与财政权力相分离，以实现硬预算约束。钱颖一等（1998）通过构建模型得出联邦制分权有助于实现政府预算约束硬化的结论，提出地方政府竞争也会对政府随意干预市场形成约束。麦克卢尔（McLure，2000）提出，地方政府需拥有一定的税收收入满足履行支出责任的需要，以此论证了地方税存在的合理性。伯德（Bird，2011）对地方税的内涵进行了较为深入的研究，提出地方税是指地方政府能自行决定税种开征停征、税基范围、税率设置和税收征管的税种统称，但目前多数国家地方税仅具备上述特征中的部分特征。

（二）中央与地方税权划分原则的研究

中央税、地方税、共享税划分的重要标志就是关于税权的划分，而税权划分问题是研究地方税体系的重要基础，因此本书梳理了国外学者对税权划分原则的现有理论成果，并将代表性较强的四种观点列举如下：德国现代财政学之父马斯格雷夫（Musgrave，1983）基于收入再分配、稳定社会经济和资源有效配置三个角度，提出了税权划分的基本原则，可概括为：一是从收入视角看，将具备收入再分配职能的税基划归给中央政府或联邦政府，将辖区内流动性小的税基划分给中间层级政府和地方政府；二是从稳定社会经济角度，将具有经济稳定功能和税源区域不均衡的税基划分给中央政府或联邦政府，将依附于居住地的税基划分为中间层级政府和地方政府；三是从资源有效分配角度，将受益性税收和收费等收入由各级政府享有。世界银行专家罗宾·鲍德威（Boadway，2001）基于公平与效率原则、税基流动性和税种征收三个角度，提出税权划分原则，主要可概括为：一是从公平与效率原则角度看，将关系社会公平的所得税划归中央，将兼顾社会公平与效率的税基划分为共享税或地方税；二是从税基流动性角度看，将资源和财产等生产要素在全国范围内流动的税基划分给中央政府或联邦政府，将区域非流动性的税基划分给地方政府；三是从税种征收角度看，将多环节征收的税种划分给中央政府或联邦政府征收，如增值税和销售税，将单一环节征收的税种划分给地方政府征收，如房产税等，将受益性税种由中央与地方协同征管或由地方政府负责征收，其核心观点与马斯格雷夫基本一致，区别在于阐释的角度不同。美国财政学家马丁·塞利格曼（Seligman，1967）与他们的观点不同，他基于税收行政效率视角，提出税权划分三原则，主要包括：一是效率原则，即将征税效率高的税种划归给中央；二是适应性原则，即按照税基宽窄划分税种归属，将税基广的税种划归中央；三是恰当原则，即以税收是否公平作为计税依据，将使全体居民税负公平的税收划归中央。加拿大学者杰克·M. 明孜（Mintz，1998）提出的税权划分原则主要包括：一是效率原则，即税收划分要减少对市场资源与要素配置的影响；二是简化原则，即征税要简单易行，保持较小的征收成本；三是灵活标准，即税权划分要随着税制改革适时调整；四是责任原则，即政府支出责任应与税收责任相一致；五是公平原则，即保证税收征收在各级政府间相对公平，从而实现税负公平。上述中央与地方税权划分原则为研究中央与地方税种属性的划分和地方税体系的建设问题提供了重要的理论参考和实践依据。

(三) 地方税收收入规模实证分析的研究

国外学界对地方税收收入规模及影响相关问题进行了较为深入的研究，形成了丰富的理论研究成果。如德特雷和费尔南德斯（De Tray & Fernandez，1986）运用分配方法论证了限制性的税收政策法规对新泽西州和加利福尼亚州的州税和地方税征收产生影响，即州税和地方税总和朝着累进性增加的方向发展，但被财产税税率的下降所掩盖。尼尔森（Nelson，1986）运用政治行为模型研究中央和地方政府的财政收入能力，论证了特定利维坦理论假设的合理性，得出个人所得税更易产生高水平地方政府财政收入的结论。比特纳（Buettner，2006）基于德国市政当局对税收政策的实证分析，提出了税基边际贡献率与当地税率呈正相关关系，与收到的赠款数额呈负相关关系，从而论证了激励性财税政策效应存在的合理性。舍奎斯特等（Sjoquist et al.，2007）运用时间序列模型分析得出征收地方销售税的合适时机，并对地方销售税进行税制要素设计。帕森特和麦克拉伦（Passant & Mclaren，2012）基于亨利对澳大利亚未来税收制度报告的税务审查结果，提出了对公路使用者收费和征收土地税能够间接地影响地方政府行为，以增加地方财政收入。穆尼奥斯（Munoz，2014）通过对哥伦比亚2000~2009年城市空间面板数据分析得出，政府在确定物业税和营业税税率时，会考虑相邻城市的税率，且物业税差异会影响到地方政府选举结果，而房地产税的税基对各市的税率差异并不明显。瓦拉西克（Walasik，2015）假定中央政府对地方政府税收管辖范围权利有所限制，则地方政府既要注重地方税源培育，又要保障税收收入长期稳定，从而克服税收管辖的障碍，具体途径包括实施地方减免税政策，减少税务机关的纳税义务。费尔滕斯坦等（Feltenstein et al，2017）基于一般均衡模型（CGE）和微观模拟模型（MSM）的分析，提出可通过提高销售税基数和税率，将宅基地的房地产税收入减半，以弥补地方税收损失。申等（Shon et al.，2018）提出，地方税收收入规模包括财产税、销售税、所得税和收费等，其中财产税是地方政府收入的主要来源，在目前地方政府财政压力巨大的形势下，他们试图通过实证分析方法探寻将销售税作为财产税的替代收入的可行性，研究发现将销售税资本化为房价作为物业税的税基出现高销售税税率的地区物业税税基减少的情况，因此提高销售税税率难以如决策者预期一般提高地方政府财政收入。博奇等（Bocci et al., 2019）运用空间计量模型进行房地产的税收模仿，提出意大利的财产税会对地方政府决策产生影响，且财产税易受相邻城市行为影响。

（四）地方税体系建设的研究

西方国家税种数量繁多，学术界关于地方税体系优化路径的研究与我国研究方向有所不同，其多是按照税种类别进行研究。如奥茨（1999）首次提出，财产税可以作为地方主体税种，进而保障税收收入在中央和地方政府之间的合理分配。饶（Rao, 2000）认为，20世纪90年代印度的税制改革主要包括完善税种和强化税收征管两个方面，其中前者包含了降低并保持个人所得税、公司所得税、关税和消费税的税率在合理水平，以及将国内生产相关的税收全部转化为增值税征收等具体内容；后者包括简化办税程序和优化税收征管机构等，从而提高各级政府的税收收入能力。约翰斯顿（Johnston, 2004）基于对20世纪初、20世纪40年代和21世纪初房产税占州和地方税收总额的比重分析，提出州和地方政府财政收入较少依赖房产税，并逐步通过收费、销售税、所得税等收入取代现行的房产税，作为地方政府的主要收入来源。苏贾蓬塞（Sujjapongse, 2005）分析了泰国税制改革面临的问题主要包括税基不充分、直接税和间接税体系不合理、税权较为集中等，进而提出了深化公司所得税、个人所得税、增值税、关税、消费税改革和将营业税全面改征增值税，以及引进先进技术和完善电子政务服务等深化税制改革的举措。诺雷加德（Norregaard, 2013）提出，由于物业税成本相对较低、更能体现公平性，经济学家重视主张逐步将物业税划分为地方税，而不动产税虽被认为是不受欢迎的税收手段，但未来房地产税改革有着一定的客观必然性。凯莉（Kelly, 2014）认为，财产税在改善收入和公平方面发挥了重要作用，这在发展中国家尤为显著，因此深化财产税改革，挖掘财产税的收入潜力是各国税制改革的必然趋势，其改革举措包含扩大财产税税基覆盖范围、完善财产价值评估、强化税收征收和优化纳税服务等方面。梅西纳和萨维尼亚戈（Messina & Savegnago，2014）追溯了意大利地方房地产税的发展历程，提出了意大利2014年地方首套住房的房地产税较2012年减少20%，且随着减税津贴减少，将增加低收入者家庭的税收负担，未来可通过地方物业税改革弥补地方财政收入。吉宝和普里查德（Jibao & Prichard，2015）以塞拉利昂案例为依据，提出地方税收收入是简政放权背景下提高地方政府治理能力的有力保障，财产税作为其重要组成部分，是发展中国家特别是低收入国家的主要收入来源，应从增强财产税制透明度、强化公众参与性和提高税制设置公平性等方面深化财产税制改革，确保其可为地方政府提供持续稳定的财政收入。冯·哈尔登旺（Von Haldenwang，2015）基于对印度尼西亚的房地产税研究表明，房地产税的税收收入潜力和作为地方主体税制的潜力仍未被充分挖掘。埃莱兹（Elezi，2016）提出，地方政府可通过征收地方税和收费增强地方政府收入能力，而在各种收费和地方税中，房产税将成为地方政府重要的收入来源。波瓦罗娃（Povarova，2017）提出深化个人所得税制度改革和实施累进性税率等具体举措，以解决俄罗斯预算制度失衡问题，缓解俄罗斯地区的债务危机。

二、国内研究文献

我国政府和学界始终重视对优化地方税体系相关问题的研究，也提出了诸多见解。本书从地方税体系的基础理论、地方税体系现行问题及优化路径和地方主体税五个备选税种三个方面出发，将国内学界的研究成果分为关于地方财政体制、地方税制改革、地方性税种格局优化、主体税及其分成比例、中央与地方税权划分和地方税体系构建路径，以及消费税、资源税、房地产税、企业所得税和个人所得税等税种作为地方主体税基本观点的研究等多个方面，旨在厘清地方税体系的研究脉络和研究方向，为后文的分析确立理论基础和研究范式。

（一）地方税体系基础理论的研究

"健全地方税体系"等政策要求的提出将地方税体系建设问题摆在财税体制改革的重要战略位置，引发了国内学者的广泛研究和探讨。基于地方税体系基础理论的研究主要可概括为关于地方财政体制和地方税制改革研究两个方面。

（1）关于地方财政体制的研究。"十四五"规划纲要提出"健全省以下财政体制"等政策要求，对规范各级政府财权、事权与支出责任划分具有积极的现实意义，贾俊雪等（2013）、齐守印（2013）、彭建（2014）、高培勇和汪德华（2016）、徐博和庞德良（2017）、王伟同等（2019）、姜长青（2019）等对此展开了深入研究。彭建（2014）在分析1994年分税制财政体制演进路径及积极成效的基础上，提出继续实施分级财政体制、明晰政府间事权和支出责任划分、理顺中央与地方收入划分、完善财政转移支付制度和省以下财政体制等财税体制改革的基本方向；高培勇和汪德华（2016）提出，政府间事权划分及中央与地方间收入划分问题是财政体制的基本矛盾之所在，对此我国财税体制改革应以分税制为核心，协调推进预算、税制和财政体制改革，注重调动中央与地方两个积极性；徐博和庞德良（2017）提出，财政体制改革应以完善财政体制机制作为逻辑起点，实施以制度化配置行政权力的模式，约束地方政府行为；王伟同等（2019）提出，县乡财政体制改革是分税制财政管理体制实施20多年以来的必然结果，应从完善县乡财政管理体系、科学划分县乡财政权责及收支范围等方面推进县乡财政体制改革目标的实现；姜长青（2019）基于对中华人民共和国成立70周年以来中国财政体制的变迁分析，凝练出财政体制服务国家中心工作的主线、事权与财权相一致的原则、法制建设税务保障和统筹兼顾的经验等我国财政体制改革的基本方向，为财政体制改革提供了重要的参考。

（2）关于地方税制改革的研究。地方税制改革问题是分税制财政管理体制的核心问题之一，现行地方税虽在数量上具有一定优势，但总体上收入和调控能力有限，因此研究地方税体系建设问题应在完善现代税收制度大背景下与税制结构优化和地方税制改革结合起来,如麦正华(2013)、白彦锋和乔路(2016)、徐全红和王艳芝(2017)、尹音频和金强(2019)、吴市(2019)、谷成和张洪涛(2020)、杨志勇(2020)等对此作出了诸多研究和探索。白彦锋和乔路(2016)认为,在全面"营改增"背景下,应从调整直接税和间接税结构角度出发优化自然人税收征管制度设计,以及以绿色税制为理念推进水资源费改税并纳入资源税管理等角度完善地方税制;徐全红和王艳芝(2017)提出,"营改增"后资源税和财产税具备地方主体税的功能,应从探索资源税的地方税之路、拓展资源税制度的调节范围、明晰资源税组织公共收入的主要功能定位和提高资源税收入在地方税收收入中的比重等角度深化资源税改革;尹音频和金强(2019)依据阿玛蒂亚·森的社会福利函数模型进行社会福利效应的模拟体系对比,提出我国地方税制的房地产税设计应以社会福利最大化为目标,实施同一地区单一比例税率及人均面积免征模式,进而兼顾不同收入群体的利益;吴市(2019)认为,在经济治理现代化的时代背景下,应从优化我国整体税制结构、完善中央和地方各自税制,以及完善增值税共享制度等方面优化现行的税收制度;谷成和张洪涛(2020)认为,应在遵循税收法定原则基础上,以降低宏观税负提高地方财政资金使用效率,以"立宪协赞"方式确定税收要素,提高税收制度自身和制度执行的公平性、以价税分离为标准增强税收可观察性、完善个人所得税和财产税等直接税种及健全地方税体系等举措深化我国税制改革;杨志勇(2020)认为,一国税制的选择受经济、社会、政治、文化和生态等多种因素影响,特别是在全球收入不平等和国内区域收入差距顽存的情况下,传统依赖税源思想甚至是开征房地产税已然是效果有限,而技术进步将成为我国整体税制及地方税制改革的重要动向。

(二)地方税体系现行问题及优化路径的研究

地方税体系是一个复杂的系统性工程,其与完善现代税收制度和提高地方政府治理能力等诸多方面均有着密不可分的联系,本书基于国内学界现有研究成果将地方税体系现行问题及构建路径的研究主要归纳为以下四个方面。

（1）关于地方税种格局优化的研究。周克清和项梓鸣（2013）、吕冰洋（2013）、李俊英（2014）、李晶等（2016）、朱尔茜（2017）、健全地方税体系研究课题组（2018）、郝昭成（2018）、张德勇（2018）、谢贞发等（2020）对地方税税种格局优化问题进行了较为深入的研究。如朱尔茜（2017）认为，我国未来地方税体系的架构主要包括增值税、消费税、企业所得税和个人所得税、资源税和印花税等共享税，以及保有环节的房地产税、契税、城市维护建设税、烟叶税和环境保护税等现有地方性税种，并提出应将保有环节的房地产税确立为地方主体税；健全地方税体系研究课题组（2018）认为，培育地方主体税的房地产税、消费税和地方附加税，推进资源税、耕地占用税和印花税改革，加快费改税进程、赋予地方相应税权和完善地方税征管体制；郝昭成（2018）提出确立省级政府以部分消费税、市县级政府以财产税为主体税的税制模式，并依法实施调整机制；张德勇（2018）提出，应以共享税为主体、合理划分事权与责任、适当扩大地方税收管理权限和完善财政转移支付制度；谢贞发等（2020）提出，完善中央和地方财政关系、加快征管体系和征管条件等配套系统改革、规范地方政府竞争性消费税税源行为和优化消费环境等推进消费税向地方税转型的建议。

（2）关于主体税及分成比例的研究。胡洪曙（2011）、郭庆旺和吕冰洋（2013）、朱青（2014）、李太东（2014）、李升和解应贵（2018）、李建军（2018）、葛玉御（2020）等对此进行了较为深入的研究。如朱青（2014）认为，以零售环节销售税和定额消费税为主体税，提高个人所得税分享比例、取消增值税分享比例和改革政府转移支付制度等健全地方税体系的建议；李太东（2014）提出，将我国现行房产税、城镇土地使用税、土地增值税、耕地占用税、契税统一合并为房地产税，作为地方主体税，并对其进行优化设计，包括深化现行房产税、城镇土地使用税、耕地占用税和契税改革，逐步培育环境保护税和遗产税等新税种；李升和解应贵（2018）提出，推进房地产税改革并作为地方主体税、完善增值税分享办法、提高所得税地方分享比例等地方税制的改革建议；李建军（2018）

认为，地方税收是地方专享税和共享税的地方分成，房地产税可作为市县政府的主体税；葛玉御（2020）提出，将消费税等中央税转变为地方税或共享税，提高共享税地方分享比例，适时立法开征房地产税并逐步培养其为地方税体系的重要支撑等地方税体系的改革思路。

（3）关于中央与地方税权划分研究。中央与地方税权划分问题是地方税体系的核心问题之一，其直接决定着地方政府对地方税种的拥有程度及地方积极性问题，如姜孟亚（2009）、马海涛和姜爱华（2011）、彭建（2013）、张守文（2014）、汪星明（2014）、贾康和梁季（2014）、徐翠翠等（2015）、李舟（2016）、王乔等（2016）、叶金育（2016）、张念（2018）、黎江虹和沈斌（2019）、李楠楠（2019）、冯俏彬和李贺（2020）、吴晓红和罗文萍（2020）、王茂庆（2022）等对中央与地方之间的税权划分问题进行了较为深入和具体的研究。如张念（2018）提出，"营改增"政策全面实施后，应从适度下放税收立法权于地方、确立合理的增值税分享比例和理顺地方税收征管体制等角度完善地方税权体系；黎江虹和沈斌（2019）以房地产税为例，阐释地方税收立法权的价值功能在于弥补中央税收立法权的缺陷，并提出税收立法权应由财政功能向量能平等负担方向转变，以保证地方税收立法权范围有度、权能合理；李楠楠（2019）认为，健全地方税体系和完善地方税制需要适当赋予地方一定的税收立法权，具体包括明确税收立法事项，加快税收法律体系建设，制定《税收基本法》《地方税法》等法律法规，强化对地方税收立法权的监督等；冯俏彬和李贺（2020）提出，健全地方税体系应以中国式财政分权为依据，赋予地方政府相应的税收管理权、立法权和税率确定权；吴晓红和罗文萍（2020）认为，理想的地方税体系应既包括税收收益权和税收征管权，又包括一定程度上的地方税收立法权；王茂庆（2022）认为，完善地方税权应在税收法定原则下，短期内确立"特别授权＋法条授权"的地方税权配置模式，长期内通过完善《立法法》，确立地方的自主性税收立法权。

（4）关于地方税体系构建路径研究。学界关于地方税体系构建问题的研究成果颇为丰富，如古建芹（2011）、郭月梅（2013）、行伟波（2013）、罗涛（2013）、周艳（2013）、唐婧妮（2014）、刘建徽和安然（2014）、关礼（2014）、费茂清和石坚（2014）、赖勤学和林文生（2014）、朱为群等（2015）、田志刚和丁亚婷（2015）、王志扬和张平竺（2016）、刘天琦等（2017）、健全地方税体系研究课题组（2018）、冯俏彬和李贺（2019）、符夷杰（2019）、李文和张博天（2019）、陈龙和吴波（2020）、冯俏彬和李贺（2020）、谷成和张洪涛（2020）、丁春玲（2020）、李俊英（2020）、张斌（2021）、任强和郭义（2022）等都对其进行了深入的研究探索。如健全地方税体系研究课题组（2018）提出，调整共享税分享比例、加大转移支付力度等地方税体系建设的短期方案，以及培育地方主体税、加快其他税费改革、赋予地方相应税权和完善税收征管体制等地方税体系建设的长期方案；冯俏彬和李贺（2019）提出，出台房地产税、加快推进资源税立法进程和将城市维护建设税打造成为独立的地方税种等健全地方税体系的方向，并强调优化和稳定中央对地方给付体系的重要性；符夷杰（2019）提出，地方税体系建设应以中央和地方财力格局稳定和治理能力提升为基础，加快地方政府基金性收入和社会保险收入"费改税"进程、按照消费地管辖权原则实行增值税和消费税改革、逐步推进房地产税立法、实施及构建自然人税收征管体系等建议；李文和张博天（2019）提出，地方税体系建设应符合数量和权力两个维度，具体包括在短期内侧重数量维度，重点改革和完善地方税种，中期内两种维度并重，保证地方税收入比重合理的同时赋予地方政府必要的税收管理权限，长期内重视权力维度，弱化税收分享和强化地方自治税收；陈龙和吴波（2020）提出，健全地方税体系应以提升国家治理效能为中心，立足国家治理体系和制度特点，中短期内以优化共享税分享方式为主，辅以差异化地方专属税种，长期致力于提升地方专项税地位，构建地方税体系新格局；冯俏彬和李贺（2020）基于对我国整体及四大区域财政分权综合指数的分析研究得出，我国财政分权指数总体呈上升趋势，但整体综合指数较低且东部、中部、西部和东北四大区域间财政分权综合指数差异较大，由此提出地方税体系建设应以财政分权作为基本理论依据，适当下放地方税收管理权、部分税种的税收立法权及税率确定权，进而增强地方政府财政收支能力；谷成和张洪涛（2020）提出，采取税率分享制替代收入分成制，确保地方政府可通过税率分享的方式获得较大规模的增值税、企业所得税和消费税收入，保障地方财政收入的稳定性和可预见性，以完善现行地方税体系；丁春玲（2020）提出，打造共享税为主、专项税为辅的地方税体系，完善财政管理体系和适当赋予地方政府税收管理权限等地方税体系改革建议；李俊英（2020）提出，应从实现地方税收立法权、合理设置地方税种并进行地方税制改革、清费立税扩充地方税体系和构建现代化的地方税收征管体系等健全地方税体系的制度安排；张斌（2021）认为，新发展阶段地方税体系建设应优化税费立法权配置、推动地方税费改革试点、协同推进地方税费改革、适应数字经济发展创新税收收入划分方式和推动促进城市群一体化发展的地方税费改革等；任强和郭义（2022）认为，健全地方税体系重在培育地方税源，应站在国家治理高度，秉持系统观念，在新发展理念的框架内，从战略全局统筹安排。

（三）地方主体税五个备选税种的研究

学界对地方主体税确立问题进行了较为丰富的研究，形成了确立单一或多税种为地方主体税、按步骤分阶段确立地方主体税、设置区域差异化地方主体税等三种地方主体税选择方案，而关于地方主体税种的备选方案主要包括消费税、资源税、房地产税、企业所得税和个人所得税五种，本部分主要是基于地方主体税五个备选税种的研究，并在第五章对三种选择方案进行详细说明。

（1）关于消费税作为地方主体税的研究。部分学者认为消费税适宜作为主体税，如吴希慧（2014）、朱青（2014）、王乔等（2016）和孙文基（2016）等的观点。吴希慧（2014）通过对比消费税、营业税和个人所得税，认为消费税具备税基宽泛、税源丰富、产业结构调节能力较强、透明度高和便于征管等地方税特点，适宜将其确立为地方主体税；朱青（2014）认为应以零售环节销售税和定额消费税作为主体税；王乔等（2016）、孙文基（2016）等提出，按照中央、省、市（县）三级财政要求，确立不同级次政府不同的主体税种，具体包括将消费税确立为省级主体税，而将房地产税确立为县级政府主体税种。

（2）关于资源税作为地方主体税的研究。由于资源区域分布差异较大，我国各区域间资源税收入能力不同，因此诸多学者在提倡将资源税作为地方主体税种时，多秉持地方双主体税的观点，其中多认同将资源税和房地产税共同确立为地方主体税。如刘尚希等（2013）、徐金红和王艳芝（2017）、冯曦明和蒋忆宁（2019）及王玉玲等（2022）的观点。刘尚希等（2013）基于对资源税、房地产制税模式和国际经验的分析，提出了将资源税和房地产税作为地方主体税的基本框架；徐金红和王艳芝（2017）基于对国内关于地方税体系建设相关研究的梳理认为，将财产税或消费税确立为地方主体税在短期内仍不成熟，因此提出将资源税确立为地方主体税种之一；冯曦明和蒋忆宁（2019）认为，应将符合受益性特征的房地产税和资源税作为地方主体税，并逐渐将个人所得税纳入地方税体系之中，作为地方主体税种培育；王玉玲等（2022）认为，资源税是民族地区的重要税种，可作为地方主体税种，要重视房地产税、城市维护建设税和车船税等受益性税种在民族地区地方税体系中的重要作用。

（3）关于房地产税作为地方主体税的研究。国内学界多位学者主张将现行房产税改革后确立为地方主体税，如高培勇（2013）、李金荣（2015）、李建军和范源源（2019）、史兴旺和焦建国（2019）、马海涛等（2021）、龚浩等（2021）、李丽珍（2021）、王晓（2021）和邓力平等（2022）。李金荣（2015）提出，短期内推行房产税试点，完善房产税征税办法，长期内，合并房产税和城镇土地使用税为新的房地产税，并作为地方主体税种；李建军和范源源（2019）认为，房地产税可通过财力机制、责任机制和价格机制影响地方财政可持续性，并通过对房地产税预期收入测算论证了其作为地方主体税种的合理性和可行性；史兴旺和焦建国（2019）提出，短期内应选取一种共享税作为地方主体税，通过调整其中央与地方分成比例的方式优化地方税制结构，而长期内可考虑将房产税作为地方主体税；马海涛等（2021）提出，"十四五"时期，要逐步将房地产税培育为地方主体税种；龚浩等（2021）认为，房地产税能成为地方主体税种；邓力平等（2022）认为，房地产税作为地方主体税的可行性较高，应在维护党中央权威和集中统一领导下，积极备战房地产税试点，短期内优化征管流程，长期内将房产税、城镇土地使用税、契税、土地增值税等房地产相关的税种进行适当整合，统一纳入房地产税范畴，并将其确立为地方主体税种。

（4）关于企业所得税作为地方主体税的研究。如郑卫东等（2013）、李峰和付晓枫（2015）、杨卫华和严敏悦（2015）、王森（2020）、冯蕾和王月欣（2021）等的观点。郑卫东等（2013）认为，在增值税"扩围"背景下，应将企业所得税确立为地方主体税；李峰和付晓枫（2015）以经济发展理论为研究视角，通过分析现行共享税和地方税的税基流动性、与企业利润的关系及与地方公共产品的关系等指标，提出企业所得税适合作为地方主体税；杨卫华和严敏悦（2015）基于对房产税、资源税、个人所得税和企业所得税的组织税收收入功能、税源分布、税收征管制度及其对经济的影响等指标分析，提出应将企业所得税确立为地方主体税，以完善分税制财政管理体制和缓解地方财力不足的矛盾；王森（2020）基于我国税制改革的历史变迁、"营改增"后地方税体系问题及企业所得税和房产税作为地方主体税的可行性分析等内容，提出企业所得税适合作为地方主体税，而房产税作为地方主体税将面临较大的挑战；冯蕾和王月欣（2021）提出，将房地产税和企业所得税共同作为地方主体税，并将消费税调整为共享税作为其有益补充。

（5）关于个人所得税作为地方主体税的研究。学界关于将个人所得税确立为地方主体税的研究较少，仅有个别学者认为个人所得税可作为省级政府的主体税或是与其他税种共同作为地方主体税。如吕冰洋（2015）、葛静（2015）、李新恒（2019）等的观点。吕冰洋（2015）提出，中央、省、市（县）三级政府应设立不同的主体税种，其中适宜改革现行个人所得税制，并将其确立为省级政府主体税种；葛静（2015）认为，"营改增"后个人所得税应发挥弥补地方财力不足的作用，提出"增值税分成+个人所得税"和"房产税+个人所得税+资源税"的短期和中期方案；李新恒（2019）认为，房地产税和消费税均不适宜作为地方主体税，应将企业所得税和个人所得税下划至地方，在收入规模上弥补"营改增"带来的地方财政缺口。

三、国内外研究文献简析

从上述国内外对地方税体系的研究可看出，目前国内外关于地方税体系的相关研究，基本是侧重于地方税体系基础理论，或是地方主体税，抑或是立足于地方税体系优化的研究，而在财政分权理论背景下对主体税、地方税体系形成的内在机理研究较少，且对地方主体税确立问题仍有分歧，有待进一步深入研究。

国外学术界对地方税体系基础理论的研究起步较早，研究成果颇为丰富，先后形成了第一代财政分权理论、第二代财政分权理论和基于公共产品和服务的多元供给问题产生的第三代财政分权理论，为地方税权的科学划分和地方税体系的优化提供了强有力的理论支撑。特别是第二代财政分权理论和第三代财政分权理论，研究方法与研究视角发生了重要变化：前者改变了以居民偏好作为主要视角的研究，逐渐开始运用委托—代理模型分析地方政府之间的政治关系，并引入约束与激励机制，认为其是实现社会福利最大的重要途径；后者以市场机制与政府机制对立为背景，综合了公共选择学派、博弈理论和制度经济学的研究成果，立足于公共产品和服务的经济属性和环境因素，运用交易成本和信息经济分析等方法，探索公共产品和服务的多元供给问题，为促进中央与地方基本公共服务均等化明确了方向。此外，国外学者注重运用实证分析法研究地方税体系问题，为地方税种划分、税率设置、税收政策分析提供了重要工具。但由于不同国家之间的政治制度和经济体制有所差异，各国的主体税选择和地方税体系之间存在着一定的差异，因此在借鉴国外研究成果时，应在注重结合本国实际的基础上，吸收国外先进理论成果和实证分析方法。

国内学术界对地方税体系问题的研究，主要包括对地方财政体制、地方税制改革、地方税种格局优化、主体税及其分成比例、中央与地方税权划分和地方税体构建路径,以及消费税、资源税、房地产税、企业所得税和个人所得税等税种作为地方主体税基本观点的研究等多个方面,既有诸如确立地方主体税、适当下放税权和强化法治建设等内容的相同认识,又有诸如地方税内涵范围、税种格局优化、共享税分成比例、地方税系构建和税收征管改革,以及地方主体税选择等内容的不同看法。具体而言,关于地方主体税的确立,学术界的观点主要包括将房地产税、企业所得税、个人所得税、资源税、消费税(零售税)等单一税种或是多个税种组合确立为地方主体税,或是确立长短期内不同的地方主体税,或是不同级次政府确立不同的地方主体税,抑或结合区域差异确立区域差异化的地方主体税等,至今尚未形成一致统一的意见,而对地方税体系构建的研究学界主要从税种格局优化、地方税法制建设、调整税权划分和强化地方税征管等方面提出了改革建议,虽有一定的观点分歧,但总体方向一致。此外,我国学界对地方税体系基础理论的研究较为薄弱,现有研究成果多以西方的财政分权等理论为支撑,而实证分析方法研究较少,关于主体税确立问题多是依据定性分析,因此优化地方税体系需从理论和实证层面进一步深入研究。

综上所述,国内外学界对地方税体系及其主体税选择相关问题的认识是地方税体系建设的理论结晶和探索创新的体现,有益于深入研讨和实践验证。本书在国内外学界现有研究成果基础上,以西方的财政分权理论、税收效率理论、委托代理理论、公共选择理论等内容为支撑,以习近平新时代中国特色社会主义思想为依托,研究中国地方税体系优化问题,其中针对地方税体系的主体税确立问题,结合国内主流观点及对中国现实国情的分析,提出确立房地产税和消费税的地方双主体税模式及地方双主体税的税制要素设计,特别是以国际上房地产税的税负水平为参照,估算我国房地产税的税率区间,并对其规模进行了较为详细的估算,为房地产税作为地方主体税的可行性提供了一定的现实依据,同时结合我国完善现代税收制度及地方税税制改革等要求,提出优化地方税体系的总体设计和配套措施等。

第三节 研究内容与方法

一、研究内容

（一）地方税体系的基础理论

地方税体系的基础理论的内容主要包括界定地方税与地方税收、地方税体系与地方主体税、地方税及主体税的特征与效应等基本概念；释析地方税体系存在的理论基础和现实基础，以及完善地方税体系的根本矛盾等理论内容；阐释财政分权理论、税收效率理论、委托代理理论和公共选择理论等相关理论及其对本书研究的借鉴意义。

（二）地方税体系建设及问题分析

地方税体系建设及问题分析的内容主要包括地方税体系的历史变迁；阐释地方税制度建设、地方税权的配置、地方税征管模式、地方主体税定位、地方税税种结构和地方税收入规模等地方税体系总体概况；分析地方税法制不规范、税权配置纵向失衡、现代征管模式滞后、地方主体税种缺位、地方税结构不合理和地方税收规模较小等地方税体系面临的问题，剖析行政分权强于法治化分权、中央税种高度集中的弊端、征管理念与技术较为落后、政府与市场边界划分模糊、分税制财政体制不彻底性和税收管理权配置供求失衡等问题的成因。

（三）国外地方税体系建设的经验与启示

国外地方税体系建设的经验与启示的内容主要包括阐释美国、德国、印度、加拿大等联邦制国家和日本、韩国、英国、法国等集权制国家地方税体系建设经验，以及国外地方税体系建设经验对优化中国地方税体系的启示，包括健全地方税收法律制度、精准划分央地之间税权、完善地方税收征管体系、科学确定地方主体税种和优化设置地方税种格局等。

（四）地方税体系及主体税的分析与选择

地方税体系及主体税的分析与选择的内容主要包括地方税收规模和结构影响因素的实证分析；释析地方主体税备选税种可行性；层次分析法下构建地方主体税选择模型；提出房地产税和消费税地方双主体税的基本观点等。

（五）地方主体税模式的定位与要素设计

地方主体税模式的定位与要素设计的内容主要包括明确房地产税和消费税的主体税定位；阐释房地产税的科学内涵、构建原则、基本要素、其他要素和规模测算等房地产税制设计与测算；释析消费税优化方案的选择、优化原则、基本要素优化和其他要素完善等消费税优化思路与设计。

（六）优化地方税体系的总体思路与设计

优化地方税体系的总体思路与设计的内容主要包括优化地方税体系的总体思路，如明确优化地方税体系的目标、原则和框架；强化地方税体系法治化管理，明确中央与地方间税权划分，合理调整和优化地方性税种和完善征管体制规范税源管理等。

（七）优化地方税体系的配套改革与举措

优化地方税体系的配套改革与举措的内容主要包括适当调整央地间的事权划分、完善现行财政转移支付制度和强化税费综合管理制度改革等。

二、研究方法

本书基于对地方税体系的研究现状、基本理论、主要内容和改革建议等的研究，主要采用了以下四种研究方法。

1. 文献研究法

通过对国内外地方税体系及其主体税的相关理论和文献资料,以及《中国统计年鉴》《中国税务年鉴》等统计数据进行分析和整理,为深入研究地方税体系优化问题奠定了重要基础。

2. 对比分析法

运用对比分析的研究方法,通过对比联邦制国家和单一制国家地方税种格局、地方税权配置、地方税收征管机构设置等因素的差异,分析其对优化中国地方税体系的借鉴意义。

3. 定性分析法

通过分析地方税体系的总体概况、存在问题及问题成因,在借鉴国外地方税体系建设的经验基础上,提出优化地方税体系的总体设计。

4. 定量分析法

建立因子分析模型和多元回归模型探究地方税收收入规模和结构的影响因素及其与影响因素之间的关系,基于层次分析法建立地方主体税选择模型,提出确立房地产税和消费税的地方双主体税模式。

第四节 研究思路与创新

一、技术路线

本书的技术路线,如图 1-1 所示。

二、创新点

第一,提出了优化后我国地方税体系的新格局。地方税体系是一个复杂的系统性工程,涉及多个税种的有效配合以最大限度发挥保障地方财力稳定和促进地方经济发展的功能,因此本书基于对地方税体系的法制建设、税权划分、税收征管、税种设置和税收规模等情况的研究,提出了我

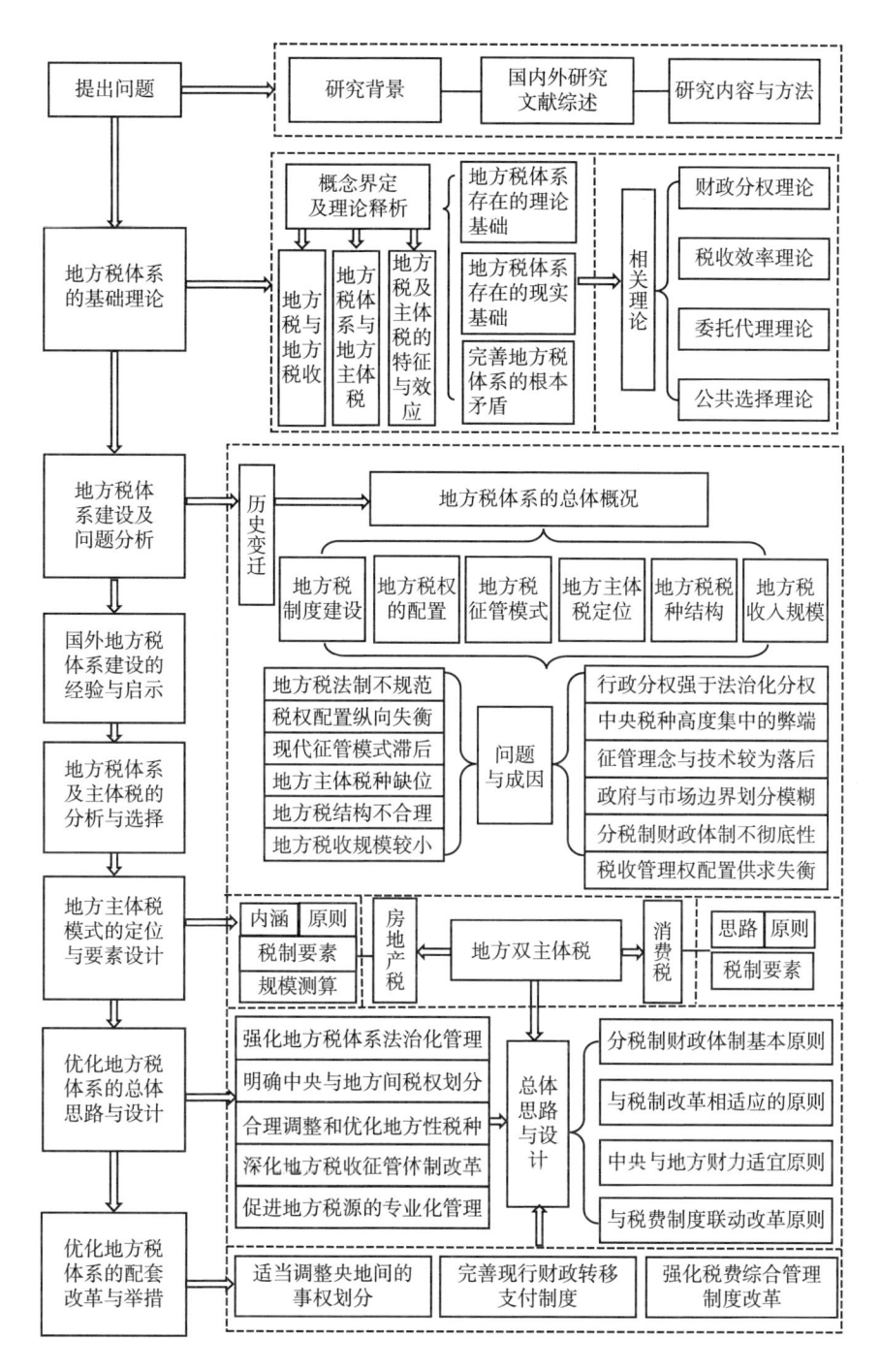

图 1-1　本书的技术路线

国地方税体系是包括共享税、中央税中的消费税、地方税，其中将现行房产税和城镇土地使用税打造为新的房地产税，以及拟开征的遗产税和赠与税在内的16个税种的新格局。

第二，以国际房地产税税负为依据估算个人住房房地产税的税率区间。本书以国际上房地产税2.5%~5%的税负水平为依据，按照0.5%为一个区间将其划分为6个档次，以全国住宅评估均价为税基，以全国家庭平均收入为居民纳税能力衡量标准，以2013~2020年为评估区间，估算不同税负水平下房地产税的税率水平，得出我国个人住房房地产税税率区间为0.25%~0.71%的基本结论，在兼顾不同类型个人住房基础上，提出个人住房房地产税0.3%~1.2%的税率区间。

第三，提出了房地产税和消费税地方的双主体税观点。通过对确定单一或多税种为地方主体税、按步骤分阶段设立地方主体税和设置区域差异化的地方主体税等地方主体税确立方案的分析研究，结合我国税收体系中设置的流转税和所得税双主体税模式，本书提出了确立地方双主体税模式的基本观点，并对地方双主体税的房地产税和消费税的税制要素进行了税制设计。

第二章 地方税体系的基础理论

第一节 地方税体系的概念界定

一、地方税与地方税收

（一）地方税的内涵

1994年分税制改革对中央与地方之间的财权、事权与支出责任进行了较为明确的划分，建立了政府间财政转移支付制度，完善了预算编制与资金调度相关政策内容，将我国的税种统一划分为中央税、共享税和地方税，其中地方税主要是指适合地方征管的各税种的集合。随着分税制财政管理体制的不断推进，学界对地方税内涵的界定认识不一。

《财经大词典》将地方税释义为：根据财政管理体制的规定，凡是划归地方政府固定收入的税种；《现代经济词典》将地方税释义为：由中央统一立法或授权立法，收入划归地方并由地方财政负责管理的税收；温立洲和李金荣（2018）认为，地方税是中央或地方制定相关规章条例，地方负责征管，收入全部划归地方支配的一系列税种的概括；李华（2018）认为，地方税可从收入和管理两个层面加以理解，前者是指地方政府能自由支配收入的税种，后者是指由地方政府设置或能够自行改变其税率等税制要素的税种；徐涛和徐茂兰（2020）提出，地方税是处理不同层级政府财力（税收收入）分配关系的重要基础，具有典型的"再分配特征"，其中

"地方"主要指的是"中央"以下的各个层级政府，包括省、市、县、乡四级；于淼（2021）认为，地方税是指由中央统一立法或授权地方立法，中央或地方负责征收，征税收入归地方政府所有并支配的各税收入的统称。本书认为，地方税是指地方政府具有税收征管权和收入支配权的各税的统称，与中央税相对应，其中"地方"主要是指省、市、县、乡四级政府。

（二）地方税收的内涵

地方税收从字面意思讲，既可理解为地方税收入，又可理解为地方的税收收入，很显然地方税收入与地方的税收收入不同，前者明显低于后者，具体包括房产税、车船税、契税、烟叶税、城镇土地使用税、耕地占用税、土地增值税、环境保护税8种地方专项税，以及大部分收入归地方政府所有的资源税、印花税、城市维护建设税共11种税的收入，而地方的税收收入具体包括地方税收入和增值税、企业所得税、个人所得税3种共享税共14个税种的收入。本书所提及的地方税收除特殊说明外主要是指地方税收入。

二、地方税体系与地方主体税

（一）地方税体系的内涵

体系一般是指由若干有关事物或某些意识互相关联而构成的整体，地方税体系从字面意义上可理解为由地方各税种所构成的有机整体。学界对地方税体系的内涵也展开了深入的研究，李升（2012）基于中央提供地方公共物品时不符合地方信息优势原理、地方税体系比财政转移支付作为资金来源更加符合受益性原则、地方财政收支不匹配以致财政支出扭曲、地方税体系的存在有助于调动地方经济积极性等方面的分析，认为地方税体系存在具有重要的理论依据和现实意义；贾康和梁季（2014）认为，地方税体系包括地方专项税及共享税在内的所有能为地方政府筹集税收收入的多税种的有机组合；孙文基（2016）认为，地方税体系是包含地方税制、征收管理和司法保障在内的整个地方税的立法、执法和司法所组成的统一体；经庭如等（2018）认为，地方税具有筹资、激励、协调和引导等职能，以此论证完善地方税体系引导政府行为的思路和方向；李俊英（2020）提出，地方税是财税体制和税收制度的统一体，包括税权配置、税基选择、税种格局、收入规模和税收征管5个方面；谌韵灵（2021）认为，地方税体系是包含地方税税制、地方税税政管理体制和地方税征收管理在内的整个地方税的立法、执法和司法所组成的统一体；郭健（2021）认为，地方税体系的含义有狭义和广义之分，狭义的地方税体系即指地方税税收制度，广义的地方税体系则包括税收制度、税收征管和税权等。

本书认为，地方税体系是国家税收体系的重要组成部分，即指有关地方税征收管理运行过程中相互联系的有机整体。它有广义和狭义之分，其中狭义地方税体系是指国家及地方政府制定的地方税种构成的有机整体，主要是指地方税税种结构；而广义地方税体系是指国家及地方政府有关地方税的制定、实施、调整和监管等活动的有机整体，主要包括地方税的税种结构、税权划分、税收法制和税收征管等。本书基于广义地方税体系视角阐述地方税体系的相关问题（王曙光和章力丹，2019）。

（二）地方主体税的内涵

学界关于主体税或地方主体税内涵的认识基本一致，但表述的侧重点和方式略有差异。蔡军（1997）认为，主体税是指在一国或某一区域内税收收入规模占比最高，居于主导地位，政府借以发挥重要税收功能的税种，具备税款充足、税源丰厚、税基宽广和税收有弹性等基本特征；颜晓玲和吴炜（2002）认为，主体税即收入征集上具有优势的税种，是税收收入和经济调控两个功能发挥最大效用的税种；孟宪琦和杨秀玲（2004）认为，地方主体税符合税源充足稳定、税基具备地方性和普遍性、满足闭合性地方公共产品需求等特征；胡绍雨（2019）认为，地方主体税是指在地方税制结构中居于主导地位、起主导作用的税种，平均约占地方税收收入比重的30%以上；徐歌（2021）认为，地方主体税主要是指在地方税体系中占据首要位置、税源相对广泛且便于征管的某个或某些税种的集合。从上述对主体税和地方主体税的释义可看出，其强调了税源充足、税基丰富、税收收入规模中占据合理比重及具有较强的税收功能等共性特征，但就其税收功能看，主体税与辅助税功能差异仍有待进一步探索研究。基于此，本书认为，地方主体税是指在地方税体系中兼备税源充足、税基广泛、流动性较差、地方受益性强、便于征管和具有重要调节功能等特征的各税种的集合，其既可指单一税种，也可包括多税种。

（三）地方税体系与地方主体税的关系

地方主体税与地方税体系表现为一定的从属关系，即前者是后者的重要组成部分，两者共同发挥保证地方财力稳定和提高政府治理效能的重要作用。

从作用机制上看，地方主体税的核心是通过自身税制要素的设计和优化，进而对地方税收收入增长产生较大的贡献作用，地方税体系的核心则通过税收法治的健全、税权划分的明确、税种结构的优化及征管质效的提高等对地方经济发展和治理水平的提升起到重要的调节和促进作用。

从功能上看，地方主体税侧重于对地方税收收入规模的贡献度及对主要税源的培育和涵养，而地方税体系则着重于协调好中央与地方之间的财政关系，地方税收收入与非税收入关系，地方政府财权、事权与支出责任关系，以及区域资源禀赋特点与地方经济发展关系等多重关系。

三、地方税及主体税的特征与效应

（一）地方税的特征与效应

基于前文对税权划分原则的研究，本书将地方税的特征概括为以下四个方面：一是受益性较强，地方税的征收应能充分调动地方政府积极性、提高地方政府治理能力和治理水平，从而促进地方经济发展；二是收入稳定，地方税的重要功能之一在于为地方提供稳定的税收，因此地方税应具备充足的税源确保地方政府收入稳定；三是税种流动性较差，税种流动性是税收公平性的重要衡量标准，对流动性较差的税种有利于避免税收由不发达地区向发达地区流动，加剧区域经济不平衡的发展现状；四是税源均衡，地区税源均衡是地区税收稳定的重要保障，有助于发挥地方税稳定地方经济的功能。

地方税的效应主要表现为：一是理顺中央与地方之间的财政关系，1994年分税制改革提高中央与地方积极性的同时，也导致了一定程度上的财权上收、事权下移，因此，深化现行地方税种改革与确立地方主体税有助于为地方政府提供持续稳定的财力保障，进而解决地方政府财政困难，规范中央与地方之间的财政关系；二是为地方经济持续发展提供财力支撑，地方税的最显著特点之一就是收入归地方政府所有并用于支持地方经济发展和社会建设，因此地方税能够为地方政府发挥地区经济调控和公共产品供给职能提供财力保障；三是缓解地方政府债务问题，分税制改革的不彻底性使得地方承担了过多事权却没有充足的财权作为保障，以致地方显性和隐性债务激增，而防范化解重大风险作为打好"三大攻坚战"之首要环节，亟须各级政府部门多措并举，坚决守住不发生系统性风险的底线。地方税作为地方财力的重要来源，长期来看能较好地解决地方政府债务问题。

（二）主体税的特征与效应

主体税的特征主要表现为：一是主导性，主体税按照税收作用程度分类是辅助税的对称，从字面意思看就是指国家税收体系或税制结构中占主要或是重要地位的税种，对增加税收和带动经济发展具有重要的贡献作用，因此将在税收体系中占据主要地位概括为主体税的首要特征；二是阶段性，主体税是由社会生产力发展水平、经济结构、经济制度等多种因素决定的，不同时期主体税不同，如1994年分税制财政体制改革将营业税确立为地方主体税，致力于为地方政府提供稳定的税收收入，而2016年随着减税降费政策的推进、营业税退出历史舞台，反映了主体税具有随社会发展而不断发展变化的特点，受国家税制改革、政治体制、经济发展水平和税收征管等因素影响，并随其某一因素或某些因素的变化而变更。

主体税的效应主要表现为：一是保证政府职能实现，无论是中央政府抑或是地方政府要想实现宏观调控目标均需要充足的财力作为保障，主体税是指在税收体系或是地方税体系中占据主要地位的税种，拥有充足的税源，并在税收收入中占据较大的比重，因而主体税的确立有助于保证地方税收收入规模合理、收入来源稳定及地方政府职能的有效实现；二是实现税收的调节功能，税收具有重要的收入功能和调节功能，但长期以来，我国中央与地方的税制模式使得税收的收入功能强大而调节功能欠缺，因此应在中央和地方分别确立适当的主体税，进而发挥中央与地方各自主体税对宏观经济及地方经济的调节功能。

第二节 地方税体系的理论释析

一、地方税体系存在的理论基础

（一）政府层级理论是地方税体系存在的理论前提

我国实行中央集中统一领导下的下尖三角形行政区划体制，即地方政府按照省、市、县、乡四级制政府划分，中央与地方政府之间的关系主要表现为组织关系的构成多重性，职能关系的对口重构性、权力关系的分权行政性、财政关系的分权分治性等特点。

按照蒂布特的"用脚投票"理论，由于受信息不对称性和不完备性等因素的影响，与中央政府相比，地方政府更了解辖区居民对公共产品和服务的偏好。因此，在公共产品与服务成本相同的情况下，由地方政府为辖区居民提供公共产品和服务则更具效率性。

各级政府在行使公共服务职能时需要拥有足够的财力作为保障，地方税体系的存在本质是中央与地方税收权益的划分，能够为地方政府提供有效的财力保障。因此,中央与地方间的层级划分决定了各级政府都要具有与事权相匹配的财权以满足地方支出需要,这是地方税体系存在的重要理论前提。

(二)地方税体系存在是分级财政体制的必然结果

中华人民共和国成立初期我国确立了"统一领导、分级管理"政策方针,形成了中央、省和大区三级财政,这是分级财政体制的初步萌芽,与之相对应,将交易税等6个税种收入和地方国营企业收入划分为地方固定收入,但因该阶段全国范围内开征的税种收入或由中央政府统收统支,或根据不同地区的财政管理体制对地方进行分成,因此其所形成的分权不是真正意义上的分权。

改革开放时期,我国确立了"分灶吃饭"财政体制,如1980~1984年全国多地实行的"划分收支、分级包干"财政体制,其实质是在国家统一领导下,中央与地方财政分离,各自拥有独立的财政收支和预算,地方政府获得了相对独立的财政自主权。1985年我国实行"划分税种,核定收支,分级包干"财政体制,这是我国首次实行按税种划分地方财政收入,使得分级财政体制逐步完善。与之相对应,地方收入包括地方固定收入、中央与地方固定比例分成收入和中央与地方的调剂收入,这为地方税体系的建立奠定了重要基础,使我国财政分配关系由"条条为主"转变为"块块为主"。

社会主义市场经济阶段分级财政体制,具体演化为以分税制为核心的分级财政体制,并逐步发展形成了"一级政权、一级事权、一级财权、一级税基、一级预算、一级产权、一级举债权"的分级财政基本原则。与之相对应,建立了以耕地占用税、城市维护建设税、城镇土地使用税和房产税等税种为核心的地方税体系,这是在公共财政理论和分税制财政体制下对中央与地方财政关系的进一步优化和规范。

进入中国特色社会主义新时代以来,财政被赋予"国家治理的基础和重要支柱"的历史定位,相应地提出了"健全地方税体系"等政策要求,反映了新时代分级财政体制被赋予了新的使命,要求通过健全地方税体系等举措,辅之以深化预算管理体制改革和规范中央与地方财政关系等推动加快建立现代财政制度。

因此，上述分级财政体制的改革和完善，有效推动了地方税历经"地方税体系雏形—地方税体系建立—地方税体系健全"的发展进程，这集中体现了地方税体系存在是分级财政体制形成和改革的必然结果。

二、地方税体系存在的现实基础

（一）分税制是地方税体系存在的直接原因

1993年《关于实行分税制财政管理体制的决定》明确规定各省、自治区、直辖市及计划单列市实行分税制财政管理体制，并对中央与地方政府的事权与支出责任作出了较为明确的划分。

在事权与财权相结合原则的指导下，将税种划分为中央税、地方税和中央地方共享税，这是符合社会主义市场经济体制的税权划分制度。初步形成了包含中央与地方税权配置体系、纵向财力分配方案、稳定的地方主体税种、合理的税种划分格局和完善的税收征管机制等内容在内的地方税体系，真正意义上的地方税体系自此正式建立。因此，分税制制度安排是地方税体系产生的直接原因。

（二）地方政府行使公共服务职能的必然要求

由于公共产品的生产和消费具有非竞争性和非排他性等特征，以致公共产品由私人提供易产生免费"搭便车"和市场失灵等问题，因此公共产品只有由政府组织生产和供给才能解决市场失灵等问题，这是政府职能存在的基本依据。

按照公共产品受益范围，我国全国性公共产品由中央政府提供，地方公共产品除受到受益范围的影响，还受到辖区居民对公共产品和服务偏好的影响，因此与中央政府相比，地方政府更了解辖区居民偏好，由其提供地方公共产品更具效率，而政府在行使公共服务职能时需要拥有充足的财力作为保障，这使得地方税体系的存在有其现实的必然性。

三、完善地方税体系的根本矛盾

地方税体系存在的本质是对中央与地方之间的税收权益进行分配，受我国区域税源分布差异、居民税负承受能力及区域经济发展不平衡等因素影响，以致在税收权益划分过程难以充分满足中央及各级地方政府的财政需要，兼顾效率和公平原则，因此完善地方税体系的根本矛盾即是中央与地方之间税收权益的博弈及地方与地方之间税收权益的竞争，具体表现为以下方面。

（一）中央与地方税收权益的博弈

改革开放以来，我国财政体制经历了从"一灶吃饭"到"分灶吃饭"，再到分税制体制改革的变迁，使得我国财政体制的"分权"特征愈加明显及地方的财政自主权逐步扩大。地方政府既要受到中央政府的领导，也会在维护地方政治、经济利益的驱动下，与中央政府进行"讨价还价"，即中央政府希望中央层面拥有更多的财权和税权，以保持其具备较强的宏观调控能力。若中央政府将事权和支出责任下放给地方，可避免出现分税制财政体制改革前"弱地方，强中央"的局面。

与此同时，地方政府也会与中央政府进行博弈以维护地方政府财政利益，特别是在我国地方政府庞大复杂的背景下，若财权和税权分配难以得到大多数地方政府认同，则其推进也是较为困难的。因此，完善地方税体系需在中央与地方税收权益划分中找到一个平衡点，确保财权能够最大限度地符合中央与地方对财力分配的预期，调动中央和地方的积极性，避免地方政府为地区利益制定不利于区域长期可持续发展的政策，这是地方税体系建设进程缓慢的重要诱因之一。

（二）地方与地方税收权益的竞争

税收是财政收入和财政支出的重要资金来源，地方政府从地区利益最大化等角度出发通过降低税率、暂缓征税、加大优惠力度和财政补贴等税收优惠形式开展地方与地方之间的税收权益竞争，进而吸引劳动、资本等生产要素流入，涵养区域税源和提高地方政府财政收入规模，这在推动税收结构优化、促进地方经济发展和优化地区税收营商环境等方面具有积极意义。

但同时这种竞争也会直接导致税收由经济欠发达地区流向经济发达地区，加大区域间的税收收入差距，且对促进区域协调发展、建立良好市场秩序、维护税收公平和防止区域税基侵蚀等方面有着无法回避的消极影响，这也是完善地方税体系的根本矛盾之一。因此，优化地方税体系应科学合理地设置地方税种及优化地方税种结构，兼顾不同地区的地方税收入能力，有效规避地方政府税收竞争。

第三节 地方税体系的相关理论

一、财政分权理论

（一）财政分权理论的内容

财政分权理论是研究政府间税收划分问题的重要依据，始于20世纪50年代的第一代财政分权理论，发展到以公共选择理论为基础的20世纪80年代的第二代财政分权理论，再到以公共服务供给为核心的第三代财政分权理论。本书按照该理论在三个阶段的不同特点阐释其内容。

第一代财政分权理论以新古典经济学为研究范式，重点探寻各级政府应承担的责任及其承担责任时的财政政策工具选择。如美国经济学家蒂布特（Tiebout, 1956）提出，在信息完备条件下，可自由流动的理性经济人会根据政府提供的公共产品和税负的最优组合选择自身的聚居地，以实现个人的利益最大化为目标，被称为"用脚投票"理论。美国经济学家乔治·斯蒂格勒（Stigler, 1957）基于地方政府比中央政府更了解管辖内居民需求和公民有权对公共产品、服务进行投票两个原因，他提出在配置资源方面，地方政府比中央政府更有效率，从而论证了地方政府存在的合理性。美国经济学家布坎南（Buchanan，1965）运用个人效用函数模型分析自愿俱乐部的效率性质，他认为，公共产品最优供给量即为生产最后单位产品的边际成本等于消费者消耗该产品所获得的边际收益；俱乐部最优成员数即总成员数的边际收益与边际成本相等，以此论证了地方政府的合理规模。美国经济学家奥茨（Oates，1972）提出，当公共产品对所有居民平均提供，且中央政府与地方政府的单位供给成本相同时，由地方政府提供公共产品更能产生帕累托有效产出，其原因在于与中央政府相比，地方政府更了解地区居民偏好。美国经济学家特里希（Tresch，1981）运用数学模型证明在社会信息和经济活动完备的前提下，中央政府和地方政府提供公共产品的效用是无差异的，但由于中央政府提供公共产品具有一些不确定性，因此地方政府自治是合理的，该理论被称为偏好误识模型。

第二代财政分权理论，在第一代财政分权理论基础上，以公共选择理论为依据主张通过激励机制，实现社会福利最大化。其实质上是一种"市场维护型的财政联邦主义"，核心观点是市场的高效性需要政府的有效性予以支撑，因而在确立政府治理框架时应引入政府行为激励机制，以提供一个市场维护型的政治系统，其中中央和地方政府在这个政治系统中均可各司其职且相互制约，从而实现市场资源配置效率的最大化。如钱颖一和温加斯特（1997）将预算约束引入财政联邦主义政府行为分析框架，并提出了市场维护型联邦财政体制应满足五个条件：一是中央与地方政府存在于一个行政层级中；二是中央与地方政府之间财权与事权划分合理；三是地方政府能够对中央政府起到一定的约束性作用；四是地方政府对地方经济良性运行和区域内要素跨区域自由流动具有重要的监督和管理责任；五是中央与地方政府均面临预算硬约束。美国经济学家麦金农（Mckinnon，1997）提出，欧洲货币体系建立的前提之一在于使货币权力与财政权力相分离，以实现硬预算约束。此外，第二代财政分权理论也论证了财政分权可在地方制造多个权力中心以制衡中央政府，同时多个权力中心又能引发辖区政府的横向竞争，进而激励地方政府改善地方财政状况和优化所辖区域内的市场环境，最终促进市场经济快速发展。

第三代财政分权理论是在第一代财政分权理论和第二代财政分权理论所遗留的"市场机制与政府机制对立"的背景下产生的理论。它综合了公共选择学派、博弈理论和制度经济学的研究成果，立足于公共产品和服务的经济属性和环境因素等，运用交易成本理论和信息经济分析等方法，重点关注公共产品和服务的多元供给问题。

（二）财政分权理论的应用分析

第一，财政分权理论为分析优化地方税体系提供了基本范式。财政分权理论内容论证了中央政府和地方政府是公共产品供给的基本主体，存在多种可供选择的供给模式。如"用脚投票"理论系统地分析研究了公共物品价格与税收之间的最优组合，认为相比中央政府，地方政府更接近选民、了解选民偏好，由地方政府为地方居民提供公共产品和服务更具效率，地方税作为地方财政收入的重要来源，其税种结构的优化和体系的完善对保证地方财政收入持续稳定增长、优化公共产品和服务供给模式具有积极的现实意义，因此优化地方税体系有着其客观必然性，这是本书研究的逻辑主线。

第二，财政分权理论为央地财权和税权划分提供了理论依据。财政分权理论的核心之一在于将有限的财政资源在中央与地方间合理分配，而如何在中央与地方之间分配财权和税权是地方税体系建设需要解决的核心问题。通常情况下，地方政府在中央与地方税收权益划分框架下获得一定的财政收入来源，同时也通过强化税收征管和优化地区环境要素等举措寻求更多的税收收入来源，这与地方税体系建设过程中适当下放税收立法权、税政管理权和建立现代化税收征管模式等政策要求不谋而合，是第七章研究的重要内容。

二、税收效率理论

（一）税收效率理论的主要内容

税收效率的理论思想在不同时期有其独特的内涵，主要可分为三个阶段的思想发展。第一阶段以亚当·斯密提出的平等、确定、便利、最小征税费用的税收四原则为背景，着重强调税收的行政管理成本最小；第二阶段以福利经济学为背景，主张通过合理配置有限的社会资源，实现国民收入和社会经济福利最大化的过程即实现税收效率的过程，在第一阶段基础上，强调税收效率不仅要使征纳成本最小化，还要通过征税实现纳税人福利最大化的目标；第三阶段以凯恩斯主义思想为背景，主张税收是国家调节消费和投资的重要手段，应以促进宏观经济均衡发展为目标。

税收效率思想发展至今，其核心观点即减少税收产生的超额负担以避免经济扭曲。税收效率具体可分为税收规模效率、税收经济效率和税收行政效率，其内容主要包括：税收规模效率表现为实际收到的税收收入应与客观存在的税收收入严格一致，最大限度减少税收流失；税收经济效率表现为税收要有利于资源的合理配置和经济机制的有效运行，通常用税收的超额负担加以衡量；税收行政效率表现为征税所产生的费用最少和有限征管资源的浪费最少。

（二）税收效率理论的应用分析

第一，税收征管效率思想为地方主体税要素设计提供了基本理论依据。税收征管效率理论的完善体现了不同时期的税收目标各异，为制定房地产税应遵循的依法征收、普遍征收、简便易征和统筹推进等原则，以及优化消费税应遵循的税收负担整体适中性、市场资源流通合理性、区域产业结构调整性和税收征管举措便利性等原则提供了重要的理论依据。以上是第六章研究的部分内容。

第二，税收规模效率思想为地方税收收入规模等分析提供了理论支撑。我国当前征税过程中仍存在着一些逃税等税收违法行为，严重制约了税收征管效率的提升和税收征管现代化进程，因此保证地方税收收入应收尽收应是地方税体系建设的重要任务之一，这对保证地方政府职能有效行使和促进地方经济发展具有重要意义。以上是第三章和第五章研究的部分内容。

第三，税收经济和行政效率思想为地方税收征管改革提供了研究思路。

其中税收经济效率思想为合理确定纳税人税负，形成以服务纳税人缴费人为核心的征管理念奠定了重要基础；税收行政效率思想与深化税务领域"放管服"改革、缩减征税成本等税收征管体制改革要求紧密契合，为提高税务部门内部税收征管效率提供了理论依据。以上是第七章研究的内容。

三、委托代理理论

（一）委托代理理论的主要内容

委托代理理论起源于20世纪30年代，由美国经济学家伯利（Berle）和米恩斯（Means）首先提出，他们倡导将企业的经营权与所有权相分离以提高企业的经济效益，其是公司治理的逻辑起点。1973年罗斯（Ross）将委托代理的相关思想由企业扩展到各类组织和事项，委托代理由此成为一般化的理论，罗斯认为，代理人一方代表委托人的利益行使某些决策权，代理关系随之产生。20世纪80年代后，委托代理理论得到不断的发展和壮大，形成了以威尔逊（Wilson，1968）、斯宾塞（Spencer，1971）和泽克豪森（Zeckhauser，1971）等为代表的状态空间模型化方法和以莫里斯（Mirrlees，1976）、霍姆斯特姆（Holmstrom，1979）为代表的分布函数的参数化方法等理论分析模型，并逐渐被用于解决各类问题，包括财政管理问题。

委托代理理论认为，委托代理关系是随着生产力的发展和规模化大生产的出现而产生的，侧重于研究在利益冲突和信息不对称的情况下，有效激励代理人的机制设计问题，其理论中与财政管理相关的内容主要包括：一是信息不对称问题。在公共支出过程中，政府各部门之间、政府部门与社会公众之间存在着信息不对称问题。如政府与公众之间的信息不对称表现为公众对政府支出决策如何影响他们的信息是不完全的，而获得信息需要较高的成本，由此导致政府支出决策不能有效地反映公众偏好；政府部门之间的信息不对称主要表现为上下级政府之间的信息不对称，处于信息劣势的上级政府不能根据下级政府之间的战略优先顺序分配资源，以致财政支出未能达到公众满意的最优效果，进而影响财政支出的绩效。二是多层委托代理问题。政府是一个庞大的组织体,内设各级地方政府部门和预算管理部门,公众将公共事务委托给各级地方政府,由此在实际生活中形成多层、多级、多类型的委托代理关系,按照委托代理理论内容,委托代理链越长,委托代理关系越弱,越容易产生"寻租、设租"等行为,进而增加政府提供公共产品和服务的成本,降低行政质效。三是公共产品问题。政府是公共产品的唯一供给方,其直接面临的问题是预算拨款而非社会公众对公共产品和服务的实际需求,因此政府在提供公共产品和服务时容易出现忽视公共产品和服务质量片面追求预算目标的情况,最终导致财政资金使用的低效率和浪费。

(二)委托代理理论的应用分析

第一,委托代理理论为实施分税制财政体制提供了基本支撑。由于不同级次政府间存在信息不对称,如何将事权和支出责任在不同级次政府间合理划分是提高政府行政效率和财政资金使用效率的关键,委托代理关系中的中央和地方政府各司其职,所提供的公共产品和服务更具效率,这是分税制财政体制要解决的问题,也是第八章研究的部分内容。

第二,委托代理理论为保障地方政府行使职能提供客观依据。地方税体系为地方政府职能行使提供了财力保障,其体系的优化有助于促进区域均衡,体现公众利益,通过确立地区性较强、流动性较差、受益性较强的主体税有助于确保我国四大区域均能拥有规模适中的税收收入,改善当前欠发达地区过度依赖中央财政转移支付的现状。以上是本书第六章研究的部分内容。

四、公共选择理论

(一)公共选择理论的主要内容

公共选择思想最早可追溯到18世纪的两位法国数学家勃劳德(Borda)和孔多塞(Chonduct)对投票规则的研究,而后英国经济学家密尔(Mill)1861年在《代议制政府》中对政治制度进行了最初的研究。瑞典经济学家维克塞尔（Wicksell，1896）在《公平税赋的新原理》中提出了方法论上的个人主义、经济人和交易的政治三项公共选择思想的构成要素，这是对公共选择思想更为深入的研究和探索。正式的公共选择理论形成于20世纪40年代，它是一种用经济学思想研究政府决策的方式和过程的理论，代表性的人物、著作和思想主要包括英国经济学教授布莱克和他的《论集体决策原理》（1948）、布坎南（Buchanan）和他的《政府财政的纯理论》（1949）、阿罗（Kenneth Arrow）和他的《社会选择与个人价值》（1951），其中布莱克的著作为公共选择理论奠定了重要基础，布坎南和塔洛克合著的《合意的计算》被认为是公共选择理论的经典之作。20世纪80年代，布坎南的《成本与选择》（1979）认为，公共选择是政治上的观点，是把经济学工具运用于集体或非市场决策条件下产生的观察政治的不同研究方法，丹尼斯·穆勒（Dennis Mueller）在《公共选择理论》（1979）中提出，公共选择的主题与政治科学相同，包括国家理论、投票规则、投票者行为和官员政治等，因此公共选择理论的基本行为假设和经济学一样，即人是自利的、理性的、追求效用最大化的，这些研究使得公共选择理论不断走向成熟。

公共选择理论认为，政治家、官僚、选民等政治活动的参与者同私人经济中的个人一样是理性的经济人，即人们在进行经济决策或政治选择时通常会趋利避害、选择综合效益最高的决策，其政治活动不过是个人在追求利益最大化时的一种途径。集体决策通常是个人决策某种方式的加总，公共选择实质上不过是个人决策的结果，因此要想在集体决策中实现全体一致的意见十分困难，需要构建集体遵从的政治机制或是政治活动规则，并以政治机制或是规则约束决策参与者以此来保证公共决策的效率。其理论实质上是用个人主义和理性主义的新古典经济学理论研究政治问题，进而释析个人偏好与政府公共选择问题及关系。

（二）公共选择理论的应用分析

第一，公共选择理论强调立宪改革和注重法律制度建设等思想可用于强化地方税收法制化建设的相关研究。目前，我国地方税收法律制度，甚至税收法律制度都存在一定的法律漏洞，如至今尚未出台《税收基本法》《地方税法》等税收法律规范,以及地方税体系中仍有土地增值税、房产税和城镇土地使用税 3 个税种尚未立法,严重阻碍了地方税体系建设进程,因此应借鉴公共选择理论内容加快地方税法制建设,这是第七章研究的部分内容。

第二,公共选择理论对个人偏好与政府公共选择问题研究及推动经济体制与政治体制协同改革提供了依据。公共选择理论认为经济过程和政治过程是相互关联的,政治体制与经济体制也是相辅相成、不可分割的,两者的改革需要相互协调。地方税体系本质上是中央与地方税权划分问题,其要与我国实施的大规模减税降费政策协调考虑,既保证税权符合我国政体特色,又保证地方政府拥有充足的财力支持经济政策的实施,这是第八章研究的部分内容。

本章小结

本章是关于地方税体系基础理论的研究,主要包括界定地方税与地方税收、地方税体系与地方主体税、地方税及主体税的特征与效应等基本概念;释析了地方税体系存在的理论基础和现实基础,以及完善地方税体系的根本矛盾等理论内容;阐释了财政分权理论、税收效率理论、委托代理理论和公共选择理论等相关理论及其对本书的借鉴意义。

第三章 地方税体系建设及问题分析

第一节 地方税体系的历史变迁

一、地方税体系建设的雏形

地方税体系建设的雏形时期为 1949~1953 年。中华人民共和国成立初期实行高度集中的财政体制,1949 年颁布的《中华人民政治协商会议共同纲领》中明确规定"国家的税收政策,应以保障革命战争的供给、照顾生产的恢复和发展及国家建设的需要为原则,简化税制,实行合理负担";1950 年 1 月将《全国税政实施要则》作为统一全国税政的具体实施方案。

1950 年 3 月政务院发布的《关于统一国家财政经济工作的决定》中规定统一全国财政,即在全国范围内实行统一的税则、税目和税率,不设置地方财政,由中央一元化管理所有的财政收入①,全国征收 14 种税,其中地方税包括契税、印花税、存款利息所得税、地产税、房产税、交易税、屠宰税、特种消费行为税和车船使用牌照税 9 种;同年 7 月国家调整税收

---

① 财政部综合计划司. 中华人民共和国财政史料(第 1 辑:财政管理体制 1950—1980)[M]. 北京:中国财政经济出版社,1982:31 - 36.

政策，合并房产税和地产税为城市房地产税，地方税种变为8个，地方税的雏形初步形成。

1951年我国将财政收支划分为中央、大区和省三级财政，其中农业税、工商业税（含营业税和所得税）、棉纱统销税、货物税、印花税和商品流通税的收入属于比例解留收入和中央调剂收入，地方固定收入包括交易税、屠宰税、房捐、地产税、特种消费行为税、使用牌照税和地方国营企业收入①，该时期尚未确立地方主体税。

二、地方税体系建设的停滞

地方税体系建设的停滞时期为1954~1977年。1958年我国开始实行"以收定支，五年不变"的财政体制，但中央逐步将税权下放给地方，如将城市房地产税、屠宰税、利息所得税、印花税、文化娱乐税、牲畜交易税和车船使用牌照税7个小税种的税收管理权下放给地方；允许省、自治区、直辖市对工商营业税、工商所得税、商品流通税、货物税在规定范围内实行减免和征税加成措施等。此次改革虽未改变地方税占税收收入比重较低的现状，但地方拥有了较为稳定的地方税种及地方政府对地方税种的部分税收管理权限，并使得上述7个小税种的地方性特征越来越明显。

1971~1973年我国实行税制简化方案改革，其重点是将工商统一税、工商统一税附加、城市房地产税和车船使用牌照税合并为工商税，将盐税和屠宰税作为具体工商税税目在全国范围内征收。此次税制改革合并了税种、简化了税目及调整了部分税率，极大降低了企业税负。但由于过度强调减并税种和统一征税，以致该时期的税制模式由中华人民共和国成立初期的复合税制逐渐转变为单一税制，此时地方税收几乎不存在，地方税体系更是无从谈起。因此，该阶段我国地方税体系发展停

---

① 财政部综合计划司. 中华人民共和国财政史料（第1辑：财政管理体制1950—1980）[M]. 北京：中国财政经济出版社，1982.

滞,地方无主体税种。

三、地方税体系建设的重构

地方税体系建设的重构时期为1978~1993年。1978年改革开放后,我国财政体制由"一灶吃饭"转变为"分灶吃饭",开始实行"划分收支,分级包干"的财政体制,地方税制改革随着经济体制改革的深入而不断推进,如1980年将地方所属企业收入、工商所得税、盐税、农牧业税、地方税和地方其他收入划归地方财政所有,开始实施第一步"利改税"改革,并开征企业所得税。

1984年实施第二步"利改税"方案,将工商税拆分为产品税、营业税、增值税和盐税,开征资源税,恢复和征收城镇土地使用税、房产税、车船使用税和城市维护建设税4个地方税种,同时将大批国有企业和事权下放给地方政府,赋予地方政府较多经济社会事务管理的自主权。第二步"利改税"的实施改变了从前工商税一税独大的税收格局,逐步形成了产品税、企业所得税、营业税等多税种、多主体的复合税制结构,为健全和完善地方税体系创造了条件。

此外,该时期对部分税种做了一定的调整,如1985年将农业税由对粮食征收为主改为折征代金①,1986年开征城乡个体工商业户所得税,1987年开征个人收入调节税,1988年开征私营企业所得税,1989年开征特种消费税,1991年开征固定资产投资方向调节税等。至此,地方税体系得到了较好的重建和发展,但尚未确立地方主体税。

四、地方税体系建设的发展

地方税体系建设的发展时期为1994~2015年。1994年我国对地方

---

① 折征代金指征收机关按照税法规定,将纳税人应纳税额的实物量按照国家规定的征收价格折算成金额,以货币形式征收。

财政包干体制进行改革，实行分税制财政体制，将税种统一划分为中央税、地方税和共享税三类，明确税种收入归属和国税地税分设体制，其中地方税包括城镇土地使用税、固定资产投资方向调节税、房产税、城市房地产税、车船使用税、车船使用牌照税、印花税（除证券交易印花税）、屠宰税、耕地占用税、农业税、牧业税、契税、筵席税和土地增值税共14种。

1996年3月第八届全国人民代表大会第四次会议和2001年3月第九届全国人民代表大会第四次会议分别提出了"健全地方税收体系""完善地方税税制"等政策要求；2006年1月和2月分别取消农业税和屠宰税；2007年1月合并车船使用牌照税和车船使用税统一征收车船税；2008年1月废止筵席税，统一内外资企业所得税制度；2010年修订城市维护建设税；2013年1月废止固定资产投资方向调节税；2013年11月党的十八届三中全会提出"完善地方税体系"政策要求。

截至2013年底，我国地方税包括营业税、烟叶税、城镇土地使用税、房产税、耕地占用税、车船税、土地增值税、契税、印花税、城市维护建设税和资源税（海洋使用企业缴纳的部分归中央所有）共11种，明确了营业税作为地方主体税的地位；2015年12月国务院发布的《关于调整证券交易印花税中央与地方分享比例的通知》中明确规定，将证券交易印花税由现行按中央97%、地方3%的比例分享全部调整为中央收入。

五、地方税体系建设的完善

地方税体系建设的完善时期为2016年至今。2016年5月营业税正式退出历史舞台，以致地方主体税"缺失"；2016年12月出台环境保护税，并明确为地方税。2017年党的十九大报告提出"健全地方税体系"等政策要求，从完善地方税体系到健全地方税体系的政策目标变化反映了党中央和国务院对地方税体系改革的又一次深化，"完善"反映了通过对现有税种的改革优化地方税体系，而"健全"则是在此基础上，通过合并、简化和新增税种等举措优化地方税体系。

"十四五"规划纲要明确提出,要"推进房地产税立法,健全地方税体系,逐步扩大地方税政管理权"等政策要求,这也为优化地方税体系提供了指导方向和具体路径。截至 2022 年 12 月,地方税体系包括 11 种地方税及收入按比例划分给地方政府的 3 种共享税在内的 14 个税种(详见本章第二节),地方尚未确立新的地方主体税。

第二节 地方税体系的总体概况

一、地方税制度建设

地方税制度建设主要是指国家法律规定的划归地方政府的各个税种和税制要素之间相互协调、相互配合、相互影响的情况。一般而言,地方税制度建设情况越好(主要指地方税种的立法情况),越容易形成较为完善的地方税制体系。其内容主要包括划归为地方税各个税种的构成及其税制要素设计、主体税种的选择和确立、主体税种和其他辅助税种间的协调与配合,以及地方税的征收管理等。目前我国尚未出台税收领域统领性的法律规范,如《税收基本法》《地方税法》等,只对现行 18 个税种中 12 个税种进行了立法,按照大口径地方税体系划分,14 个税种中已有 10 个税种正式立法。现行地方税体系中的 14 个税种立法及其法律依据如表 3-1 所示。

表 3-1　　　　　　地方税体系各税种的立法及其法律依据

税类	税种	属性	法律依据
流转税	增值税	共享税	(1) 2008 年 11 月国务院发布的《中华人民共和国增值税暂行条例》; (2) 2008 年 12 月财政部制定的《中华人民共和国增值税暂行条例实施细则》
	烟叶税	地方税	2017 年 12 月第十二届全国人民代表大会常务委员会第三十一次会议通过的《中华人民共和国烟叶税法》等

续表

税类	税种	属性	法律依据
所得税	企业所得税	共享税	（1）2007年3月第十届全国人民代表大会第五次会议通过的《中华人民共和国企业所得税法》； （2）2007年12月国务院颁布的《中华人民共和国企业所得税法实施条例》
所得税	个人所得税	共享税	（1）2018年第十三届全国人民代表大会常务委员会第五次会议通过的《中华人民共和国个人所得税法》修订版； （2）2018年12月国务院通过的《中华人民共和国个人所得税法实施条例》修订版
财产税	房产税	地方税	（1）1986年9月国务院发布的《中华人民共和国房产税暂行条例》； （2）1986年财政部、税务总局制定的《关于房产税若干具体问题的解释和暂行规定》； （3）各省、自治区和直辖市制定的房产税暂行条例和实施细则等
财产税	车船税	地方税	（1）2011年2月第十一届全国人民代表大会常务委员会第十九次会议通过的《中华人民共和国车船税法》； （2）2011年11月国务院发布的《中华人民共和国车船税法实施条例》等
财产税	契税	地方税	（1）1997年7月国务院发布的《中华人民共和国契税暂行条例》； （2）1997年10月财政部制定的《中华人民共和国契税暂行条例实施细则》； （3）1997年11月国家税务总局发布的《关于契税征收管理若干具体事项的通知》； （4）2020年8月第十三届全国人民代表大会常务委员会第二十一次会议通过的《中华人民共和国契税法》等
资源税	资源税	共享税	（1）2011年9月国务院发布的《中华人民共和国资源税暂行条例》； （2）2011年10月财政部、国家税务总局制定的《中华人民共和国资源税暂行条例实施细则》； （3）2011年11月国家税务总局发布的《资源税若干问题的规定》； （4）2016年5月财政部发布的《关于资源税改革具体政策问题的通知》； （5）2019年8月第十三届全国人民代表大会常务委员会第十二次会议通过的《中华人民共和国资源税法》等
资源税	城镇土地使用税	地方税	（1）1988年10月国家税务总局印发的《关于城镇土地使用税若干具体问题的解释和暂行规定》； （2）2013年12月国务院发布的《中华人民共和国城镇土地使用税暂行条例》； （3）各省、自治区、直辖市制定的城镇土地使用税暂行条例细则等

续表

税类	税种	属性	法律依据
资源税	耕地占用税	地方税	(1) 2007年12月国务院发布的《中华人民共和国耕地占用税暂行条例》； (2) 2018年12月第十三届全国人民代表大会常务委员会第七次会议通过的《中华人民共和国耕地占用税法》等
资源税	土地增值税	地方税	(1) 1993年12月国务院颁布的《中华人民共和国土地增值税暂行条例》； (2) 1995年1月财政部制定的《中华人民共和国土地增值税暂行条例实施细则》等
行为目的税	城市维护建设税	地方税	(1) 1985年2月国务院发布的《中华人民共和国城市维护建设税暂行条例》等； (2) 2020年8月第十三届全国人民代表大会常务委员会第二十一次会议通过的《中华人民共和国城市维护建设税法》等
行为目的税	印花税	共享税	(1) 1988年国务院发布的《中华人民共和国印花税暂行条例》； (2) 1988年9月财政部制定的《中华人民共和国印花税暂行条例实施细则》等； (3) 2021年6月第十三届全国人民代表大会常务委员会第二十九次会议通过的《中华人民共和国印花税法》
行为目的税	环境保护税	地方税	(1) 2016年第十二届全国人民代表大会常务委员会第二十五次会议通过的《中华人民共和国环境保护税法》； (2) 2017年12月国务院公布的《中华人民共和国环境保护税实施条例》等

资料来源：根据现行税收法律和法规整理所得。

由表3-1可看出：在我国现行地方税体系14个税种中，已有10个税种正式立法，其他4个税种主要依据授权国务院制定的行政法规或暂行条例及其实施细则等。总体上看，我国税收法治化进程较快，从2018年《十三届全国人大常委会立法规划》公布后，4年时间完成了5个税种的立法工作，但地方税体系的法律效力相对较差，如作为地方主导产业的房地产业涉及的房产税等3个税种尚未立法，仍需按照立法规划要求适时完成未立法税种的立法工作，进一步加快地方税法制化进程。

二、地方税权的配置

税权主要是指宪法和法律赋予国家权力机关的各项税收权力的总称，

主要包括税收立法权、税收收益权和税收管理权（张守文，2000；李勇彬，2017；李俊英等，2020），因此地方税权包括地方税收的立法权、收益权和管理权。

从地方税收立法权看，1994年分税制财政体制将税种划分为中央税、共享税和地方税后，其税收立法权高度集中于最高立法机关，由中央统一制定和修订税法，地方人大及其常委会基本处于无税收立法权的状态。

从地方税收收益权看，我国地方政府仅有地方税种的收益权及由中央按照一定比例赋予地方政府的共享税收益权，实质相当于中央给予地方一定的税收收入权益。特别是营业税退出历史舞台后，地方财政收入能力大幅下降，其收入主要依赖共享税收入分成。

从地方税收管理权看，2018年国税地税征管体制改革合并了省级及其以下的国税地税征管机构，降低税收征管成本提高征管效率的同时，也反映了地方政府税收管理权配置的相对被动地位。

三、地方税征管模式

我国现行地方税征管工作的顶层主管机构是国家税务总局，国家税务总局下设有货物和劳务税司等18个内设机构，电子税务管理中心、教育中心和机关服务中心等10个直属单位，以及税收大数据和风险管理局、驻北京特派员办事处、驻沈阳特派员办事处等7个派出机构。其中：内设机构中的所得税司、货物和劳务税司、财产和行为税司通过拟定税收征管办法，分别负责组织实施流转税类、所得税类、财产税类和行为目的税类的税收（含地方税）管理，并指导具体的征管业务；征管和科技发展司负责税收征管方案或规划的制定，以及组织实施税收管理信息化的具体方案和综合管理。

从2018年全国税务工作会议提出的"高质量推进新时代税收现代化"，至2020年全国税务工作会议强调"推进新时代税收现代化建设再上新台阶"，再到2021年全国税务工作会议提出的"高质量推进新发展阶段税收现代化"的目标，以及"十四五"规划纲要提出的"推进税收征管现代化"等政策要求,反映了税收现代化是完善现代税收制度改革的重要目标,而推进地方税征管逐渐由传统模式向现代化征管模式转变成为实现税收现代化目标的重要抓手。

现代税收征管模式下,大数据成为当代一种新兴资源和征管技术手段;"互联网+税务"实践的深入推广,加快地方税征管模式由"以票控税"向"信息管税"转变,并逐渐向"信息治税""以数治税""数据增税"方向迈进,特别是"金税三期"工程的全面运行和"金税四期"的功能部署充分展现和预示了大数据技术与现代地方税征管模式的密切结合,以及现代化技术与传统地方税收管理业务的完美融合,这将极大提高地方税的征管质效。

四、地方主体税定位

本书认为,地方主体税应定位于符合微观层面的财政标准、中观层面的经济标准和宏观层面的价值标准,具体内容表现在以下三个方面。

(一)微观层面

在微观层面,地方主体税应符合财政标准,即能够增加地方财政自主权和地方财政收入。

分税制财政体制改革以来,中央政府掌握着税收立法权、税收收益权和税收征管权等多项税权,尤其是"营改增"政策全面实施和国税地税征管机构合并后,原由地方政府享有的税收收益权和税收征管权变成中央与地方共享,以致地方财政自主权大幅萎缩,地方财政收入规模急剧下降,只能依赖中央以调整增值税分享比例等方式弥补地方财政缺口,这对地方财政收入的稳定性造成了极大挑战。

因此,地方主体税的确立要能增加地方政府的财政自主权,包括对地方主体税的税收收入权、支出权和管理权,且要能方便地方政府自主征收和管理,激发地方政府利用主体税种涵养、培育地方税源和促进地区经济发展的积极性;增加地方财政收入,税收的基本功能就是为政府筹集财政收入,针对我国地方财政收不抵支,且收支差额逐步扩大的现实问题,加之事权的逐步下移,以 2020 年为例,中央与地方政府一般公共预算支出比为 14.29% : 85.71%,地方主体税的选择要充分考虑其收入能力,确保地方政府财政收入充足、稳定、可持续。

(二) 中观层面

在中观层面,地方主体税应符合经济标准,即符合区域经济发展目标与居民受益性原则。

我国 31 个省(区、市)[①] 可划分东部、中部、西部和东北四大区域,不同区域间经济条件、社会环境和资源禀赋差异较大,体现了不同的区域特色。东部地区大部分省份经济发达,GDP、财政收入和人均消费支出等处于全国前列,但区域内资源储量较少;中部地区经济较为发达,人力资源优势比较明显,经济发展潜力巨大;西部地区自然资源丰富,但经济发展水平落后,地区发展对资源的路径依赖较为严重;东北地区资源型城市转型升级困难、产业结构单一、人口流失较为严重。

因此,地方主体税的确立在中观层面应满足以下两个条件:符合区域发展状况和地区特色,最大限度内综合考量各个省份的区域特色,不能只反映局部地区的发展特征,如部分学者提出将资源税确立为地方主体税,这对东部和中部地区来说就有一定的不合理之处,以致该观点值得深入研究和商榷;挖掘地区经济优势,夯实地方财政收入是地方主体税的首要和重要功能之一,这要求地方主体税具有充足的税源和广泛的税基,并能通过地区税源挖掘和激发区域经济发展潜力。

(三) 宏观层面

在宏观层面,地方主体税应符合价值标准,即统筹兼顾社会公平与社会效率的基本关系。

地方主体税的价值标准是地方主体税上层建筑层面的目标,既要符合

---

① 不包含港澳台地区。

社会公平原则，又要能促进社会效率的提高。我国四大区域财政收支能力差异较大，以2020年为例，地方一般公共预算收入最高的广东（12923.85亿元）约是一般公共预算收入最低的西藏（220.99亿元）的58.48倍，地方一般公共预算支出最高的广东省（17430.79亿元）约是一般公共预算支出最低的宁夏（1480.36亿元）的11.77倍。

因此，地方主体税的确立应符合以下条件：兼顾各地区政府财政支出需要，即综合考虑地区公共产品与服务需求的差异性，尽可能在税种选择、税权划分和税收制度安排等方面满足地方政府支出需要，从而激发各级地方政府组织税收收入和推动经济建设的热情和积极性，以促进各区域基本公共服务均等化的实现，整体上提高社会福利水平；缩小区域发展差距，通过兼顾各地区税源特点确立地方主体税，以缩小不同地区之间的财政收支差距，进而缩小区域发展差异，有效落实我国区域协调发展战略，促进社会公平的实现。

五、地方税税种结构

我国税收制度是在建立、调整、完善与改革过程中逐步发展起来的，形成了流转税类（增值税、消费税、烟叶税、关税和船舶吨税5种）、所得税类（企业所得税和个人所得税2种）、资源税类（城镇土地使用税、资源税、耕地占用税和土地增值税4种）、财产税类（房产税、车船税和契税3种）和行为目的税类（印花税、车辆购置税、环境保护税和城市维护建设税4种）5大类、18种税的多种税、多次征的复合税制。

从我国实践看，地方税的口径主要可分为三种：一是小口径地方税，即由国家立法、地方政府负责组织征收管理和收入支配的各税，包括耕地占用税、房产税、车船税、契税、烟叶税、土地增值税、城镇土地使用税和环境保护税8种地方专享税；二是中口径地方税，即小口径地方税和共享税中收入绝大部分归于地方政府的各税，包括8种地方专享税和资源税、印花税、城市维护建设税共11种；三是大口径地方税，即中口径地方税和共享税中按比例分享给地方政府的各税，包括11种中口径地方税和增值税、企业所得税、个人所得税共14种。

本书所提及的地方税体系是指大口径的地方税，由此可看出，资源税类各税种在地方税体系中占比最高，其所属税种均归属为地方税；财产税类和行为目的税类各税种在地方税体系中占比次之，但与行为目的税不同的是，财产税类所属各税种均归属为地方税；流转税类的增值税、所得税类的企业所得税和个人所得税虽贡献了较大规模的地方税收收入，但其本质上属于共享税，收入只是在地方主体税缺位和地方税体系不完善的背景下，按照中央政策要求以比例分享的形式将税收划分给地方，弥补地方财力不足，长期看仍需着重发挥地方税对地方税收收入的独特贡献作用。

六、地方税收收入规模

按照前文对地方税体系内涵范围的界定，本节所分析的地方税收收入规模和结构主要是指大口径地方税体系的收入与规模，并主要研究地方税体系中14个税种2007～2020年的税收收入及其占比情况，其中因营业税2016年全面取消，主要研究其2007～2016年的税收收入及其占比情况，另外环境保护2018年起才开始征收，截至2022年仅有三年可供查阅的数据，如2018～2020年环境保护税收入分别为151.38亿元、221.16亿元和207.06亿元，分别占地方税收收入比重的0.20%、0.29%和0.28%，因此环境保护税虽作为地方税，但其税收收入及其占比情况未在表3-2和表3-3中体现，其他大口径地方税体系的税种收入情况见表3-2，其税收收入结构情况见表3-3。

表3-2　2007～2020年我国地方税体系14个税种税收收入情况　　单位：亿元

年份	税收收入	地方税收收入	流转税				财产税			
			增值税	营业税	烟叶税	合计	房产税	车船税	契税	合计
2007	45621.97	19252.12	3867.62	6379.51	47.80	10294.93	575.46	68.16	1206.25	1849.87
2008	54223.79	23255.11	4499.18	7394.29	67.45	11960.92	680.34	144.21	1307.54	2132.09
2009	59521.59	26157.43	4565.26	8846.88	80.81	13492.95	803.66	186.51	1735.05	2725.22
2010	73210.79	32701.49	5196.27	11004.57	78.36	16279.20	894.07	241.62	2464.85	3600.54
2011	89738.39	41106.74	5989.25	13504.44	91.38	19585.07	1102.39	302.00	2765.73	4170.12

续表

年份	税收收入	地方税收入	流转税				财产税			
			增值税	营业税	烟叶税	合计	房产税	车船税	契税	合计
2012	100614.28	47319.08	6737.16	15542.91	131.78	22411.85	1372.49	393.02	2874.01	4639.52
2013	110530.70	53890.88	8276.32	17154.58	150.26	25581.16	1581.50	473.96	3844.02	5899.48
2014	119175.31	59139.91	9752.33	17712.79	141.05	27606.17	1851.64	541.06	4000.70	6393.40
2015	124922.20	62661.93	10112.52	19162.11	142.78	29417.41	2050.90	613.29	3898.55	6562.74
2016	130360.73	64691.69	18762.61	10168.80	130.54	29061.95	2220.91	682.68	4300.00	7203.59
2017	144369.87	68672.72	28212.16	—	115.72	28327.88	2604.33	773.59	4910.42	8288.34
2018	156402.86	75954.79	30777.45	—	111.35	30888.80	2888.56	831.19	5729.94	9449.69
2019	158000.46	76980.13	31186.90	—	111.03	31297.93	2988.43	880.95	6212.86	10082.24
2020	154312.29	74668.06	28438.10	—	108.67	28546.77	2841.76	945.41	7061.02	10848.19

年份	所得税			资源税					行为目的税		
	企业所得税	个人所得税	合计	资源税	城镇土地使用税	耕地占用税	土地增值税	合计	印花税	城市维护建设税	合计
2007	3132.28	1273.78	4406.06	261.15	385.49	185.04	403.10	1234.78	316.6	1148.70	1465.30
2008	4002.08	1448.08	5450.16	301.76	816.90	314.41	537.43	1970.50	361.61	1336.30	1697.91
2009	3917.75	1582.54	5500.29	338.24	920.98	633.07	719.56	2611.85	402.45	1419.92	1822.37
2010	5048.37	1934.30	6982.67	417.57	1004.01	888.64	1278.29	3588.51	512.52	1736.27	2248.79
2011	6746.29	2421.04	9167.33	595.87	1222.26	1075.46	2062.61	4956.20	616.94	2609.92	3226.86
2012	7571.60	2327.63	9899.23	855.76	1541.72	1620.71	2719.06	6737.25	691.25	2934.76	3626.01
2013	7983.34	2612.54	10595.88	960.31	1718.77	1808.23	3293.91	7781.22	788.81	3243.60	4032.41
2014	8828.64	2950.58	11779.22	1039.38	1992.62	2059.05	3914.68	9005.73	893.12	3461.82	4354.94
2015	9493.79	3446.75	12940.54	997.07	2142.04	2097.21	3832.18	9068.50	965.29	3707.04	4672.33
2016	10135.58	4034.92	14170.50	919.40	2255.74	2028.89	4212.19	9416.22	958.82	3880.32	4839.14
2017	11694.50	4785.64	16480.10	1310.54	2360.55	1651.89	4911.28	10234.26	1137.89	4204.12	5342.01
2018	13081.60	5547.55	18629.20	1584.45	2387.60	1318.85	5641.38	10932.58	1222.48	4680.67	5903.15
2019	13517.75	4154.34	17672.10	1768.52	2195.41	1389.84	6465.14	11818.91	1233.58	4614.44	5848.02
2020	13168.28	4627.27	17795.55	1706.53	2058.22	1257.57	6468.51	11490.83	1313.80	4443.10	5756.90

资料来源:《中国统计年鉴》(2008~2021年)。

表3-3　　　　2007~2020年我国地方税体系14个税种收入
占地方税收收入比重情况

年份	税收收入(亿元)	地方税收入占比(%)	流转税				财产税			
			增值税占比(%)	营业税占比(%)	烟叶税占比(%)	合计占比(%)	房产税占比(%)	车船税占比(%)	契税占比(%)	合计占比(%)
2007	45621.97	42.20	20.09	33.14	0.25	53.47	2.99	0.35	6.27	9.61
2008	54223.79	42.89	19.35	31.80	0.29	51.43	2.93	0.62	5.62	9.17
2009	59521.59	43.95	17.45	33.82	0.31	51.58	3.07	0.71	6.63	10.42

续表

年份	税收收入（亿元）	地方税收收入占比（%）	流转税				财产税			
			增值税占比（%）	营业税占比（%）	烟叶税占比（%）	合计占比（%）	房产税占比（%）	车船税占比（%）	契税占比（%）	合计占比（%）
2010	73210.79	44.67	15.89	33.65	0.24	49.78	2.73	0.74	7.54	11.01
2011	89738.39	45.81	14.57	32.85	0.22	47.64	2.68	0.73	6.73	10.14
2012	100614.28	47.03	14.24	32.85	0.28	47.36	2.90	0.83	6.07	9.80
2013	110530.70	48.76	15.36	31.83	0.28	47.47	2.93	0.88	7.13	10.95
2014	119175.31	49.62	16.49	29.95	0.24	46.68	3.13	0.91	6.76	10.81
2015	124922.20	50.16	16.14	30.58	0.23	46.95	3.27	0.98	6.22	10.47
2016	130360.73	49.63	29.00	15.72	0.20	44.92	3.43	1.06	6.65	11.14
2017	144369.87	47.57	41.08	—	0.17	41.25	3.79	1.13	7.15	12.07
2018	156402.86	48.56	40.52	—	0.15	40.67	3.80	1.09	7.54	12.44
2019	158000.46	48.72	40.51	—	0.14	40.66	3.88	1.14	8.07	13.10
2020	154312.29	48.39	38.09	—	0.15	38.23	3.81	1.27	9.46	14.53
平均	—	47.00	24.20	30.62	0.22	46.29	3.24	0.89	6.99	11.12

年份	所得税			资源税					行为目的税		
	企业所得税占比（%）	个人所得税占比（%）	合计占比（%）	资源税占比（%）	土地使用税占比（%）	耕地占用税占比（%）	土地增值税占比（%）	合计占比（%）	印花税占比（%）	城建税占比（%）	合计占比（%）
2007	16.27	6.62	22.89	1.36	2.00	0.96	2.09	6.41	1.64	5.97	7.61
2008	17.21	6.23	23.44	1.30	3.51	1.35	2.31	8.47	1.55	5.75	7.30
2009	14.98	6.05	21.03	1.29	3.52	2.42	2.75	9.99	1.54	5.43	6.97
2010	15.44	5.92	21.35	1.28	3.07	2.72	3.91	10.97	1.57	5.31	6.88
2011	16.41	5.89	22.30	1.45	2.97	2.62	5.02	12.06	1.50	6.35	7.85
2012	16.00	4.92	20.92	1.81	3.26	3.43	5.75	14.24	1.46	6.20	7.66
2013	14.81	4.85	19.66	1.78	3.19	3.36	6.11	14.44	1.46	6.02	7.48
2014	14.93	4.99	19.92	1.76	3.37	3.48	6.62	15.23	1.51	5.85	7.36
2015	15.15	5.50	20.65	1.59	3.42	3.35	6.12	14.47	1.54	5.92	7.46
2016	15.67	6.24	21.90	1.42	3.49	3.14	6.51	14.56	1.48	6.00	7.48
2017	17.03	6.97	24.00	1.91	3.44	2.41	7.15	14.90	1.66	6.12	7.78
2018	17.22	7.30	24.53	2.09	3.14	1.74	7.43	14.39	1.61	6.16	7.77
2019	17.56	5.40	22.96	2.30	2.85	1.81	8.40	15.35	1.60	5.99	7.60
2020	17.64	6.20	23.83	2.29	2.76	1.68	8.66	15.39	1.76	5.95	7.71
平均	16.17	5.93	22.10	1.69	3.14	2.46	5.63	12.92	1.56	5.93	7.49

资料来源：《中国统计年鉴》（2008～2021年），或经计算所得，其中占比即各地方税种收入占地方税收收入的比重。

由表3-2可看出：2007~2020年我国税收收入和地方税收收入总体看呈上升态势，其中税收收入由2007年的45621.97亿元增至2020年的154312.29亿元，增长了2.38倍；地方税收收入由2007年的19252.12亿元增至2020年的74668.06亿元，增长了2.88倍，其增速略高于税收收入增速；资源税、财产税、行为目的税、所得税和流转税收入分别增长了8.31倍、4.86倍、3.07倍、3.03倍和1.77倍，反映了地方税收收入能力有了较大的提升，但因规模较小其增长幅度依然难以应对"营改增"带来的地方财政压力。原地方主体税种的营业税收入在2007~2015年增长了2.00倍，2016年"营改增"政策全面实施后同比下降46.93%。此外，2007~2020年土地增值税增速最快，增长了15.05倍；烟叶税增速最慢，增长了1.27倍。

由表3-3可看出：2007~2020年地方税收收入占税收收入的比重总体呈波动上升趋势，其中2007~2015年地方税收收入占比持续上升，这与我国地方经济的快速发展密不可分，而2015~2020年地方税收收入占比呈波动下降趋势，其主要是由于"营改增"全面推行和大规模减税降费政策的出台所导致的，致使地方税收收入规模呈一定的阶段性缩小态势；财产税、资源税和所得税占地方税收收入的比重总体呈上升趋势，而流转税占比由2007年的53.47%降至2020年的38.23%，反映了我国地方税收收入结构不断优化；地方税体系14个税种收入占地方税收收入的平均比重为0.22%（烟叶税）至24.20%（增值税）。

第三节 地方税体系的问题分析

一、地方税法制不规范

（一）地方税法制进程缓慢

我国现行税制体系18个税种中，12个税种已完成立法工作，从大口径地方税体系 14 个税种的立法情况看，仍有增值税、土地增值税、城镇土地使用税和房产税等 4 种税尚未立法，由此可看出，我国尚未立法的税种中包括中央税（消费税和关税）2 种、共享税（增值税）1 种及地方税（城镇土地使用税、土地增值税和房产税）3 种，总体上依然是地方税的法律效力较弱（李升和解应贵，2018），其主要依据全国人大常委会授权国务院制定的行政法规，虽然党的十八届三中全会以来全国重大工作会议及全国人大立法规划多次提出加快未立法税种的立法工作，但地方税立法进程仍有待于进一步推进。

以房地产税为例，2013 年党的十八届三中全会首次提出"加快房地产税立法并适时推进改革"，2014 年《关于 2014 年深化经济体制改革重点工作的意见》提出"推进房地产税立法相关工作"，2015 年《第十二届全国人大常委会立法规划》及 2018 年《第十三届全国人大常委会立法规划》提出牵头起草房地产税立法工作，至 2018 年和 2019 年《政府工作报告》，以及"十四五"规划纲要提出的"推进房地产税立法"等意见，凸显了党中央和国务院对房地产税乃至地方税立法进程的高度重视，但其在实践过程中仍面临一定难度和阻力，法治化进程仍有待深入推进。此外，与地方税征收和管理相关的纳税人权益保护法、税务违章处理法、税务诉讼法等法律法规尚未出台，对税务人员税务执法行为缺乏强有力的制约和监督。

（二）事权税权划分不合理

2018 年 3 月党的十九届三中全会提出了"赋予省级及以下机构更多自主权"的新要求；"十四五"规划纲要提出"完善现代税收制度，逐步扩大地方税政管理权"的相关改革建议，反映了深化税务领域"放管服"改革，明确中央与地方财权、事权和支出责任划分是优化地方税体系的重要内容。以税收立法权为例，我国目前地方立法机构没有税收立法权；以税收解释权和调整权为例，地方仅有房产税和城镇土地使用税的细则制定权，以及对纳税困难户房产税等税种的减免优惠权等。

以 2020 年为例，地方政府承担着地方经济建设的一般公共服务、教育和科技等 23 项支出，中央与地方的一般公共预算收入和支出比例分别为

45.25%∶54.75% 和 14.29%∶85.71%，但地方税收入贡献率仅为 15.5%（李升和解应贵，2018），说明地方税收入比重仍旧较低，地方政府的财力保障仍旧较差，且地方事权税权与支出责任划分也不合理、不规范，在地方主体税种缺位和地方税体系不完善的情况下更会影响地方政府的行政效率。

二、税权配置纵向失衡

（一）地方税权的立法层级较低

《中华人民共和国宪法》《中华人民共和国地方各级人民代表大会和地方各级人民政府组织法》尚未对地方税权问题作出具体规定。现行《中华人民共和国立法法》第九条虽规定未制定法律的事项可由全国人民代表大会及其常务委员会授权国务院根据实际需要对其中的部分事项先行制定行政法规，但截至 2022 年 12 月国务院未对地方税权问题作出规定，而地方税权问题主要依据《宪法》《国务院关于实行分税制财政管理体制的决定》等，并随着社会经济发展目标和税制改革要求历经多次调整。

总体上看，地方税权的相对稳定性较差且缺乏明确的法律依据，这是导致我国中央与地方财权、事权与支出责任不相匹配，以及地方税体系不完善的重要诱因，这就需要进一步明确我国地方税权的层次、范围和内容，特别是及早解决地方税权的法律地位问题。

（二）地方税权主要集中于中央

地方立法机关及其政府的税收立法权，基本处于无权状态。2015 年修订的《中华人民共和国立法法》规定，税种的设立、税率的确定和税收征收管理等税收基本制度必须由最高权力机关立法，而对涉及的税收基本制度可由全国人民代表大会及其常务委员会授权国务院根据实际需要先行制定行政法规，而地方仅拥有部分地方税种适用税率、税额的调整权，地方税种的减免税权，以及地方税种计税依据的部分确定权等。

地方税收收益权划分不明晰，地方主体税缺位的背景下，地方专项税收入难以满足地方财政要求，要通过中央调整共享税分享方式等办法来弥补地方财力缺口，而这种共享税分享方式主要由中央政府决定，但确定依据和规则的法律依据并不明确，阻碍了财税制度的法治化进程。此外，地方税收征收管理权总体上较为完善，但其征管权的调整包括征管机构改革也缺乏明确的法律依据（李俊英和鲍晓敏，2020）。

三、现代征管模式滞后

（一）地方税征管机制不科学

多部门协同征管机制不畅通，如地方税征管主体不规范，税务、政府、第三部门和社会公众等多元主体间配合效果不佳等问题，通常是税务机关主动进行多方沟通和协调促进涉税信息共享，而其他部门主体则会以影响本职工作、经费不足、信息保密等理由拒绝提供涉税信息。部分地方税征管业务不协调，由于数据内容、格式和统计口径的不统一以致涉税数据的处理需要税务部门耗费更多的人财物力，甚至引发税收风险。地方税征管难度较大，以行为目的税为例，受税基不固定性、纳税主体不确定性、征收行为一次性等因素影响，税务部门认定其计税依据困难，若由第三部门确定则易产生征管漏洞。

一是传统地方税源管理方式较为落伍，如地方税税源管理理念滞后。随着"互联网+"经济快速发展，2018年数字税或数字服务税应运而生，但部分税务干部在思想、行动、作风上仍未适应新时代、新业态、新要求，存在保守残缺、不思进取等不良风气。二是地方税税源管理方式和手段有待优化。随着平台经济、共享经济的蓬勃发展，加之"一带一路"建设深入推进，国际税收业务蓬勃发展，税源的流动性和隐蔽性持续增强，传统税源管理方式难以适应当下税源管理、预测和培植的要求。三是税源管理技术有待提升。目前大数据、区块链、人工智能等现代技术在搜集、整理、加工、处理和应用涉税信息方面仍未达到预期目标。

（二）税收执法行为不规范

税收执法人员的处罚裁量权较大，如税务执法人员通常依据《行政处罚法》《税收征管法》等法律法规对纳税人的违法行为事实、性质、轻重及罚与不罚、处罚种类和程度认定等方面作出行政裁量，以处罚种类为例，现行地方税处罚多种多样，包括没收非法所得、没收非法财物、加收滞纳金和罚款等，税务机关多数情况下采取确定性的处罚方式，个别情况下允许税收执法人员根据案情自行酌情选择处罚种类，这反映了目前处罚裁量空间较大、规则不具体等问题，损害纳税人的合法权益，降低税务机关的权威性（李登喜等，2017）。

个别税收执法人员业务素质不高，如部分税收执法人员特别是原国税局人员对地方税的立法精神、政策内涵、法律释义等因素的理解和适用能力不足，以印花税为例，其税目多且税率复杂，若政策宣传和辅导不到位易引发少报、错报和不报现象；税务执法行为监管体系不完善，税务执法人员的常态化和精准化监管力度较弱，对纳税人难以形成有力的威慑（王曙光等，2021）。

基层税务人员征管能力不足，以物业公司增值税征收为例，其涵盖了13%、9%、6%三档税率和5%、3%两档征收率，征税对象数量繁多、纳税人范围广泛，对税务人员征管能力有着较高要求。个别税务人员为追求个人利益，易产生职位寻租、权力滥用、以权谋私和权钱交易等违法行为，以致挑战了税法的权威、影响税务机关的公信力。

四、地方主体税种缺位

我国从2012年实施"营改增"试点政策，至2013年全国试行，再到2014年扩大行业范围，最后到2016年在全国全面实行，其是"营改增"政策不断完善的过程，但作为地方主体税种的营业税正式退出历史舞台，地方主体税的缺位阻碍了我国地方税体系建设和地方税制完善进程。其问题主要表现为以下方面。

（一）地方主体税问题认识不一

长期以来，营业税在理论与实践上是地方税体系中无可争议的主体税，如 2015 年营业税（19162.11 亿元）占地方税收入（39608.46 亿元）和地方税收收入的比重分别为 48.38% 和 30.58%，但 2016 年全面"营改增"的实施使得其占比分别同比下降 16.36% 和 14.86%，因此一些学者开始探讨以资源税、财产税或消费税、零售税等税种作为地方主体税的问题。

仅从税收收入规模情况看，以 2020 年为例，资源税类 4 个税种收入（11490.83 亿元）分别占地方税收入（28411.65 亿元）和地方税收收入（74668.06 亿元）的 40.44% 和 15.39%，但资源税含有中央海洋石油资源税收入，土地增值税在国家抑制房地产价格政策下的收入稳定性将会受到影响，其收入规模在短期内难以担当地方主体税的重任。

财产税类 3 个税种收入（10848.19 亿元）占地方税收入和地方税收收入的比重分别为 38.18% 和 14.53%，其中契税收入规模占比最高，仅分别为地方税收入和地方税收收入的 24.86% 和 9.46%，但其相对税源较为分散。行为目的税 3 个税种占比更低，且征管流程较为复杂烦琐，征管效率总体不高。流转税类和所得税类税种虽在税收收入规模上具有较大优势，但其共享税的性质及税源分布不均等特点也使得其不适宜作为地方主体税种。可见，政府及学界对地方主体税种的确立问题尚未达成共识，仍需进一步深入研究。

（二）地方税财政汲取能力下降

从地方税收入规模和结构情况看，2007～2016 年营业税占地方税收收入的平均比重为 30.62%，而资源税、财产税和行为目的税收收入占地方税收收入的平均比重分别为 12.92%、11.12% 和 7.55%，显然资源税等税收收入与营业税收入规模均存在较大的差距。

2016 年和 2017 年地方税收入占地方税收收入的比重分别为 56.24% 和 41.79%，分别同比下降 19.85% 和 25.69%，反映了地方主体税的缺位直接造成地方税财政汲取能力的下降，虽然依靠共享税收入可弥补"营改增"导致的地方财政缺口，但受共享税税制要素设计和征税原则等因素影响，共享税的征收易产生区域间和区际间的税收竞争,有违税收公平原则,长期来看不利于税源分布差异较大的各地区地方税财政汲取能力的整体提高。

五、地方税结构不合理

按照前文对大口径地方税体系的界定,地方税体系包括地方专项税和中央与地方共享税,其结构的不合理表现为主体税、辅助税和共享税在税种格局和税制设计上存在一定的不足,因上文已对地方主体税相关问题进行了分析和说明,本节主要就地方辅助税种和共享税在地方税体系建设中的问题进行阐释。

(一) 地方辅助税种不健全

2015 年以来,我国实施了积极财政政策下的系列减税降费政策,地方辅助税种对保证地方政府财力稳定的意义重大,但实践效果不明显。如现行地方税体系中的地方税种虽在税种数量和格局设置上有了一定的优化和完善,其税种设置与 1994 年对比情况具体见表 3-4。

表 3-4　　　1994 年和 2021 年我国中央与地方税收收入划分情况

年份	中央固定收入	地方固定收入	中央与地方共享收入
1994	(1) 关税;(2) 消费税;(3) 海关代征消费税和增值税;(4) 中央企业所得税;(5) 地方银行和外资银行及非银行金融企业所得税;(6) 铁道、银行总行、保险公司总公司等集中缴纳的营业税、所得税、利润和城市维护建设税;(7) 中央企业上缴的利润;(8) 外贸企业的出口退税	(1) 营业税(不含铁道、银行总行、保险公司总公司等集中缴纳的营业税);(2) 地方企业所得税(不含地方银行和外资银行及非银行金融企业所得税);(3) 地方企业上缴利润;(4) 个人所得税;(5) 城镇土地使用税;(6) 固定资产投资方向调节税;(7) 城市维护建设税(不含铁道、银行总行、保险公司总公司等集中缴纳的城市维护建设税);(8) 房产税;(9) 车船使用税;(10) 印花税;(11) 屠宰税;(12) 农牧业税;(13) 农业特产税;(14) 耕地占用税;(15) 契税;(16) 遗产和赠与税;(17) 土地增值税;(18) 国有土地有偿使用收入	(1) 增值税(中央与地方分享75%:25%);(2) 资源税(海洋石油资源税为中央收入,其余为地方收入);(3) 证券交易税(中央与地方按50%:50%分享)

续表

年份	中央固定收入	地方固定收入	中央与地方共享收入
2021	（1）关税；（2）消费税；（3）海关代征消费税和增值税；（4）未纳入共享范围的中央企业所得税；（5）铁道、银行总行和保险公司总公司集中缴纳的城市维护建设税；（6）车辆购置税；（7）船舶吨税	（1）环境保护税；（2）城镇土地使用税；（3）土地增值税；（4）城市维护建设税（不含铁道、银行总行和保险公司总公司集中缴纳的部分）；（5）房产税；（6）车船税；（7）印花税（不含证券交易印花税）；（8）耕地占用税；（9）契税；（10）烟叶税	（1）增值税（中央与地方各享50%）；（2）资源税（海洋石油资源税归中央，其他归地方）；（3）个人所得税（中央与地方按60%：40%分享）；（4）企业所得税（中央与地方按60%：40%分享）；（5）印花税（证券交易印花税归中央，其他归地方）

资料来源：《中国财政60年（上卷）》（经济科学出版社2009年版）和《国务院关于实行分税制财政管理体制的决定》，以及根据相关政策内容调整整理所得。

部分税种的收入能力较弱和税源潜力不足，以致其在发挥配合主体税种夯实地方财力的作用有限。个别税种仍有缺陷，如房产税兼具保障地方财政收入和调控房地产市场等多重作用，但其占地方税收入比重仍旧较低（2020年仅为10.00%），且学界对其未来改革方向或是税种本身的功能定位认识尚不统一，豪华型、高档型住宅和所有人的遗赠财产等还未征税。

此外，地方创新性税源较差。我国区域资源丰富，资源禀赋差异较大，尚未开征符合地区资源禀赋特点的税种，如对东部等地的历史古迹和文化遗产、中部地区的特色自然资源、西部稀有的动植物资源和矿产资源，以及东北地区的果类、人参等土特产品尚未开始征税，以致地方特色税源对税收收入贡献率较低。

（二）央地共享税种不完善

第一，增值税制不够合理。目前我国增值税收入分享方式加剧了税收横向分配不均衡，国务院2019年10月发布的《实施更大规模减税降费后调整中央与地方收入划分改革推进方案》提出的增值税"五五分成"比例和财政部、国家税务总局、中国人民银行发布《关于调整完善增值税留抵退税地方分担机制及预算管理有关事项的通知》的相关规定虽对增值税分享比例和留抵退税作出了具体规定，使得增值税弥补了"营改增"后的财政缺口，但增值税分享方式仍是收入分成而非分税，加上增值税实行的"生产地征税原则"，忽视了地方政府的税收努力，以致地方政府过度追求经济和税收增长，加大了增值税收入分配的横向不均衡（王婷婷，2021）。

第二，所得税制不完善。如所得税制分享比例不够科学，当前我国企业所得税和个人所得税中央与地方分享比例均为60%∶40%，在共享税收入中增值税收入仍占据最大比重，但现行共享税分享方式存在一定程度的税收分配横向不均，因此可考虑调整所得税中央与地方分享比例的方式，弱化增值税在共享税中占比过高引起的横向税收竞争。所得税制分享方式也不够合理，与增值税分享方式一致，所得税也主要是收入分成方式，这与分税制财政体制存在一定的背离，不利于充分调动地方政府促进地区经济发展和组织税收收入的积极性。此外，共享税本身也仍有不足亟待完善。

六、地方税收规模较小

（一）地方税收入占比较低

根据表3-2和表3-3关于2007~2020年地方税收收入规模及其占比情况可测算得出，2007~2016年地方税收入占税收收入的平均占比约为28.80%，而2017~2020年地方税收入的平均占比仅约为17.46%，2018年开征环境保护税，但2018~2020年其收入平均约占税收收入的0.12%，这对弥补"营改增"后地方税收收入不足的作用有限，地方税收收入主要依赖共享税收入的比例分成。此外，2020年我国31个省（区、市）11种地方税占地方税收收入的比重情况如表3-5所示。

表 3－5　　2020 年我国 31 个省（区、市）地方税收入占比情况　　单位：%

省（区、市）	流转税 烟叶税	财产税 房产税	财产税 契税	财产税 车船税	资源税 资源税	资源税 城镇土地使用税	资源税 耕地占用税	资源税 土地增值税	资源税 城市维护建设税	行为目的税 印花税	行为目的税 环境保护税	地方税收入占比之和
北京	0.00	6.64	4.98	0.74	0.64	0.40	0.06	5.58	4.78	1.74	0.20	25.76
天津	0.00	4.83	6.20	0.93	0.77	0.95	0.16	6.04	6.77	2.20	0.21	29.05
河北	0.01	3.14	10.12	2.15	2.10	5.77	4.74	10.67	5.24	2.05	0.97	46.97
山西	0.01	2.81	4.86	1.61	22.06	1.76	1.21	3.25	4.46	2.03	0.77	44.83
内蒙古	0.01	3.52	4.28	1.61	20.63	5.66	5.06	5.18	4.55	1.62	1.36	53.49
辽宁	0.04	5.06	8.71	2.39	2.18	7.22	0.82	4.90	6.71	1.97	0.32	40.34
吉林	0.06	3.76	13.90	2.67	1.12	2.91	2.70	5.04	7.52	2.15	0.19	42.02
黑龙江	0.15	4.76	8.01	3.10	5.91	8.95	2.46	8.15	6.09	1.60	0.28	49.44
上海	0.00	3.40	6.51	0.35	0.00	0.31	0.14	8.52	4.58	1.70	0.03	25.54
江苏	0.00	4.34	12.39	0.82	0.08	2.32	0.83	7.88	6.19	1.43	0.48	36.76
浙江	0.00	3.74	13.39	0.96	0.21	1.77	1.49	8.23	5.70	1.64	0.05	37.17
安徽	0.04	3.30	10.29	1.15	1.40	4.65	1.04	6.71	6.73	1.65	0.15	37.09
福建	0.29	3.74	10.06	1.20	0.33	1.45	0.57	10.51	5.60	1.96	0.14	35.86
江西	0.09	2.01	12.04	1.23	1.61	2.42	1.67	8.35	6.52	1.41	0.21	37.56
山东	0.05	3.48	10.57	1.73	2.28	6.30	2.05	9.11	5.97	1.76	0.28	43.58
河南	0.21	2.97	11.46	1.99	2.43	5.61	6.38	9.72	5.67	1.66	0.33	48.42
湖北	0.09	3.57	10.32	1.54	0.80	2.10	1.53	8.30	7.61	1.81	0.30	37.96
湖南	0.39	3.38	15.61	1.49	0.56	3.35	3.51	12.44	6.77	1.53	0.20	49.22
广东	0.01	3.20	7.93	0.85	0.12	0.95	0.59	13.92	5.88	1.68	0.06	35.20
广西	0.07	3.23	9.13	2.14	1.63	1.72	3.34	8.52	6.95	2.38	0.38	39.48
海南	0.00	3.03	8.08	0.92	0.64	3.13	0.53	24.05	4.89	1.39	0.15	46.82
重庆	0.14	5.01	12.77	1.17	0.96	5.71	2.43	7.30	6.23	2.06	0.19	43.97
四川	0.26	3.79	10.41	1.47	2.48	2.63	3.07	8.24	6.11	1.89	0.20	40.55
贵州	1.13	3.44	8.68	1.56	2.72	2.71	5.79	7.72	1.80	0.55		38.68
云南	3.66	3.48	8.31	1.82	2.17	2.95	1.73	7.13	8.94	2.13	0.40	42.73
西藏	0.00	0.00	0.00	1.25	1.64	0.13	1.03	4.04	8.43	2.26	0.14	18.91
陕西	0.10	3.71	6.48	1.55	13.43	2.66	2.24	4.04	6.28	1.85	0.24	42.58
甘肃	0.02	4.39	6.86	2.76	3.82	3.81	0.73	6.01	8.05	2.39	0.40	39.23
青海	0.00	3.63	5.56	1.88	11.61	1.69	1.26	3.81	6.55	1.88	0.38	38.24
宁夏	0.01	4.30	8.32	2.04	7.63	4.08	2.26	4.75	6.70	2.41	0.59	43.10
新疆	0.00	4.68	5.84	2.21	9.03	5.78	5.28	4.16	5.93	2.41	0.48	45.80

资料来源：《中国统计年鉴—2021》。

由表 3-5 可看出，我国 31 个省份地方税收入占地区税收收入的比重普遍较低，如烟叶税、房产税、契税、车船税、资源税、城镇土地使用税、耕地占用税、土地增值税、城市维护建设税、印花税和环境保护税占比最高的省份分别是云南、北京、湖南、黑龙江、山西、黑龙江、河南、海南、宁夏、新疆和内蒙古，地方税比重最高为海南土地增值税（24.05%），地方税收入占比保持在 18.91%（西藏）~53.49%（内蒙古）的区间内，反映了我国不同地区地方税收入能力差异较大且大部分区域地方税收入能力有限。

（二）地方财政收支不匹配

1994~2020 年我国一般公共预算收入与支出均呈逐年增长态势，两者分别由 1994 年的 5218.10 亿元和 5792.62 亿元增至 2020 年的 182913.88 亿元和 245679.03 亿元，分别增长了 34.05 倍和 41.41 倍，地方财政收支差额由 1994 年的 574.2 亿元扩大至 2020 年的 62765.15 亿元，特别是在地方主体税种缺失的形势下，财政收支差距有进一步扩大趋势，具体如图 3-1 所示。

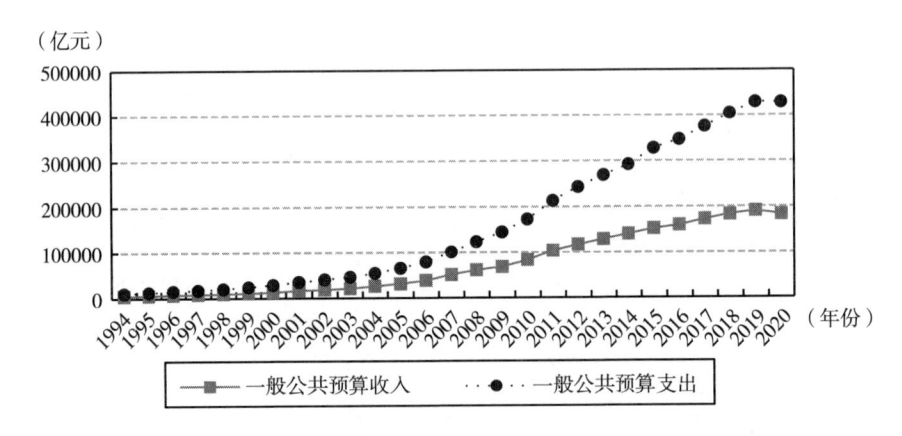

图 3-1 1994~2020 年我国一般公共预算收入与支出情况

由图 3-1 可以看出：1994~2020 年我国一般公共预算收入与一般公共预算支出差额呈逐年扩大趋势，且从 2015 年以来我国一般公共预算收入增速放缓，而一般公共预算支出仍快速增长，财政收支差距进一步扩大趋势明显，其主因是 2015 年以来"营改增"政策效果显现及 2015 年以来实施的减税降费政策力度和规模持续增大，我国一般公共预算收入规模和增速逐步放缓，而一般公共预算支出规模在促进基本公共服务均等化的背景下不断加大。在分析全国财政收支差距基础上，以 2020 年 31 个省份地方一般公共预算收入和一般公共预算支出相关数据为例，探析我国 31 个省份地方财政收支对比情况，具体如图 3－2 所示。

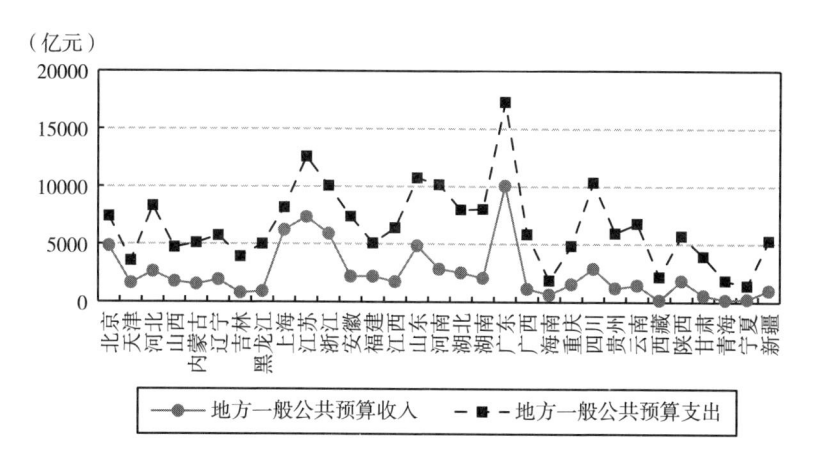

图 3－2　2020 年我国 31 个省份地方一般公共预算收入与支出情况

由图 3－2 看出：2020 年我国 31 个省份一般公共预算收入均低于一般公共预算支出，但不同省级行政区域收支差距不同，其中广东收支差距最大，宁夏收支差距最小，反映了我国地方财政收不抵支问题严重，且地区财政收支能力差异较大，这对我国财政转移制度造成了巨大压力，亟须优化地方税体系夯实地方财力基础。

（三）地方税税源潜力不足

第一产业税源比重低，除契税、印花税和耕地占用税等征税对象与农业有关外，其他地方税涉农较少，特别是 2006 年取消农业税后，国家对"三农"、精准扶贫和乡村振兴战略的重视，以及系列减免税优惠和财政补贴政策的出台，导致一产税源潜力及收入能力不足等问题。

第二产业税源动力弱，2018 年至今的大规模减税降费政策，使得工业制造业税收收入增速同比放缓,以2018年为例,全年第二产业税收收入同比增长7.4%,增速同比上年放缓了4.7个百分点,其中工业和制造业税收收入增速分别较上年放缓9.6个和9.7个百分点,在当前制造业企业产业转型难度较大及建筑业税收收入增速放缓的背景下,这将会对地方税收收入造成较大影响。

第三产业税源创新差,受居民消费升级的影响,2019年批发零售业等传统产业税收大幅增加,然而通用设备制造业、计算机通信和其他电子设备制造业等现代新兴产业税收表现出小幅增长或略有下降的趋势,反映了我国以创新为推动力的现代新兴产业发展速度缓慢。

第四节 地方税体系的问题成因

一、行政性分权强于法治化分权

行政性分权和法治化分权是我国中央与地方税权划分的两种主要形式,通常情况下,计划经济体制下行政性分权占据主导地位,而市场经济体制下遵循法治化的分权模式,并使得行政性分权模式逐步淡化。但我国分税制财政体制所表现出来的特征依然是税收分成,而非真正意义上的分权和分税。

在我国中央与地方税权划分过程中,地方政府财政收入来源主要是依据中央政府的行政性分权划分给地方政府的收入分成,如"营改增"后共享税收入约占地方税收收入的60%,其中共享税收入主要是中央对地方收入分成,而中央与地方之间的法治化分权特征并不明显,以致地方政府较难通过地方税种本身获得充足的财政收入来源,这种行政性分权模式的长期存在致使地方税的法治化建设进程主要遵循中共中央关于税收法治化建设的目标,而非结合地方发展实际需要,因此应从强化地方税法治建设角度,完善地方税种和增加地方财政收入。

二、中央税种高度集中

《中华人民共和国宪法》第三条规定"中央和地方的国家机构职权的划分，遵循在中央的统一领导下，充分发挥地方的主动性、积极性的原则"。1994年分税制财政体制改革对中央与地方财政关系的规范主要沿袭了该思想，即税收体系中的各税种的立法权都高度集中于中央，中央可决定开征和停征各个税种及规定其税制要素设计。

当然，中央也可将地方税种的税制要素调整权授权给地方政府或将税种及其收益权划分给地方，以弥补地方财力不足，这反映了我国中央对税权的高度集中和地方税权的极度缺位。而《中华人民共和国预算法实施条例》第七条规定，中央和地方分税制即是在划分中央与地方事权的基础上，确定中央与地方财政支出范围，并按税种划分中央与地方预算收入的财政管理体制。由此可看出，我国税权配置的纵向失衡主要是由现实国情特点及分税制体制所决定的。

三、征管理念与技术较为落后

按照2021年中共中央办公厅、国务院办公厅印发的《关于进一步深化税收征管改革的意见》描述的税收征管改革的宏伟目标和蓝图，无论是实现税收征管现代化抑或建立现代税收征管模式，均需要通过树立以服务纳税人缴费人为中心的税收征管理念，充分应用现代化征管技术和手段加以实现。当前，我国现代征管模式滞后也主要是受到征管理念与技术较为落后的影响，具体表现为两个方面。

第一，以服务纳税人为中心的征管理念不足。部分地区仍坚持以税务部门为中心的纳税服务"供给"模式为主导，尚未形成以纳税人缴费人为核心的纳税"需求"模式，以致税务部门对纳税人的多样化、个性化需求的主动性、深入性和精准性探究等能力不足，纳税服务满意度仍有较大提升空间。

第二，地方税征管信息化建设进程较为缓慢。如地方税种涉税信息获取难度较大，税收信息化建设虽已进入"金税四期"阶段，但与数字化、智能化、智慧化和现代化税收征管治理仍有差距。"金税四期"征管系统较难充分应对市场经济主体虚拟化、资产无形化、交易数字化和国内国际业务复杂化的挑战。现行数字化税收征管模式仍不完善，数据征管的掌握、运用和反馈能力较差。

四、政府与市场边界划分模糊

政府与市场边界划分决定着各级政府间的职能范围，政府的职能范围影响着政府的财政支出规模，按照"以收定支"原则，地方政府承担的支出责任需要有充足的财力作为保障。目前，我国政府与市场边界划分较为模糊，主要表现为地方政府与市场关系界限不明晰，地方政府在行使职能过程中存在着一些"缺位"和"越位"情况，以致对地方政府的财政收入规模缺乏科学合理的估计。

税收作为地方财政收入的重要来源，不同税类和税种收入汲取能力不同，即使不同税类和税种组合产生的税收收入规模相同，但其对市场经济的调节作用也不尽相同，因此在地方财政收入规模难以准确估计时，如何在分税制财政体制下兼顾不同区域税源分布特点和满足区域财政支出责任，进而设置科学的地方主体税或地方主体税组合，是优化地方税体系的难度所在，而其问题的根源在于政府与市场关系仍有待进一步优化和理顺。

五、分税制财政体制不彻底

1994年分税制改革在理顺中央与地方收入分配关系、加快税收法制建设、统一政府预算、平衡地区间收入分配差距等方面取得了显著成效，但其改革也有一定的不彻底之处。主要表现为以下几点。

第一，分税制的法律体系有待健全。分税制改革至今依据的多是国务院下发的行政命令或行政指令，尚未出台明确的分税制财政体制法律规范,且随着国内外市场经济环境的复杂多变和政策环境的变化调整,分税制法律内容变换频繁,政策稳定性明显不足。

第二,央地之间的事权划分不明晰。目前,中央政府与地方政府之间有关事权的划分仅是原则性和宏观性的规定,其各自的事权还不够明晰或缺乏较为详细的规定,且交叉或共有之处较多。

第三,省级以下分税制体制不健全。现行的分税制仅是中央与地方两个层面的分税制,而省级政府以下的分税制还保留了一定的改革前的双轨制特点,这对优化地方税体系起到一定阻碍作用。

六、税收管理权配置供求失衡

税收管理权配置的供求失衡主要表现为中央对地方税收管理权的供给小于地方对税收管理权的需求。1993 年《国务院关于实行分税制财政管理体制的决定》中明确规定"中央税、共享税以及地方税的立法权都要集中在中央"。截至 2022 年 12 月,除海南省和相当于省级的民族自治区及深圳特区被授予可指定地方性税收法规外,我国现行的各地方税种及已经停征的各地方税种,如筵席税、屠宰税等税种的税收管理权均由中央决定。

上述税收管理权高度集中于中央的行政体制,对事权不断扩大、财权逐步缩小的地方政府来说,加大了其财政收入压力和降低了其参与经济发展和建设的热情与积极性,也在一定程度上引发了地方政府"寻租""土地财政依赖过重""非法举债"等违法违规行为;影响了分税制财政体制的科学性,对保障地方税收入规模和规范中央与地方之间的财政关系造成了一定的挑战,阻碍了我国地方税体系的优化进程。

本章小结

本章是关于地方税体系建设及问题分析的研究,主要内容包括:总结地方税体系的历史变迁;阐述地方税制度建设、地方税权的配置、地方税征管模式、地方主体税定位、地方税税种结构和地方税收收入规模等地方税体系总体概况；分析地方税法制不规范、税权配置纵向失衡、现代征管模式滞后、地方主体税种缺位、地方税结构不合理和地方税收规模较小等地方税体系面临的问题；剖析行政性分权强于法治化分权、中央税种高度集中、征管理念与技术较为落后、政府与市场边界划分模糊、分税制财政体制不彻底和税收管理权配置供求失衡等问题的深层原因。

第四章 国外地方税体系建设的经验与启示

第一节 联邦制国家地方税体系的建设经验

国家结构形式可分为联邦制和单一制两种。所谓联邦制是指国家由联邦成员组成,是两个或两个以上的政治实体结合而成的国家结构形式。其各联邦成员国在联邦国家成立之前是享有主权的单独政治实体,各成员单位先于联邦国家存在,以美国、德国等国家为代表。

一、美国财权明晰与税权分散配置体系

1787年美国宪法规定,美国实行三权分立的政治体制,是典型的联邦制市场经济国家,政府分为联邦、州和地方三级,其中地方政府又包括郡、市、镇、学区和特区等,各级政府独立行使宪法赋予的各项权力,各级政府之间不存在上下级的隶属和直接领导关系。美国独特的政治体制决定了其实行联邦、州、地方三级相对独立的财政管理体制,即各级政府拥有明确的财权和事权,实行以"分别立法、税源共享、自上而下"的政府间财政转移支付制度为主的分税制,地方税体系健全而完善。现将美国地方税体系建设情况总结如下。

（一）地方税种设置状况

美国现行税收体系中的税种主要包括个人收入所得税、公司收入所得税、社会安全福利保障税、健康医疗税、销售税、财产税、地产税、遗产税、赠与税、礼品税和消费税等多个税种，联邦、州和地方政府所征收和管理的税种及设置的主体税种不尽相同。

联邦政府以个人所得税和社会保障税为主体税，辅助税种主要包括公司所得税、消费税、关税、社会保险税、暴利税、印花税、遗产税和赠与税等。

州政府以销售税为主体税，辅之以所得税、财产税、遗产税、继承税、机动车牌照税和州消费税等税种。

地方政府以财产税为主体税，其收入来源还包括地方政府授权征收的营业税、消费税和所得税等，但其占全国税收收入及国内生产总值的比重较低（付伯颖，2018）。

（二）地方税权配置状况

美国税权总体上较为分散，地方政府拥有较大的税权。如1787年美国宪法第1条第8款规定"国会有权规定并征收税金、捐税、关税和其他赋税"；第10条修正案明确规定"本宪法未授予合众国、也未禁止各州行使的权力，保留给各州行使，或保留给人民行使"。

从美国宪法看，联邦、州和地方三级立法机关均拥有联邦宪法规定范围内的税权，其中联邦和州各自拥有税收立法权，且各州的税收立法权不得有悖于联邦税法和联邦的税收权益，联邦、州和地方三级政府均拥有各自税种、税目、税率及税收优惠政策等税制要素的确定权和调整权。但联邦政府税种的开征、停征和税率的调整等税制要素变动均需由国会决定；州政府有权决定开征州税、地方税、收费、借款和支出项目，其立法权由州议会行使；地方政府没有税收立法权。

（三）地方税收征管状况

美国的税收征管机构为美国国税局（IRS）和关税署，其中美国国税局负责国内税收征收和国内税收法案的执行,而关税署主要负责关税的征收。国税局总部仅对征收工作给予指导,由在全国分设的 7 个地区税务局负责联邦法律的执行和实际的税收征收工作。

从地方征管机构设置情况看,联邦、州、地方政府各自设有一套完整的税务征管机构,其机构之间的征管方式和征管手段各具特色。特别是州政府以下的征管方式可采取委托联邦国内税务局代为征收个人所得税或是由州税务局代地方征个人所得税等多种形式,且联邦、州和地方三级税收征管机构之间无组织上的相互联系,各级城镇、市区等地方政府也可设置征管机构组织其税收征收。

此外,美国广泛实行自上而下的补助金制度,其实质是联邦对地方的自上而下的纵向财政转移支付,既包括联邦政府对州政府和地方政府的联邦补助金,也包括州政府对地方政府的州补助金,这是美国联邦制财政体制最具活力的因素之一,也是美国参与地方事务管理和实施有效宏观调控政策的主要途径之一。

二、德国税权集中与财力分配均衡结合

1945 年《德意志联邦共和国基本法》(以下简称《联邦基本法》)规定,德国实行联邦共和制,是市场经济国家,德意志联邦共和国由 16 个州组成,各州在立法、行政和司法等事务上具有较大的自治权和独立性,拥有所管辖范围内有效的宪法和法律体系。德国政府管理级次与财政权限级次划分关系并不是一一对应的,其财政税收体系可分为联邦、各州和市镇三个级次,其中央和地方的财政和事权主要是对联邦和州进行划分,州以下的地方政府遵循《联邦基本法》第 28 条规定的乡镇和乡镇联合体在法律范围内享有自行处理地方事务的权力,并拥有一定的财政自主权。现将德国地方税体系建设状况总结如下。

(一)地方税种设置状况

德国实行共享税为主、专享税为辅的分税制财政管理体制,即共享税

收入在全国税收收入中占据重要地位,专享税收入仅起到了良好的辅助作用,其税种既可划分为直接税和间接税,又可按照征税机关的不同具体划分为联邦税、州税、地方税和两级政府共同享有的共享税。

德国的共享税主要包括个人所得税、公司所得税、增值税和工资税等税种;联邦专享税主要包括关税、团结税、烟税、咖啡税、白炽灯日光灯税、茶叶税、食糖税、香槟酒税、盐税、烧酒税、石油税、专卖税、资本流转税、保险税、兑换票据税以及共同体征收的税等18种;州专享税主要包括财产税、遗产税、啤酒税、消防税、地产购置税、机动车税、彩票税、赌场税和赛马税等10种;地方专享税主要包括工商税、房地产税、土地税、养狗税、娱乐税和饮料税6种(邓远军,2002),联邦、州和地方专项税,以及共享税的主体税种设置情况具体见表4-1。

表4-1　德国共享税及各级政府专享税的主体税种设置情况

分类	共享税	联邦专项税	州专项税	地方专项税
主体税种	企业所得税、个人所得税和增值税	增值税、所得税、营业税、消费税和关税	啤酒税、遗产税和赠与税	工商税

(二) 地方税权配置状况

德国税种相关事项主要依据《联邦基本法》和《税收基本法》等法律法规,《税收基本法》对税收立法权的分配,以及联邦、州税收征管权的划分和税收收入的分享等事项都作出了明确规定。德国的联邦和州都具有税收立法权,但大部分税种的税收立法权集中于联邦,包括对关税的专有立法权和对收入全部或部分归联邦政府所有的其他税种的优先立法权。

因此,实际上绝大部分共享税和州税都由联邦立法,只有一些地方专项税和教会税的立法权归州政府所有,同时州政府有权以立法形式决定州税是否归地方所有;地方政府拥有地方税种的税收征管权、税收收益权和减免税优惠制定权,当然,这些税政管理权也普遍存在于德国的联邦政府和州政府之间。

（三）地方税收征管状况

德国是典型的中央适度集权型实行分税制财政体制的国家，其典型特征是"税权相对集中，税种共享，财政平衡"，遵循方便、准确、有效、征纳成本最小化的征税原则，德国只设一套税收征管体系，将税务管理机构分为高层、中层和基层三个层级，分别对应着联邦税务总局、高等税政署和地方税务局。

德国联邦税务总局由联邦财政部和各州财政部在各州设立，受联邦财政部和各州财政部的共同领导；高等税政署主要负责征管联邦税，受联邦政府直接管理；州征管机构主要负责各州专享税和共享税的征收，受州政府垂直领导；地方税务局作为州政府的派出机构，只负责地方税的征收，对地方政府负责。

此外，德国实行"平衡型"的财政转移支付制度，包括联邦与州之间的纵向财政平衡及州与州之间的横向财政平衡。这种财政转移支付制度模式对中央与地方分税制财政体制带来的地方财力不均和财力缺口具有重要的调节和弥补作用。

三、印度适度分权与各级政府税权明晰

印度是典型的联邦制国家，实行英国式议会制民主制，联邦政府下设邦政府和中央直辖区政府。《印度宪法》[①] 第二篇第一章详细规定了印度财税制度，即中央和地方财政分立，设置联邦政府和邦政府两级财政管理体制，税制设置以《印度宪法》为基础，实行联邦、邦和地方三级课税制度，现行税种可具体划分为联邦税、邦税、地方税和共享税，但从联邦和邦的财政分配关系看，共享税本质上也属于联邦税，且联邦税收入在全国税收收入中占据重要比重。从印度的税制结构看，印度在1947年独立后由实行以间接税为主体的税制结构逐步转变为20世纪90年代后的以流转税

---

① 《印度宪法》最早于1949年11月26日通过，于1950年1月26日正式实施，现行的税法是2006年通过的第94次修正后的宪法。

为主、所得税为辅的税制结构。现将印度地方税体系建设状况总结如下。

（一）地方税种设置状况

印度联邦、邦和地方各级政府间的税权和税种划分较为明确，但税制设计较为复杂，其中联邦税种主要包括非农业所得税、企业所得税、消费税和关税等13种税；邦税主要包括增值税、土地收入、农业所得税和印花税等18种税，地方税主要包括房产税、货物入市税和服务税等①，其具体税种设置情况见表4－2。

表4－2　　　　　印度各级政府税种及收入划分

联邦税种	邦税种	地方税种	联邦与邦共享税收
（1）非农业所得税； （2）关税； （3）烟草及其他印度制产品的消费税，除饮用酒类、鸦片、大麻和其他麻醉品外，还包括医用酒精和厕所洗洁剂包含的酒精； （4）企业所得税； （5）财产资本利得税（个人或法人的农用地除外）；法人资本税； （6）财产遗产税（除农用地外）； （7）财产继承税（除农用地外）； （8）对由铁路、海运或空运至目的地的货物开征的终点税；铁路货运税和航运税； （9）期货和证券交易印花税（不包含印花税）； （10）印花税； （11）销售和购买报纸及报纸上发布广告的税收； （12）邦际间销售或购买货物的税收； （13）邦际间托运货物税； （14）其他	（1）土地收入； （2）农业所得税； （3）农用土地继承税； （4）农用土地遗产税； （5）土地和建筑税； （6）矿藏开采权税； （7）对本州生产和制造的饮用酒类、鸦片、大麻和其他麻醉品开征的消费税（不包括医用酒精和厕所洗洁剂包含的酒精）； （8）对本人进入本地用于消费、使用和销售货物开征的税收； （9）电力消费和销售税； （10）销售或购买货物税（不包括报纸）； （11）广告税，不包括报纸上发布广告和电视、广播发布的广告； （12）公路和内河航运运输货物税； （13）机动车税； （14）动物和船只税； （15）通行税； （16）职业税、交易税、就业税； （17）奢侈品税，包括对娱乐活动、赌博征的税； （18）印花税（邦未开征的票据）	（1）房产税； （2）货物入市税； （3）服务税，包括水税、排污税、除垢税、排水税、保护税、教育税、教育附加税和消防税等，且附加税在各州之间征收情况有所不同	（1）对所得税（不包括附加税）实行强制分享； （2）印花税和对药品、化妆品征收的销售税，其虽被列为联邦税收，但仍可由各州进行征收和分配； （3）一些税由中央政府征收但其税收收入调拨给邦政府

---

① 许建国. 中国地方税体系研究［M］. 北京：中国财政经济出版社，2014.

印度联邦政府以个人所得税、公司所得税、消费税、关税和销售税等税种作为主体税；邦政府以邦增值税、邦消费税、职业税、娱乐税和机动车税作为主体税；邦以下的地方政府以房产税作为主体税，其房产税不仅包括对房产征的税，还包括与房产相关的服务税和附加税。

（二）地方税权配置状况

《印度宪法》在印度法律效力体系中居于最高法律层级，其他法律包括财税法律制度和税收征管程序必须符合其规定。印度的税权划分为：农业所得税、农用土地继承税、农用土地遗产税、销售税和印花税等税种的税权划归邦政府，其中产品销售税是邦政府收入的重要来源；税源较小、征管难度较大的小税种（如房产税等）的征税权下划给地方政府。

大部分税基广泛、税收潜力大、征管成本较低、经济增长弹性高的各税种的税权划归联邦政府，包括非农用所得税、企业所得税、关税和财产资本税等。其他所有宪法未注明的剩余税权均归属于联邦政府。充分体现了印度中央高度集权的政治体制特征。

（三）地方税收征管状况

印度的税收征管模式与其分税制财政管理体制高度协调一致，设立联邦税和邦税的税收征管机构，分别负责联邦税、各邦税及共享税的征收管理工作，其中联邦税收征管机构包括负责直接税征收管理事务的中央直接税管理委员会和负责间接税征管工作的中央消费税及关税管理委员会，两个委员会在印度联邦各地均设有税收征管派出机构，由税务司主管。

邦税税收征管机构按照本邦税种格局特点灵活设置，不具有绝对同一性，但因商品销售税是各邦政府收入的重要来源，各邦通常均设立商品销售税的征管机构。共享税的税收征管工作由印度联邦政府负责，不另设税收征管机构，这与分税制国家共享税征收和管理机构的设置情况基本一致。

四、加拿大税权分散与主体税税基分享

加拿大是世界上最发达的工业化国家之一,实行联邦制、君主立宪制和议会制,全国由10个省和3个地区①组成,这些地区拥有一定的立法权。政府分为联邦、省和地方政府三个级次,其中联邦政府是加拿大唯一的中央政府,实行内阁制管理,省政府和地方政府受联邦政府领导和管理,也拥有在自身管辖区域内部的立法权。加拿大税收制度更偏向于联邦制的分税制财政管理体制,与美国和英国的税收制度存在一定的相似之处(马国强和付伯颖,2000),已出台《财政管理法》《消费税法》《个人所得税法》《商品和服务税》等多部税收法律法规,以及省级和地方层级的税收法律制度,税收法治化建设进程较快,税法体系完善。现将加拿大地方税体系建设情况总结如下。

(一)地方税种设置状况

加拿大实行联邦、省和地方三级征税制度,其中关税、资源税和财产税分别由联邦、省和地方政府专享,而个人所得税、公司所得税、销售税和商品服务税则由联邦政府和省政府税源共享,这是加拿大税种及收入划分的典型特征。

现行税收体系中划归为联邦政府的税种包括个人所得税、商品及服务税、公司所得税、关税、能源税(石油税、汽油收入税、汽油税、天然气税、石油出口税和石油补偿税等)。

划归省政府的税种包括个人所得税、省销售税、财产税(地产转让税)、公司所得税和资源税等;划归地方政府的税种包括财产税(房地产税)、商品和服务税等,其地方税收收入来源除包括地方政府单独课征的收入,还包括与省政府共享的税收收入。

---

① 10个省分别为不列颠哥伦比亚、阿尔伯塔、萨斯喀彻温、曼尼托巴、安大略、魁北克、新不伦瑞克、诺瓦斯科舍、爱德华王子岛、纽芬兰和拉布拉多,3个地区为育空、西北和努瓦武特。

联邦政府、省政府、地方政府的税收收入来源及主体税种设置情况见表4-3。

表4-3　　加拿大各级政府税收收入来源及主体税种设置情况

政府	联邦政府	省政府	地方政府
税收收入主要来源	（1）个人所得税； （2）公司所得税； （3）非居民所得税； （4）其他税费，包括商品及服务税、关税和能源税等	（1）个人所得税； （2）公司所得税； （3）财产税； （4）商品及服务税	（1）财产税； （2）商品及服务税； （3）其他税费
主体税	个人所得税	货物和劳务税	财产税

（二）地方税权配置状况

加拿大的联邦、省级和地方政府都对自身管辖的事务范围具有一定的税收权限，且这些税收权限均处于相对独立的地位，其中联邦政府的税收权限最大。从税收立法权角度看，联邦和省级政府拥有独立的税收立法权，且省级政府的税收立法权不得有悖于联邦政府的税收立法权，而地方政府的税收立法权要通过省政府赋予[①]。

此外，针对省级政府和地方政府所承担的辖区范围内的医疗卫生、道路交通、地方教育、社会福利等支出责任，这两级政府均具备对各自课征税种的开征、停征、税率调整和减免税等方面的税收调整权和税收执行权。总体来看，地方政府拥有了一定的财政自主权和税政管理权。

（三）地方税收征管状况

加拿大的税收征管机构分为联邦、省和地方税收征管机构三个层级，各级税收征管机构分工明确、权责清晰、彼此独立、不存在隶属关系，只有税收业务上的联系。总体来看，加拿大的税收征管体系完善、征管高效。

加拿大联邦税收征管机构负责征管联邦税，由税务部、大区税务局和

---

① 赵宇，朱云飞．西方主要国家的地方税体系与经验借鉴［J］．经济研究参考，2014（16）：18-23．

小区税务中心组成；省级征管机构负责划归为省级政府各税的征管，在税收立法、税务行政和人员管理等方面具有一定的独立性；地方征管机构主要负责房地产税、营业性财产税、商品及服务税的征管工作。

第二节 单一制国家地方税体系的建设经验

所谓单一制国家是与联邦制国家相对应的一种国家结构形式，主要是指中央政府拥有所有政治权利，由若干行政区域构成的单一主权国家，其又可分为单一集权制和单一分权制两种模式，其中单一集权制（相对集权制）模式以法国等国为代表，单一分权制（相对分权制）模式以英国等国为代表。

一、日本中央集权与地方分权相结合

日本是典型的议会制君主立宪制国家，天皇是国家的象征但并无实质性政治权利，国会是国家的最高权力机关，是国家唯一的立法机关，由参议院和众议院组成，日本政府实行内阁制，行政管理模式是由中央、都道府县和市町村三级政府构成的自治模式。日本的税收制度主要借鉴了德国和美国的税收制度，以1947年日本宪法为基础，同三级政府自治的行政管理模式相适应，实行分税制的财政管理体制，中央政府和地方政府（包括都道府县和市町村政府两级）各设有一套完整独立的税收制度，采取中央集权和地方分权相结合的管理模式。现将日本地方税体系建设情况总结如下。

（一）地方税种设置状况

日本实行中央和地方两级征税制度，其中地方包括都道府县和市町村两级政府。中央税又称为"国税"，主要以所得税、商品税和财产税为主，具体包括所得税类的法人税、所得税和特别法人税3种，商品税类的消费税、酒税、卷烟税、石油税和关税等12种，财产税类的继承税、土地税等6种；

地方税包括都道府县税和市町村税两类，其税种设置情况具体见表4-4。

表4-4　　　　　　　　日本地方税税种设置情况

都道府县税	市町村税
（1）都道府县税；	（1）市町村民税；
（2）事业税；	（2）固定资产税；
（3）地方消费税；	（3）轻型机动车税；
（4）不动产取得税；	（4）市町村烟税；
（5）府道县烟税；	（5）矿产税；
（6）高尔夫球场使用税；	（6）特别土地保有税；
（7）特别地方消费税；	（7）法定外普通税；
（8）机动车税；	（8）洗浴税；
（9）矿区税；	（9）事业所税；
（10）府猎者登记税；	（10）城市计划税；
（11）固定资产税；	（11）水利地益税；
（12）法定外普通税；	（12）公共设施税；
（13）自动车取得税；	（13）住宅用地税；
（14）轻油交易税；	（14）国民健康保险税
（15）狩猎税；	
（16）水利地益税	

日本三级政府的主体税种情况主要表现为：中央政府以个人所得税和法人所得税为主体税；道府县政府主要以道府县民税和事业税为主体税；市町村政府主要以市町村民税和固定资产税为主体税。

（二）地方税权配置状况

日本的税收立法权高度集中，中央政府不仅负责中央税收的立法工作还负责地方税收的立法工作，地方政府无税收立法权，其地方税种的课税情况及税率选择、地方税收条例制定、地方税收征管等税收管理权限均由中央立法规定。地方政府不得随意改变全国统一的法定税率等税制要素，但地方政府可在中央政府批准后，在法定税种以外开设普通税（主要指不与支出直接联系、没有指定固定用途的税种）。

日本的税收法治建设较为完善，针对地方税管理问题已出台《地方自治法》《地方财政法》《地方税法》《地方交付税法》《地方分权一览法》等法律规范，其中《地方税法》明确规定了都道府县和市町村政府可征收的税目、地方税的课税对象、计税依据和税率等税制要素，同时地方政府也拥有部分地方税种的解释权和税率的减免权，反映了日本地方政府的税政管理权限较为丰富，为地方税的有效征管提供了重要的法律依据。

（三）地方税收征管状况

日本设立了国家税务行政组织和地方公共团体（日本国家宪法又将其称为地方自治团体，包括都道府县和市町村两级）税务行政组织两级税收征管机构，其中国家税务行政组织由财务省下设的国税厅负责管理全国12个地区国税局和524个税务署[①]，主要负责中央税的征收；地方公共团体包括都道府县和市町村两级政府，主要负责地方税的征收管理。

此外，日本分税制财政管理体制使得大部分税收收入归中央政府所有，但实质上中央政府通过财政转移支付制度将部分收入重新划拨给地方，中央税收收入实际上是由地方政府具体使用，其财政转移支付形式主要包括：国家下拨税，即中央政府将中央税中的所得税、法人税等税种按一定比例拨给地方，这是平衡区域财力的有效手段之一；国家让与税，即中央政府将地方道路税、汽车重量税、飞机燃料税、石油税和特别吨位税等五个税种按照一定标准转让给地方政府，用于支持地方公路修建、机场修整等公共基础设施建设；国库支出金，主要是指国家以特定目的拨付给地方的专项补助金。日本财政转移支付制度本质上是均衡性转移支付制度，对弥补地方财力不足和促进区域协调发展具有积极的现实意义。

二、韩国中央政府主导与税权集中制

韩国共设有248个地方自治区，包括16个广域地方自治区和232个基层地方自治区，其中广域地方自治区包括1个特别市、6个广域市和9个道。韩国实行地方自治，地方自治团体可设立地方议会，其地方议会的组织、权限、议员选举与地方自治团体首长的选任办法及其他相关运行事项由法律明

---

① 夏智灵. 日本税收管理体制[M]. 北京：中国税务出版社，2013.

文规定，但地方自治团体没有立法权，立法权专属于国会。韩国实行分税制财政管理体制，税收具体分为中央税和地方税，不设共享税。韩国的税收法律制度遵循税收法定主义原则，其《国税基本法》和《地方税法》明确规定了中央与地方的税收权限。现将韩国地方税体系建设情况总结如下。

（一）地方税种设置状况

韩国实行中央、省、市县三级征税制度，现行中央税包括个人所得税、公司税、增值税和个人消费税等14个税种[1]，地方税共有17个税种，其中省级和市县级政府征税科目不同，但也存在一定交叉，如特别市及广域市和市郡均征收居民税、车辆税、车辆行驶税和烟税等[2]。从韩国行政区域划分情况来看，特别市及广域市与我国的直辖市类似，9个道相当于我国的省级行政区域，地方自治区（征收市郡税）类似于的我国地级市（县），中央、省和市县级政府税种的征收情况具体见表4-5。

表4-5　　　　　　　　　　　　韩国税收体系

中央税	地方税		
	特别市及广域市税	道税	市郡税
（1）个人所得税； （2）公司税； （3）遗产税； （4）赠与税； （5）增值税； （6）个人消费税； （7）酒税； （8）印花税； （9）证券交易税； （10）教育税； （11）交通能源环境税； （12）农渔村特别税； （13）综合不动产税； （14）关税	（1）契税； （2）登记税； （3）赛马税； （4）居民税； （5）车辆税； （6）车辆行驶税； （7）农业所得税； （8）屠宰税； （9）烟税； （10）公用设施税； （11）地区开发税； （12）地方教育税； （13）城市规划税	（1）契税； （2）登记税； （3）许可税； （4）赛马税； （5）公用设施税； （6）地区开发税； （7）地方教育税	（1）居民税； （2）财产税； （3）车辆税； （4）车辆行驶税； （5）农业所得税； （6）屠宰税； （7）烟税； （8）综合土地税； （9）城市规划税； （10）经营机构税

---

[1] 国家税务总局税收科学研究所. 外国税制概览 [M]. 4版. 北京：中国税务出版社，2012：211.

[2] 朴姬善. 借鉴韩国经验 完善地方税制 [J]. 会计之友，2006（11）：94-95.

由表 4-5 可见，韩国实行以不动产课税为主的地方税制体系，因此财产税是地方的主体税种。

（二）地方税权配置状况

韩国的税收立法权和征管权高度集中于中央政府，地方没有税收立法权，仅有部分税种的税收征管权，《地方税法》规定了地方税的税目、税率、课税对象、减免税政策和税收征管程序等税制要素。

地方自治团体拥有居民税、车辆税、屠宰税、公共设施税、地区开发税、城市规划税和经营机构税 7 个税种在一定范围内的税率调整权，但地方自治团体还具有决定是否开征某些地方税的权力，这一定程度上扩大了韩国地方的税收管理权限，为建立规范的中央与地方之间财政关系奠定了重要基础。

（三）地方税收征管状况

韩国地方税征管在遵循地方税法及地方法规的基础上，同时遵循《国税基本法》和《国税征收法》，税收征管机构由国税厅、地方国税厅和税务署三个机构组成，其中国税厅主要负责国税行政管理、国税政策制定与调整、国税税务工作等具体事务性工作，国税中关税的征管工作由海关具体负责；地方国税厅和税务署各司其职、分工明确，共同负责地方税税源管理、地方税收征管人员安排、地方税具体征收管理等工作，三级次征管机构的合理设置保证了国家财政收入的稳定和税收征管效率的提高。

此外，韩国法律明确规定，地方政府履行事权和支出责任的财政支出资金原则上由地方政府自行负责，但因韩国不同地域税源分布及经济发展水平等因素的不同，以致部分区域税收收入与非税收入之和也难以满足地方政府支出需要，因此中央政府通过建立地方交付税制度、设置让与金制度和制定国库补助金制度等财政转移制度形式弥补地方财力的不足。

三、英国税权高度集中与管理权明确

英国实行君主立宪制的政治体制和责任内阁制的行政管理体制,其国家机构按照三权分立原则设置,其中议会由上院和下院构成,分别负责行使国家最高司法权、财政法案讨论建议权及行使立法权、财政权和监督权。英国虽是单一制国家,但却保留着较为明显的地方自治传统,特别是几部地方政府法的颁布和实施赋予了地方政府更多的自由裁量权[①]。在政治体制和历史传统的影响下,英国实行严格的分税制财政管理体制,税种设置按照中央和地方两级收入划分,不设置共享税,是以直接税为主、间接税为辅的复合型税制国家。现将英国地方税体系建设情况总结如下。

(一)地方税种设置状况

英国税制主要包括所得税类,如个人所得税、公司所得税、国民保险税和石油收益税等;商品流转税类,如增值税、消费税和关税等;资本税及财产税类,如资本利得税、资本转移税、遗产税、赠与税、印花税和机动车辆税等,其绝大部分税种由中央政府负责征收管理,归属为中央税。

地方税主要由财产税构成,包括土地税和财产税,其中财产税是地方税收入的主要来源,具体包括家庭财产税和工商财产税,由纳税人居住地的地方政府负责征收管理,收入归各级地方政府享有,是英国地方的主体税种。

(二)地方税权配置状况

英国税制属于典型的中央集权型,税收立法权、税收体系设置权限、税收征收管理权限均集中于中央政府,地方政府没有税收立法、税种设置和税收征管等方面的权限,地方税的开征、税率的调整和征税范围的变化等必须由中央政府决定并通过相应的立法程序。

---

① 杨欣. 论英国地方政府法下中央对地方管制路径的演进[J]. 国际论坛, 2008 (4): 68-72.

近年来,随着地方政府公共服务职能的不断扩大和完善,地方政府财政支出规模和地方税收收入持续增长,中央政府对此实行了封顶干预,即规定地方税的增长限额,但仍未改变地方政府财政分配与职能需求的冲突,地方政府仍在中央政府的管制范围内。

(三) 地方税收征管状况

英国税收征管机构可划分为中央税收征管机构和地方税收征管机构两个级次,中央税和地方税分别由中央政府和地方政府下设的各级税收征管机构负责征收管理。中央税收征管机构隶属于英国财政部,由直接税征管系统和间接税征管系统组成,分别负责直接税和间接税的征管工作。

英国由英格兰、苏格兰、威尔士和北爱尔兰组成,虽然其地方行政区划设置存在一定差异,但各地区都设有专门的税收征管机构,具体负责土地税、家庭财产税和工商财产税等地方税的征收管理,地方税征管体系较为完善。

四、法国中央集权与央地间收入专享

法国是高度集中的中央集权制国家,其宪法规定国家实行立法、行政、司法三权分立制度,全国设有中央、大区、省、市镇四级政府,本土具体划分为22个大区、96个省和36681个市镇,以及4个海外省。法国实行集权式分税制,税制建设较为完善,具有成文的宪法和税法体系,其中1958年《法兰西共和国宪法》规定,法国的立法权(包括税收立法权在内)由国会行使,各种赋税之税基、税率和征收方式由法律规定;税法体系中典型的税法法典包括《普通税法典》和《海关法典》,其内容包括公共行政规则、行政法院命令和一般法规等具体内容。现将法国地方税体系建设情况总结如下。

(一) 地方税种设置状况

法国共设有50多种税,实行中央和地方两级征税制度,各税种专享,不设共享税。中央税包括所得税、商品和劳务税、部分财产税等;地方税分为直接税和间接税两类，其中直接税包括房屋建筑地产税、非房屋建筑地产税、地方经济贡献税、地方经济捐税、居住税和矿区使用税等，间接税包括销售税、演出税、娱乐税、通行税、城市规划税、财产转移税和雪场建设税等。

法国中央政府以个人所得税、公司所得税、增值税和社会普摊税等作为主体税，地方政府以地方经济捐税、房屋建筑地产税、非房屋建筑地产税和居住税作为主体税，而对地方政府收不抵支的部分，由中央政府给予财政补助，以支持地方经济发展和建设。

（二）地方税权配置状况

法国的税收立法权、税种开征权和税目确定权等主要集中于中央政府，主要的税收政策也由中央政府统一制定。2003年修宪时其法律也明确规定"依照法律规定的条件，这些领土单位由选出的议会自主管理，并且为行使其职权，其拥有条例制定权""领土单位享有可依法律规定条件自由支配的收入"[①] 等。

法国地方政府拥有的一定程度上的地方税税政权、地方税税率调整权和税收减免权等权利得到了宪法的有效保障，即地方政府可在《法兰西共和国宪法》的规定下，获得确定地方税税率、开征部分捐费和制定灵活的减免税政策等机动权力，加快了法国地方税的法治化进程。

（三）地方税收征管状况

法国税收征管体制高度集中，其税务机构实行自上而下的垂直领导，设立全国统一的隶属于经济财政工业部的国家税务总局，主要负责税率计算、税收标准的制定、征税、查税等工作，其下又设立全国与国际税务检查局、大区税务局、省税务局和市镇税务局等四级税收征管机构，分别负责全国及涉外、所在大区、所在省、所在市镇的具体税收工作。

---

① 索一冉. 国外地方税体系建设的经验及对我国的启示［J］. 山西财政税务专科学校学报，2013（4）：29-33.

法国的中央税和地方税均由中央统一征收后再按税种划分的相关规定将地方税收入划拨给地方，各行政区、省、市镇实质上是地方税的主要受益群体，其税收征管模式从本质上体现了中央高度集权的特征，税收征管质效较高，但地方财政自主权较少。

此外，由于法国中央税收入在全国税收收入中占据较大的比重，其财政转移支付制度较为完善，每年以一般补助和专项补助两种形式为主体的中央对地方财政转移支付总体规模约占地方全部财政收入的25%，为法国集权型分税制模式的有效实施提供了充足的财力保障。

第三节 国外地方税体系建设对中国的启示

一、健全地方税收法律制度

上述国家税收法律制度较为健全，如美国、德国、印度、加拿大、日本、韩国、英国、法国等国家均出台了《消费税法》《增值税法》《个人所得税法》《企业所得税法》等税收和地方税统领性法律规范，以及单一税种法律规范，特别是加拿大出台的《财政管理法》、日本出台的《地方自治法》《地方财政法》《地方税法》、韩国出台的《地方税法》等法律法规，为地方税征管及地方税体系的优化提供了重要的法律依据。

因此，优化中国地方税体系应借鉴西方国家的经验，加快完善地方税相关法律法规，尽快出台税收管理及地方税收管理的统领性法律法规，明确规定税收和地方税收的性质、税收征管机构、税权权限、纳税人权利与义务和税种征收范围等内容，为地方税及其具体税收事项的管理提供法律保障。

二、精准划分央地间税权

由于不同国家间政体存在差异，其税权划分也存在较大的不同。从税收立法权看，除美国外，联邦制和单一制国家的税收立法权基本都归中央政府所有，中央政府有权制定中央税、共享税和地方税，并规定全部税种的税目、税率、税基等税制要素，地方政府通常不具备税收立法权，部分地方政府仅拥有对部分小税种的开征、停征和税率的调整权，但也应是在中央允许的范围内行使。从地方税管理权看，可分为中央集权型（如英国、法国）、适度分权型（如日本、德国）和分权型（如美国）三种类型，不同类型国家的地方税管理权限不同；从地方税收归属看，地方税收入均全部归地方政府所有并由其自由支配。

因此，优化中国地方税体系可借鉴国外特别是发达国家经验适时将税收自主权下放给地方，逐步扩大地方的税政管理权，如赋予地方政府地方税税率的调整权等，激励地方政府结合地区资源禀赋和经济发展特点，挖掘区域税源潜力，如西部地区可利用中央赋予的税率灵活调整权，增加资源税收入，使得其既能享受税收政策红利夯实地区财力基础，又能发挥节约地区资源和保护区域地区环境的重要作用。

三、完善地方税收征管体系

我国地方税收征管体系和征管机构设置与国外存在着一定的差异。国外设立三级或两级税务机构：设立三级政府税务机构，如美国和德国的联邦、州、地方各设有税务机构，加拿大设联邦、省、地方三级，日本设中央、都道府县、市町村，以及韩国设国税厅、地方国税厅、税务署三级税务机构。

设立二级政府税务机构，如英国设中央、地方两级税务机构，印度设联邦、邦两级税务机构，法国是由税务总局领导的税务系统和公共会计局领导的国库系统组织地方税的征收管理。我国是五级政府各自设立税务机构，实行垂直管理。总体上看，各国税务机构设置各具特色，总体上能满足地方税征管要求。

四、科学确立地方主体税种

地方主体税确立是一国地方税体系建设的重要内容，从西方各国政府主体税设置情况看,联邦政府与州政府间通常采取个人所得税和公司所得税作为主体税种,以美国、德国、加拿大和日本等国为代表。地方政府多以财产税作为主体税种,其原因在于财产税税基稳定、分布均衡、透明度高和受益性强,如美国、印度、日本、英国和法国等。

截至目前,我国尚未确立地方主体税,可考虑借鉴西方国家的经验,逐步将财产税或物业税(消费税)确立为地方主体税,或将财产税中的房地产税确立为市县级政府的主体税;将现行中央税的消费税确立为省级政府主体税,以弥补其地方政府财力的不足。地方主体税选择及其税制要素设计问题,本书将在第五章和第六章详尽阐释。

五、优化设置地方税种格局

地方税种格局设置既受到一国政治体制、经济制度、征管能力等多种因素影响,又要符合分税制财政管理体制质的标准和量的要求,即地方税种要具备地方税的特点,将凡是不影响全国性经济问题、社会收入分配及生产要素全国性流动等全局性问题的税种划分为地方税,同时确保地方税种收入与地方政府财政支出责任相匹配,如西方国家均依据地区特色及资源禀赋条件,设立不同税种与主体税,其既有一定共性之处,又体现了不同国家或区域之间的差异性。

目前,我国地方主体税缺位,地方税收收入能力不足,在全面实施大规模减税降费政策背景下,地方财政压力加大,因此我国应借鉴西方国家经验重新调整和优化地方税种格局设置,加快优化地方税体系。此外,对地方税收收入规模不足的问题,也可借鉴西方经验,如调整中央与地方共享税收收入的分成比例、实行同一税基基础上分征中央与地方税的同源共享模式、采取中央税附征或附加等形式扩大地方税收收入规模。

本章小结

本章是对国外地方税体系建设经验与启示的研究,总结了美国、德国、印度和加拿大等联邦制国家及日本、韩国、英国和法国等单一制国家地方税体系建设经验，以及国外地方税体系建设经验对优化中国地方税体系的启示，包括健全地方税收法律制度、精准划分央地间税权、完善地方税收征管体系、科学确立地方主体税种和优化设置地方税种格局等。

第五章 地方税体系及主体税的分析与选择

设置合理的地方税体系，筹措充足的税收收入满足地方政府财政支出需求，是中央和地方政府必须考虑的重点问题。按照前文对广义地方税体系的界定，其主要包括地方税的税种结构、税权划分、税收法制和税收征管等方面，因税权划分和税收法制主要受到单一中央集权国家的政体、税收制度安排等因素影响，难以量化，因此分析整个地方税体系影响因素的指标选取和模型设定难度较大，本书主要就地方税税种结构相关问题展开实证分析，旨在为后文提出的地方主体税选择方案、地方税种格局优化和强化地方税税源管理等建议提供一定的参考。

第一节 地方税收规模和结构影响因素分析

地方税体系设置不同，通常会有不同的地方税收收入规模，即使地方税收收入规模相同，也会产生不同的税制结构，进而对劳动、消费、投资等产生不同影响。因此，分析地方税收收入规模和结构的影响因素，有利于结合"健全直接税"等税制改革要求，设置科学合理的地方税种，不断优化地方税体系。

第五章 地方税体系及主体税的分析与选择

一、指标选取与模型设定

（一）指标选取

本书选取地方税收收入规模和结构作为被解释变量，以 2010～2019 年我国 31 个省份的省际面板数据为基础，考察地方税收收入规模和结构与其影响因素之间的关系，进而促进地方税税种结构优化。一是运用因子分析法将多个复杂解释变量综合为几个数量较少的公共因子；二是运用主成分分析法计算 2010～2019 年 31 个省份公共因子的成分得分；三是以 2010～2019 年 31 个省份公共因子主成分得分的省际面板数据为基础，进行多元回归分析，探究解释变量与被解释变量之间的关系。地方税收收入规模和结构受税源数量、税源质量、税收制度和税收征管等因素的影响，学界对地方税收收入规模和结构研究较少，但对税收收入规模与结构影响因素的研究颇为丰富，其代表性观点见表 5-1。

表 5-1 税收收入规模与结构影响因素指标选取代表性研究

代表作者	指标体系
杨得前 （2014）	选取税收收入规模和税收结构作为被解释变量，农林牧渔占 GDP 比重、对外贸易依存度、经济发展水平、城镇就业人口比重、城镇居民家庭平均每人全年可支配收入、农村居民家庭平均每人全年纯收入、转移支付占财政支出比重和预算外收入占支出比重等作为被解释变量
于海斌等 （2015）	选取税收收入质量作为被解释变量，国内生产总值增长率、城镇单位就业人员工资增长率、税收收入计划增长率、财政支出增长率、固定资产投资增长率、税务人数增长率和专业人员增长率作为解释变量，税收法规增长率作为控制变量
郭树华等 （2018）	选取经济因素、政府因素和宏观因素作为一级指标；人均收入、开放程度、产业结构、政府效率、人民币汇率和利率水平作为二级指标；城镇居民家庭人均可支配收入、农村居民家庭人均纯收入、进出口贸易额、第一产业占 GDP 比重、第二产业占 GDP 比重、第三产业占 GDP 比重、行政支出占财政支出比重、非税收入占财政支出比重、人民币汇率和利率水平作为三级指标
陈媛媛等 （2019）	选取税收收入作为被解释变量，国内生产总值、财政支出、居民消费价格指数和进口总值作为解释变量

续表

代表作者	指标体系
邓光青（2020）	选取税收收入作为被解释变量，国内生产总值、国民生产总值、固定资产投资、广义货币供给量、进出口总额、全国财政支出和社会消费品零售总额作为解释变量
操倩倩等（2020）	选取税收收入总额作为被解释变量，固定资产投资总额、国民生产总值、进出口总额、财政支出和第三产业增加值为解释变量，货币供应量和政策因素等为随机扰动项
高天惠等（2020）	选取财政收入作为被解释变量，人均可支配收入、人均消费性支出、GDP、物价指数、从业人口、进出口总额、固定资产投资、工业总产值、旅游总收入和高等学校数量作为解释变量

从学界现有研究成果看，多数学者选取税收收入作为被解释变量，由于本书还需分析地方税收收入结构的影响因素，因此以地方税收收入规模和结构分别作为被解释变量，其中地方税收收入规模主要是指其绝对规模，即地方实际的税收收入，地方税收收入结构主要以流转税、所得税、财产税、资源税和行为目的税收入总和占地方税收收入的比重加以衡量。学界对解释变量指标的选取有一定共性和区别，总体来看三次产业占比、居民人均可支配收入、财政支出等指标选取的频次较高。本书结合地方税税源独特性及税收收入与地方税收收入来源的差异性，主要选取人均财政收入等9项指标作为解释变量，指标选取情况如下。

（1）人均财政收入。人均财政收入是地区税收汲取能力的重要反映，因此本书选取人均财政收入（X_1）指标旨在分析财政汲取能力差异对地方税收收入规模和结构的具体影响。

（2）居民人均可支配收入。居民人均可支配收入的来源主要是个人的劳动报酬，其既是个人财富水平的重要体现，也是区域税源质量的集中反映，因此本书选取城镇居民人均可支配收入（X_2）和农村居民人均可支配收入（X_3）两个指标探究其对地方税收收入规模和结构的影响。

（3）三次产业增加值占GDP比重。由于不同产业状况适用的税种、税制和征税对象等存在较大差异，因此本书选取第一产业占GDP比重（X_4）、第二产业占GDP比重（X_5）和第三产业占GDP比重（X_6）三项指标反映区域产业发展和结构状况对地方税收收入规模和结构的影响。

（4）城镇人口比重。城镇化的发展促进劳动力由农村转移到城市，进而创造新的消费需求和产生新的生产力，促进城市二三产业及地区经济发展，带动相关产业税收收入的增加。因此，本书选取城镇人口比重（X_7）指标分析其对地方税收收入规模和结构的具体影响。

（5）人均财政支出水平。人均财政支出水平是地区基本公共产品和服务供给能力的重要体现，通常情况下地区人均财政支出水平越高越能吸引更多的资本和劳动力等生产要素涌入，进而创造更多的生产力和税收，因此本书选取人均一般公共服务支出（X_8）和人均教育支出（X_9）两项代表指标具体分析其对地方税收收入规模和结构的影响。

（二）模型设定

基于被解释变量和解释变量指标选取情况，以及多元回归分析模型设定，本书建立的地方税收收入规模模型（5.1）和地方税收收入结构模型（5.2）如下：

$$Taxsize_{it} = \alpha + \beta_1 X_{1it} + \beta_2 X_{2it} + \beta_3 X_{3it} + \beta_4 X_{4it} + \beta_5 X_{5it} + \beta_6 X_{6it}$$
$$+ \beta_7 X_{7it} + \beta_8 X_{8it} + \beta_9 X_{9it} + \mu_{it} \quad (5.1)$$

$$Taxstru_{it} = \alpha + \beta_1 X_{1it} + \beta_2 X_{2it} + \beta_3 X_{3it} + \beta_4 X_{4it} + \beta_5 X_{5it} + \beta_6 X_{6it}$$
$$+ \beta_7 X_{7it} + \beta_8 X_{8it} + \beta_9 X_{9it} + \mu_{it} \quad (5.2)$$

其中，i表示31个省份，t表示时间，μ_{it}表示随机误差项，α表示变量系数，β表示变量系数矩阵，X_{it}表示9个解释变量在各时期各省份的具体数值，$Taxsize_{it}$表示地方税收收入规模，$Taxstru_{it}$表示地方税收收入结构。

本书运用的数据包含了2010~2019年中国31个省份上述9个变量的详细信息，信息主要来源于《中国统计年鉴》（2011~2020年）。

二、建立因子分析模型

由于上述9个变量间存在着较强的相关关系，若直接进行多元回归分析，易产生严重的多重共线性问题，因此本书首先运用因子分析法对数据进行降维，将多个变量简化为少数因子。

(一) 因子分析的基本原理

因子分析即把若干具有相关性的变量进行分组探寻自变量的本质结构，使得同组内变量相关性较高，不同组内变量的相关性较低，每组变量代表一个基本结构，进而把一些错综复杂的变量综合为几个数量较好的因子，实现对数据降维的作用，其理论模型可表示为：假设 $X = (X_1, \cdots, X_p)$ 为 p 个原变量 X_i 组成的随机变量，那么具有 m 个因子分析模型的矩阵形式为 $X = AF + \varepsilon$。

其中，$X_1, X_2, \cdots, X_p$ 为 p 个经过标准化处理后的原始变量，$F_1, F_2, \cdots, F_m$ 为 $m(m \leq p)$ 个因子变量；A 为因子载荷矩阵，a_{ij} 为载荷因子，反映了第 i 个原始变量在第 j 个因子变量上的载荷，即第 i 个原始变量在第 j 个因子变量上的相对重要程度；ε 为特殊因子，反映了原有变量不能被因子变量所解释的部分。

且满足：

$$E(F) = 0, D(F) = Im$$
$$E(\varepsilon) = 0, D(\varepsilon) = diag(\sigma_1^2, \sigma_2^2, \cdots, \sigma_p^2)$$
$$COV(F, \varepsilon) = 0$$

(二) 因子分析过程与结果

本书以 2019 年数据为基础，运用 SPSS 23.0 对 2010~2019 年 31 个省份的 9 项指标进行因子分析，限于篇幅有限，仅列出其部分重要结果。

由表 5-2 可看出：KMO 统计量为 0.711，Bartlett 球形度检验的近似卡方的双侧概率远小于 0.01，反映了本书所选的 9 个变量之间具有较强的相关性，适合运用因子分析方法对变量进行降维处理，以综合运用因子分析方法探寻影响地方税收收入规模和结构的主要公共因子。

第五章 地方税体系及主体税的分析与选择

表 5-2　　　　　　　　　　KMO 和巴特利特检验

Kaiser-Meyer-Olkin 检验		0.711
Bartlett 球形度检验	近似卡方	3605.271
	自由度	36
	显著性	0.000

由表 5-3 可看出：本书因子分析结果共提取了 3 个主成分，其特征值分别为 5.302、1.817 和 1.026，特征值均大于 1，且所提取 3 个主成分的累积方差贡献率为 90.503%，反映了本书对地方税收入规模和结构的因子分析所提取出的 3 个公共因子基本包含了原始 9 个变量的相关信息，用其解释地方税收收入规模和结构影响因素的解释力度较强，模型设置较为合理。

表 5-3　　　　　　　　　　　总方差解释

成分	初始特征值			提取载荷平方和			旋转载荷平方和		
	总计	方差百分比	累计百分比	总计	方差百分比	累计百分比	总计	方差百分比	累计百分比
1	5.302	58.912	58.912	5.302	58.912	58.912	4.150	46.113	46.113
2	1.817	20.188	79.101	1.817	20.188	79.101	2.058	22.865	68.979
3	1.026	11.403	90.503	1.026	11.403	90.503	1.937	21.525	90.503
4	0.386	4.090	94.593						
5	0.229	2.546	97.139						
6	0.111	1.238	98.377						
7	0.077	0.852	99.229						
8	0.048	0.528	99.757						
9	0.022	0.243	100.000						

表 5-4 是运用最大方差法以最大收敛迭代 25 次旋转数据后，在 5 次迭代收敛后得到的旋转的因子载荷矩阵，因子 1 主要在城镇人口比重、第一产业占 GDP 比重、人均财政收入、农村和城镇居民人均可支配收入上具有较大载荷，这些变量主要反映了地区经济发展水平，可将因子 1 概括为"经济发展优度因子"，其变量除第一产业占 GDP 比重外均与地方税收收

入规模和结构呈较强的正相关关系,主因是我国 2006 年取消农业税,以致税源主要集中在第二、第三产业,第一产业占比过高势必降低第二和第三产业比重,进而减少区域税源,造成地方税收收入规模的下降;因子 2 主要在第二产业占 GDP 比重和第三产业占 GDP 比重上具有较大载荷,这两个变量集中反映了地区的税源质量,可将因子 2 概括为"区域税源质量因子",其中第二产业占 GDP 比重和第三产业占 GDP 比重分别与地方税收收入规模和结构呈负相关和正相关关系,主因是第二产业是增值税的主要税源,第二产业占比越高会使得以增值税为主体的流转税收入在地方税收收入规模中占据较高比重,使得地方税收收入规模过多依赖增值税收入,对地方税收收入结构产生了一定的消极影响;因子 3 主要在人均一般公共服务支出和人均教育支出上具有较大载荷,此类变量集中反映了地区基本公共产品与服务的供给能力和水平,将因子 3 概括为"公共服务水平因子",且两个变量均与地方税收收入规模和结构呈较强的正相关关系,反映了地区基本公共服务水平的提升,势必会吸引更多的优质税源,进而创造更高的地方税收收入和促进地方税收收入结构的优化。

表 5-4　　　　　　　　　　旋转后的成分矩阵

变量	成分		
	1	2	3
城镇人口比重（X_7）	0.904		
第一产业占 GDP 比重（X_4）	-0.889		
人均财政收入（X_1）	0.850		
农村居民人均可支配收入（X_3）	0.832		
城镇居民人均可支配收入（X_2）	0.800		
第二产业占 GDP 比重（X_5）		-0.961	
第三产业占 GDP 比重（X_6）	0.584	0.685	
人均一般公共服务支出（X_8）			0.976
人均教育支出（X_9）			0.847

注：旋转后的成分矩阵已按系数大小进行排序,并将小于 0.5 的系数和绝对值大于 0.5 的并列系数进行抑制输出。

表 5-5 是运用主成分分析法以凯撒正态化最大方差法得到成分得分系数矩阵，其中三个主成分的因子分析表达式为

$$F_1 = 0.194X_1 + 0.159X_2 + 0.189X_3 - 0.351X_4 + 0.189X_5 + 0.026X_6 \\ + 0.259X_7 - 0.084X_8 + 0.016X_9$$

$$F_2 = 0.031X_1 + 0.091X_2 + 0.056X_3 + 0.447X_4 - 0.648X_5 + 0.316X_6 \\ - 0.008X_7 - 0.134X_8 - 0.042X_9$$

$$F_3 = -0.004X_1 + 0.004X_2 - 0.049X_3 - 0.144X_4 + 0.101X_5 - 0.006X_6 \\ - 0.200X_7 + 0.596X_8 + 0.449X_9$$

表 5-5　　　　　　　　　　成分得分系数矩阵

变量	成分		
	1	2	3
人均财政收入（X_1）	0.194	0.031	-0.004
城镇居民人均可支配收入（X_2）	0.159	0.091	0.004
农村居民人均可支配收入（X_3）	0.189	0.056	-0.049
第一产业占 GDP 比重（X_4）	-0.351	0.447	-0.144
第二产业占 GDP 比重（X_5）	0.189	-0.648	0.101
第三产业占 GDP 比重（X_6）	0.026	0.316	-0.006
城镇人口比重（X_7）	0.259	-0.008	-0.200
人均一般公共服务支出（X_8）	-0.084	-0.134	0.596
人均教育支出（X_9）	0.016	-0.042	0.449

根据主成分因子分析表达式计算 2010~2019 年 31 个省份在三个公共因子上的得分，结果分别见表 5-6、表 5-7 和表 5-8。由此可看出，31 个省份三个公共因子总体上呈逐年增长趋势，且各省份之间三个公共因子的变动趋势基本一致，反映了我国 31 个省份地方税收收入规模和结构呈向好趋势发展。

表 5-6　　　　　2010~2019 年 31 个省份经济发展优度因子得分

省份	2010 年	2011 年	2012 年	2013 年	2014 年	2015 年	2016 年	2017 年	2018 年	2019 年
北京	9419.29	10866.13	11981.29	13637.78	14889.99	16488.25	17811.04	17915.87	20932.39	21631.37
天津	7358.91	8686.61	9771.24	10248.66	11208.90	12246.57	13055.93	12146.74	13763.80	14970.51
河北	4058.66	4704.59	5330.84	5854.98	6390.33	6923.85	7466.86	7405.24	8768.50	9508.00

续表

省份	2010年	2011年	2012年	2013年	2014年	2015年	2016年	2017年	2018年	2019年
山西	3895.52	4578.44	5245.17	5931.77	6449.91	6754.20	7061.77	7091.20	8329.49	8913.69
内蒙古	4655.50	5505.55	6265.31	7107.87	7774.58	8376.00	8939.20	8617.11	10061.18	10884.98
辽宁	4982.25	5957.33	6797.15	7596.59	8113.49	8147.85	8611.51	8519.84	9837.86	10513.36
吉林	4029.08	4817.39	5543.52	6019.88	6544.93	6939.30	7376.72	7176.86	8242.00	8718.32
黑龙江	3743.59	4414.87	5020.51	5709.25	6211.17	6524.56	6895.37	6748.70	7879.68	8375.06
上海	10103.62	11615.00	12792.77	14053.44	15375.10	17231.39	19055.94	18888.84	22210.55	23672.79
江苏	6352.08	7462.09	8425.37	9145.59	10016.00	10906.99	11646.79	11424.25	13473.84	14463.97
浙江	7391.26	8488.33	9436.44	10512.47	11510.81	12601.31	13636.14	13400.00	16169.32	17482.63
安徽	3872.27	4596.63	5255.17	5937.20	6513.86	7090.03	7676.58	7561.41	9030.88	9829.13
福建	5460.00	6386.67	7245.31	7699.68	8465.66	9171.40	9873.80	9538.33	11516.90	12410.25
江西	3881.34	4527.04	5212.37	5910.94	6559.35	7211.37	7735.64	7588.40	9063.49	9784.06
山东	5034.86	5880.86	6675.43	7182.72	7871.58	8535.43	9174.50	9033.16	10597.02	11315.27
河南	3846.03	4465.43	5070.99	5622.46	6186.76	6713.09	7157.82	7056.45	8405.45	9072.00
湖北	3980.47	4714.79	5381.76	6128.90	6813.35	7492.84	8057.89	7923.03	9339.15	10125.99
湖南	3994.58	4653.98	5283.77	6125.60	6737.74	7344.31	7956.07	7838.79	9253.80	10033.93
广东	6115.29	7046.58	7917.32	8068.43	8862.79	9703.63	10539.22	10534.18	12315.12	13273.73
广西	3874.54	4354.53	4962.40	5585.15	6110.71	6577.41	7052.23	6932.04	8126.62	8765.46
海南	4047.33	4846.44	5567.06	6204.20	6899.30	7523.33	8042.04	7916.27	9440.70	10182.18
重庆	4411.49	5409.22	6146.28	6345.66	7005.52	7678.15	8283.55	8118.12	9540.51	10186.11
四川	3780.37	4476.67	5112.83	5759.27	6328.78	6875.12	7391.74	7269.86	8666.67	9417.11
贵州	3177.20	3784.13	4369.13	4975.33	5544.35	6077.58	6580.32	6559.56	7733.76	8379.97
云南	3649.57	4290.05	4907.72	5475.32	5937.57	6462.52	6950.94	6903.31	8100.61	8778.02
西藏	3239.61	3637.20	4141.61	4651.69	5299.04	5987.63	6569.42	6699.31	8267.97	9070.06
陕西	3740.18	4595.02	5173.98	5753.61	6298.55	6870.43	7204.87	7219.92	8495.64	9161.58
甘肃	2992.97	3437.94	3934.30	4620.21	5099.51	5602.18	6034.53	6025.46	7012.19	7518.47
青海	3273.26	3830.95	4385.65	5121.35	5679.35	6180.29	6567.18	6554.14	7741.49	8349.08
宁夏	3765.30	4463.25	5079.89	5731.50	6260.54	6783.89	7257.09	7266.39	8465.36	9017.02
新疆	3453.12	4078.94	4782.13	5730.84	6358.35	6981.36	7424.24	7454.67	8581.51	9117.86

表5-7　　　　2010~2019年31个省份区域税源质量因子得分

省份	2010年	2011年	2012年	2013年	2014年	2015年	2016年	2017年	2018年	2019年
北京	3508.15	4008.04	4433.90	5235.60	5749.18	6297.78	6800.70	6933.70	7997.54	8616.65
天津	2835.09	3243.11	3606.77	3653.70	3968.30	4366.65	4732.01	4679.50	5293.91	5741.89
河北	1756.56	2004.30	2254.16	2472.98	2717.66	2945.69	3180.37	3230.99	3716.93	4035.90
山西	1630.89	1899.55	2155.24	2428.35	2677.01	2852.53	3013.45	3058.02	3471.88	3714.96
内蒙古	1841.45	2146.29	2446.98	2805.19	3110.25	3364.32	3620.51	3673.69	4196.60	4519.10

续表

省份	2010年	2011年	2012年	2013年	2014年	2015年	2016年	2017年	2018年	2019年
辽宁	1974.00	2314.43	2620.99	2998.89	3291.32	3478.90	3689.55	3736.74	4205.80	4499.31
吉林	1667.49	1955.82	2228.64	2406.33	2648.20	2830.18	3018.56	3026.05	3416.10	3674.19
黑龙江	1543.68	1787.96	2028.17	2366.62	2600.91	2775.48	2948.29	2970.69	3374.75	3598.20
上海	3849.65	4407.08	4880.40	5419.70	5951.95	6550.20	7171.90	7295.47	8441.27	9103.92
江苏	2586.90	3001.49	3386.40	3651.49	4007.37	4358.94	4692.07	4756.32	5489.24	5926.56
浙江	3099.47	3538.04	3946.75	4348.47	4771.27	5180.24	5605.53	5665.22	6614.37	7155.53
安徽	1686.56	1981.53	2241.58	2500.71	2768.99	3019.88	3280.00	3335.64	3869.69	4226.84
福建	2363.69	2730.83	3072.74	3178.63	3505.30	3799.22	4112.19	4119.52	4808.56	5213.46
江西	1673.98	1909.46	2171.53	2452.55	2716.67	2972.89	3221.56	3260.90	3786.23	4090.50
山东	2165.76	2502.07	2830.86	3010.36	3307.38	3583.31	3864.14	3929.34	4491.58	4810.75
河南	1687.00	1977.80	2183.67	2383.07	2632.91	2865.24	3057.71	3104.46	3576.25	3850.36
湖北	1728.17	1997.69	2256.85	2531.65	2799.66	3065.64	3319.05	3370.98	3894.80	4247.82
湖南	1761.69	2011.81	2265.03	2626.58	2896.86	3161.99	3433.08	3497.36	4024.16	4376.70
广东	2609.16	2966.96	3335.85	3314.85	3640.67	3962.35	4296.30	4393.94	5031.24	5432.78
广西	1735.78	1924.57	2170.55	2403.48	2639.32	2842.20	3048.01	3105.03	3525.72	3796.11
海南	1674.08	1973.81	2232.04	2451.86	2736.96	2969.38	3193.30	3258.51	3767.80	4072.35
重庆	1859.26	2193.59	2482.99	2547.54	2811.83	3082.45	3352.17	3403.33	3934.31	4258.05
四川	1640.42	1916.84	2172.54	2426.89	2681.79	2909.89	3149.52	3196.11	3693.12	4026.68
贵州	1407.21	1636.51	1827.68	2048.15	2301.58	2523.00	2750.04	2831.02	3263.47	3546.84
云南	1626.19	1896.20	2144.08	2345.53	2560.31	2796.83	3011.84	3057.93	3501.80	3824.32
西藏	1226.63	1272.09	1264.57	1395.49	1655.05	1838.21	2043.73	2072.25	2529.89	2911.69
陕西	1572.77	1863.62	2096.68	2326.81	2580.55	2832.03	3034.61	3110.89	3559.28	3859.59
甘肃	1307.77	1486.70	1685.75	1978.17	2187.42	2416.96	2610.93	2687.86	3054.79	3291.32
青海	1324.33	1486.48	1657.37	1996.92	2208.56	2418.69	2634.54	2724.29	3147.30	3418.47
宁夏	1554.83	1816.65	2065.47	2306.79	2531.58	2738.27	2942.10	3010.80	3462.10	3728.81
新疆	1380.20	1579.21	1832.48	2204.93	2473.23	2766.46	2991.87	3058.87	3452.46	3685.67

表5-8　2010～2019年31个省份公共服务水平因子得分

省份	2010年	2011年	2012年	2013年	2014年	2015年	2016年	2017年	2018年	2019年
北京	1161.17	1262.70	1448.71	1538.84	1481.27	1694.25	1867.18	2644.76	2405.98	1984.13
天津	802.91	969.68	1149.37	1288.65	1366.84	1309.23	1259.95	1389.90	1147.43	1099.69
河北	377.78	454.95	596.16	558.72	490.58	575.19	628.43	910.93	802.67	891.90
山西	587.42	723.92	894.55	812.03	650.82	752.16	761.09	957.22	845.63	931.50
内蒙古	974.11	1165.17	1298.78	1256.19	1151.14	1223.96	1278.76	1485.55	1295.72	1307.05
辽宁	601.70	764.47	1000.67	934.35	739.42	614.12	624.09	801.78	648.05	676.57

续表

省份	2010年	2011年	2012年	2013年	2014年	2015年	2016年	2017年	2018年	2019年
吉林	578.49	707.62	914.04	849.89	752.93	832.76	875.42	1093.93	954.06	875.89
黑龙江	431.61	508.38	687.61	621.07	545.02	556.37	578.24	743.39	548.02	505.79
上海	776.94	936.01	1064.88	1060.93	938.64	1036.47	1178.34	1597.96	1254.56	1271.91
江苏	588.18	727.64	865.60	878.45	849.03	916.99	967.89	1327.27	1092.63	1165.04
浙江	503.54	584.13	659.16	614.73	584.76	749.81	768.97	1237.81	968.12	1101.50
安徽	355.94	523.40	677.75	649.89	540.90	568.82	566.57	827.82	692.07	759.08
福建	443.39	532.77	736.43	723.46	677.75	786.04	807.37	1155.29	958.60	966.14
江西	357.49	534.62	705.54	726.57	756.19	850.53	864.39	1181.36	1090.42	1209.28
山东	418.92	532.44	658.93	662.87	618.34	679.68	714.00	949.21	781.11	852.65
河南	377.33	119.69	647.90	655.10	603.16	590.54	618.40	889.13	808.50	891.10
湖北	379.23	506.93	728.46	689.09	752.13	828.78	910.82	1154.95	925.51	983.36
湖南	386.43	527.81	743.39	738.94	703.03	726.13	786.55	1048.08	892.07	935.49
广东	470.00	601.00	709.63	833.73	779.19	843.95	959.58	1329.20	1205.41	1426.32
广西	537.71	659.76	831.06	793.21	787.13	852.54	933.73	1119.99	986.89	1074.97
海南	716.46	939.82	1156.96	1269.62	1185.91	1294.38	1383.47	1507.09	1489.89	1593.35
重庆	514.18	685.00	926.87	861.06	881.18	888.44	919.58	1178.38	1029.21	1081.50
四川	403.09	496.87	681.80	681.77	622.01	716.66	740.30	1007.65	880.17	924.08
贵州	616.55	836.10	1205.67	1324.57	1274.82	1419.16	1498.94	1706.79	1674.77	1848.44
云南	543.07	659.01	884.25	899.32	858.70	894.26	1065.43	1461.79	1377.24	1323.45
西藏	2196.02	2854.26	4064.47	4736.36	4790.11	5783.35	6049.92	7110.01	7477.80	7724.91
陕西	758.62	983.71	1265.57	1220.12	1085.41	1113.02	1112.35	1365.35	1321.62	1423.52
甘肃	614.37	761.06	1005.76	1089.27	1149.64	1220.60	1326.02	1484.34	1443.09	1556.33
青海	1095.35	1535.78	1995.27	1693.04	1940.94	2120.14	2177.30	2418.11	2383.48	2468.29
宁夏	882.55	993.57	1058.26	1047.84	1040.69	1180.34	1279.10	1589.12	1423.38	1464.43
新疆	989.46	1250.51	1498.57	1617.37	1586.35	1770.55	1794.72	2090.04	2079.09	2121.04

三、建立多元回归模型

以 2010~2019 年 31 个省份地方税收收入规模和结构及经济发展优度、税收汲取能力和公共服务水平三个公因子得分的省际面板数据为基础,运用 EViews 9 分别对地方税收收入规模和地方税收收入结构进行回归分析,根据因子成分得分系数矩阵可将模型（5.1）和模型（5.2）简

第五章 地方税体系及主体税的分析与选择

化为

$$Taxsize_{it} = \alpha + \beta_1 F_{1it} + \beta_2 F_{2it} + \beta_3 F_{3it} + \mu_{it} \quad (5.3)$$

$$Taxstru_{it} = \alpha + \beta_1 F_{1it} + \beta_2 F_{2it} + \beta_3 F_{3it} + \mu_{it} \quad (5.4)$$

其中，i 表示31个省份，t 表示时间，μ_{it} 表示随机误差项，α 表示变量系数，β 表示变量系数矩阵，F_{it} 表示3个公共因子在各时期各省份的具体数值。

为避免面板数据不稳定可能造成的伪回归，在进行多元回归分析之前首先运用LLC方法对9个变量进行单位根检验，检验结果如表5-9所示。由单位根检验结果可看出，9个变量都拒绝存在单位根的原假设，即通过了平稳性检验，因此不需对数据进行进一步处理，可直接进行回归分析。

表5-9　　　　　　面板数据相关变量单位根检验结果

指标	地方税收收入	流转税收入占比	所得税收入占比	财产税收入占比
t 统计量	-5.37486	-8.70078	-26.8740	-10.1423
Prob.**	0.0000	0.0000	0.0000	0.0000

指标	资源税收入占比	行为目的税收入占比	经济发展优度因子（F_1）	区域税源质量因子（F_2）	公共服务水平因子（F_3）
t 统计量	-4.74600	-14.5412	-7.00548	-4.80077	-11.1568
Prob.**	0.0000	0.0000	0.0000	0.0000	0.0000

注：** 表示在5%的置信水平上拒绝原假设。LLC（Levin, Lin & Chu）单位根检验的原假设为存在单位根，p值越低则拒绝原假设，表明不存在单位根。

面板数据模型包括固定效应模型、随机效应模型和混合效应模型三种。进行多元回归分析前，需采用Wald F检验和Hausman检验判定三种模型哪种更为适合。首先，采用Wald F检验在固定效应模型和混合效应模型中作出选择，如果拒绝原假设，则说明应选择固定效应模型；其次，采用Hausman检验在固定效应模型和随机效应模型中作出选择，如果拒绝原假设则应选择固定效应模型。地方税收收入规模和结构影响因素的检验结果和回归结果分别见表5-10和表5-11。

表 5-10　　　　　　　地方税收收入规模影响因素回归结果

因子	被解释变量：地方税收收入
	固定效应
c	15.23001　(0.158884)
F_1	0.750625 ***　(5.353188)
F_2	-1.183633 ***　(-3.552675)
F_3	-0.279736 ***　(-3.543229)
Wald F 检验	88.53268444
Hausman 检验	18.390059 ***
Adj-R^2	0.945980
F-statistic	164.9742 ***

注：*** 表示在1%的置信水平上拒绝原假设；括号内数据为 t 值。

表 5-11　　　　　　　地方税收收入结构影响因素回归结果

因子	流转税收入占比	所得税收入占比	财产税收入占比	资源税收入占比	行为目的税收入占比
	固定效应	固定效应	固定效应	固定效应	随机效应
c	57.96833 *** (72.57351)	15.90497 *** (19.77119)	7.188947 *** (25.34006)	10.26904 *** (13.79987)	6.695878 *** (28.26778)
F_1	0.004613 *** (3.948292)	-0.005236 *** (-4.449741)	-0.002722 *** (-6.558037)	0.001970 (1.809875)	-0.000853 *** (-4.381678)
F_2	-0.014965 *** (-5.390355)	0.015095 *** (5.398850)	0.007457 *** (7.562887)	-0.003371 (-1.303501)	0.002120 *** (4.550144)
F_3	-0.000132 (-0.200542)	-0.003445 *** (-5.199424)	0.000866 *** (3.706916)	-0.000713 (1.162611)	0.000817 *** (7.634966)
Wald F 检验	224.791548	19.42003319	68.43254463	48.49045333	129.6814292
Hausman 检验	11.256920 **	172.164697 ***	47.265770 ***	42.731686 ***	3.063054
Adj-R^2	0.681896	0.712114	0.832502	0.751156	0.218654
F-statistic	21.07214 ***	24.16185 ***	47.53938 ***	29.26488 ***	29.82384 ***

注：***、** 分别表示在1%、5%的置信水平上拒绝原假设；括号内数据为 t 值。

由表 5-10 可看出：经济发展优度因子的系数为 0.750625，表明经济发展优度因子与地方税收收入规模呈正相关关系，即经济发展水平越高的地区，地方税收收入规模越大，其主因是地方经济发达程度越高，税基越充足且广泛，进而产生更大的地方税收收入规模；区域税源质量因子系数为 -1.183633，表明区域税源质量因子与地方税收收入规模呈负相关关系，即区域税源质量因子越好，地方税收收入规模越小，这是统计意义上的相关关系，与其实际的经济关系存在一定意义上的背离，但也有一定的合理之处，主因是我国增值税、企业所得税等现行地方税收收入规模来源的主要税种存在税源与收入相悖的情况，而二三产业作为地方税收收入的主要税源，其比重的上升在中西部等欠发达地区未带来税收收入的显著提升，反而促进了税收收入向东部等发达地区流入，进而引发区域间的横向税源竞争；公共服务水平因子的系数为 -0.279736，表明公共服务水平因子与地方税收收入规模呈负相关关系，即地方公共服务水平越高，地方税收收入规模越低，其主因是地方公共服务水平越高，越能吸引更多的劳动力和资本等生产要素流入，从而创造更高的地方税收收入，但因创造税收收入的劳动力也会享受到地区的高质量公共服务，以致公共服务水平的提升并未带来地方税收收入规模的提升，甚至地方税收收入还要承担这部分劳动力的基本公共服务支出，进而使得地方实际取得的税收收入规模下降。

由表 5-11 可看出，经济发展优度、区域税源质量和公共服务水平三个公因子对流转税收入占比、所得税收入占比、财产税收入占比、资源税收入占比和行为目的税收入占比的影响不尽相同，主要表现为：流转税收入占比与经济发展优度因子呈正相关关系，与区域税源质量因子和公共服务水平因子呈负相关关系，其主因是增值税收入是流转税收入的主要来源，其主要实行按生产地原则征收，易引发地方政府间的税收竞争，出现税源与税收相悖的情况，因而流转税收入占比与地方税收收入结构呈负相关关系，同样地方政府公共服务水平越高，地方政府用于经济发展的财政投资越少，间接导致二产税源的减少，因而流转税收入占比与公共服务水平呈负相关关系；所得税收入占比与区域税源质量因子呈正相关关系，与经济发展优度因子和公共服务水平因子呈负相关性关系；财产税收入占比与区域税源质量因子和公共服务水平因子呈正相关关系，与经济发展优度因子呈负相关关系，其主因是公共服务水平的提升会提高税源质量，以房产税为例，公共服务水平的提升将直接改善房产周围的环境，促进房价提升的同时，提高财产税收入；资源税收入占比与经济发展优度因子呈正相关关系，与区域税源质量因子和公共服务水平因子呈负相关关系，其主因是资源税收入中包含了城镇土地使用税、耕地占用税和土地增值税三个税种，经济越发达，越能带动房地产市场的发展，从而增加其税收，因而资源税收入占比与经济发展优度因子呈正相关关系；行为目的税收入与区域税源质量因子和公共服务水平因子呈正相关关系，与经济发展优度因子呈负相关关系。总体来看，地方税收收入结构多元回归分析结果的相关系数均较低，反映了多元回归模型的显著性不强，即三个公共因子对地方税收收入结构有一定的影响，但却不是其决定影响因素，地方税收收入结构的优化需以税制改革目标作为主要依据，通过对经济发展优度、区域税源质量和公共服务水平等因素的适时调整实现其预期目标。

四、主要结论及其简析

（一）主要结论

本书以 2010~2019 年 31 个省份的省际面板数据为基础，探究人均财政收入、城镇人均可支配收入、农村人均可支配收入、第一产业占 GDP 比重、第二产业占 GDP 比重、第三产业占 GDP 比重、城镇人口比重、人均一般公共服务支出和人均教育支出 9 个变量对地方税收收入规模和结构的影响，主要得出以下结论。

第一，影响地方税收收入规模和结构的因素，可概括为经济发展优度、区域税源质量和公共服务水平三个方面。其中经济发展优度主要体现为城镇人口比重、第一产业占 GDP 比重、人均财政收入等指标情况；区域税源质量主要体现为第二产业占 GDP 比重和第三产业占 GDP 比重等指标情况；公共服务水平主要体现为人均一般公服务支出和人均教育支出等指标情况。

第二，地方税收收入规模与经济发展优度因子呈显著的正相关关系。

在地方主体税缺位的背景下,通过经济发展水平的提高也能够增加地方税收收入,缓解部分地方政府的财政收支缺口。而地方产业结构单一和经济发展水平落后也是目前部分地方政府特别是县乡政府财政困难的重要诱因之一,因此地区自身提高发展水平也能在一定程度上提高税收收入,强化地方税源管理和提高经济发展质量也是优化地方税体系的重要内容。

第三,公共因子对不同税类的收入结构影响不同。地方税体系的优化应在地方税税制改革目标下,对三个公共因子涉及的相关指标按照税制改革要求进行调整,进而促进地方税种格局的合理设置与优化。

(二)政策建议

第一,推动经济高质量发展。以习近平新时代中国特色社会主义思想为引领,创新驱动经济发展方式转变,逐步形成以"智慧经济为主导、高附加值为核心、经济质量为根本"的经济总量增长模式,为地区提供优质充足稳定的税源,夯实地方税收收入。

第二,完善现代税收制度。优化地方税体系和深化税制改革是地方税收收入结构优化的重要保证,政府部门应在"简税制、宽税基、低税率、严征管"等原则的指导下,通过地方税种的合理设置促进地方税体系的优化。关于其具体举措本书在此不过多阐释,详见第七章。

第二节 地方主体税备选税种的可行性分析

一、房地产税的可行性分析

我国现行地方税体系中尚未出台房地产税,仅依据现行房产税和城镇土地使用税予以释析。学界对房地产税改革有两种主流观点:一是整合保有环节的房产税和城镇土地使用税及相关税费收入而形成新税种;二是合并开发环节的土地增值税和耕地占用税、保有环节的房产税和城镇土地使用税、交易环节的契税,以及相关税费收入形成新税种。本书认同第一种观点,并对其进行可行性分析。

(一) 税基稳定税源充足

房地产税主要是以房屋或城镇土地等不动产的价值为征税对象进行征税,征税对象具有一定的稳定性和非流动性,不会随纳税人的流动而流动,也不会受税制改革影响发生区域间的转移,因此房地产税的征收较小可能引起区域间的恶性税源竞争。此外,由于不动产的价值通常是随着房地产市场的变化而变化的,其对经济变化的反应较慢,也不会受经济周期变动发生较大的波动,且我国房地产经济发展迅速,房地产业也逐步成为地方经济发展的支柱性产业,年房屋施工和竣工面积、商品房销售额和房地产开发投资额等房地产业相关指标大致呈逐年上升趋势,如1998~2020年全社会房地产开发投资额由3614亿元升至141442.9亿元,1998~2020年年均增长率约为18.14%。2010~2020年中国房地产税收入(以房产税和城镇土地使用税之和表示)具体情况见表5-12。

表5-12　　　2010~2020年中国房地产税收入及其占比情况

年份	房产税收入(亿元)	城镇土地使用税收入(亿元)	房地产税收入(亿元)	地方税收收入(亿元)	房地产税收入占地方税收收入比重(%)	地方财政收入(亿元)	房地产税收入占地方财政收入比重(%)
2010	894.07	1004.01	1898.08	32701.49	5.80	40613.04	4.67
2011	1102.39	1222.26	2324.65	41106.74	5.66	52547.11	4.42
2012	1372.49	1541.72	2914.21	47319.08	6.16	61078.29	4.77
2013	1581.50	1718.77	3300.27	53890.88	6.12	69011.16	4.78
2014	1851.64	1992.62	3844.26	59139.91	6.50	75876.58	5.07
2015	2050.90	2142.04	4192.94	62661.93	6.69	83002.04	5.05
2016	2220.91	2255.74	4476.65	64691.69	6.92	87239.35	5.13
2017	2604.33	2360.55	4964.88	68672.72	7.23	91469.41	5.43
2018	2888.56	2387.60	5276.16	75954.79	6.95	97903.38	5.39
2019	2988.43	2195.41	5183.84	76980.13	6.73	101080.61	5.13
2020	2841.76	2058.22	4899.98	74668.06	6.56	100143.16	4.89

资料来源:《中国统计年鉴》(2011~2021年)。

从表 5-12 可以看出，2010~2020 年我国房产税、城镇土地使用税和房地产税（房产税、城镇土地使用税合并）收入，以及地方税收收入和地方财政收入总体呈上升趋势，其中房产税收入、地方税收收入和地方财政收入在 2010~2019 年持续上升，分别由 2010 年的 894.07 亿元、32701.49 亿元和 40613.04 亿元升至 2019 年的 2988.43 亿元、76980.13 亿元和 101080.61 亿元，分别增长了 2.34 倍、1.35 倍和 1.49 倍，但在 2020 年其收入规模均有所下降，主因是由 2020 年新冠疫情和国家对房地产市场调控力度加大所导致的。

城镇土地使用税和房地产税收入在 2010~2018 年持续上升，2019~2020 年出现一定的下降，其中房地产税收入的下降主要是受到城镇土地使用税收入下降的影响，其主因是为缓解地方政府土地财政依赖现象，国家出台了系列调控性措施。如 2021 年 6 月财政部发布的《关于将国有土地使用权出让收入、矿产资源专项收入、海域使用金、无居民海岛使用金四项政府非税收入划转税务部门征收有关问题的通知》，从短期看对完善现代税费管理和推进税收征管现代化有着积极的现实意义；从长期看能有效规范地方土地出让管理，促进土地财政的健康和良性发展。

（二）符合受益性原则

受益性即"谁受益谁支付，不受益不支付"，其符合税收公平和税收中性原则。我国房地产税的征税对象为拥有房屋所有权和使用权的本地居民，他们通过向地方政府缴纳房地产税，获得地方政府提供的基础设施和公共服务。

缴纳的房地产税越高越能促使地方政府提供更优质的公共服务，而其会作为房屋价值的参考推动地区房价的提升，进而使得房地产税收入持续稳定上涨。因此，征收房地产税与推动地区经济发展本质上是一个良性循环的过程，将会使纳税人和地方政府均得到收益。

（三）地方依附性较强

由于房屋坐落分散且价值差异较大，对房产价值评估需要专业人才或专门的评估机构进行，因此征管难度较大，征管成本较高。而地方政府相比中央政府更了解地区居民的住房需求和偏好，以及房地产市场运行和变动情况，便于地方政府对房产监督管理。

因此，房地产税由地方政府进行征收管理更加符合最少征税费用原则，同时也更能调动地方政府适时监控地区税源变化及强化税收管理的热情和积极性，从而保证地方税收收入稳定增长，弥补地方财政缺口。

（四）符合税制改革方向

从 2003 年党的十六届三中全会通过的《中共中央关于完善社会主义市场经济体制若干问题的决议》中提出的"对不动产征收统一规范的物业税"，全国 6 个地区开展物业税试点，到 2009 年《深化经济体制改革重点工作的意见》中指出的"深化房地产税改革"，再到"十四五"规划纲要提出的"推进房地产税立法"等政策变化，反映了国家对房地产税改革方向和目标的不断明确，为推进房地产税立法并确立为地方主体税奠定了重要基础。

诚然，房地产税的地方税特征较为突出，将其确立为地方主体税具有较多的优点，但也有一些不足，如不同地区房价差异过大，甚至同一区域的城市核心区域和周边乡镇的房价差异过大，对地方政府准确核定房地产价值确立计税依据的难度较大；房地产税作为一种直接税，且与居民个人利益密切相关，其征收会直接增加居民的"税负痛感"，以致居民更不愿意接受房地产税；若将房地产税确立为地方主体税，易使地方政府为保障地方财政收入而维持房地产市场的热度。

二、消费税的可行性分析

（一）消费税税源充足稳定

改革开放以来，我国居民生活、消费水平和质量得到了较大的提升。如我国居民可支配收入和消费支出，分别由 2013 年的 18310.8 亿元和

13220.4 亿元升至 2020 年的 32188.8 亿元和 21209.9 亿元，年均增长率分别为 8.39% 和 6.99%，这就极大地提高了消费税收入，特别是 2016 年 "营改增" 政策的全面实施，促使消费税成为继增值税、企业所得税后的第三大税种。其税收收入变动及其占比情况具体见表 5-13。

表 5-13　2010~2020 年中国消费税收入及其占比情况

年份	消费税收入（亿元）	新地方税收入（亿元）	消费税收入占地方税收收入比重（%）	税收收入（亿元）	消费税收入占税收收入比重（%）
2010	6071.55	38773.04	15.66	73210.79	8.29
2011	6936.21	48042.95	14.44	89738.39	7.73
2012	7875.58	55194.66	14.27	100614.28	7.83
2013	8231.32	62122.20	13.25	110530.70	7.45
2014	8907.12	68047.03	13.09	119175.31	7.47
2015	10542.16	73204.09	14.40	124922.20	8.44
2016	10217.23	74908.92	13.64	130360.73	7.84
2017	10225.09	78897.81	12.96	144369.87	7.08
2018	10631.75	86586.54	12.28	156402.86	6.80
2019	12564.44	89544.57	14.03	158000.50	7.95
2020	12028.10	86696.16	13.87	154312.29	7.79

资料来源：《中国统计年鉴》（2011~2021 年）。

由表 5-13 可知：2010~2020 年我国消费税收入、地方税收收入和税收收入（即中央与地方税收收入总和，下同）总体呈上升趋势。其中，消费税收入、地方税收收入和税收收入分别由 2010 年的 6071.55 亿元、38773.04 亿元和 73210.79 亿元升至 2020 年的 12028.10 亿元、86696.16 亿元和 154312.29 亿元，分别增长了 0.98 倍、1.23 倍和 1.11 倍；从消费税收入在地方税收收入和税收收入中的占比情况可看出，其占比总体呈现一定下降趋势，但相对较为稳定，反映了消费税税源具有一定的稳定性特征，符合促进地方税收收入持续增长的目标。需要注意的是，由于消费税现归属中央税，因此表 5-13 中新地方税收收入 = 地方税收收入 + 消费税收入，加上我国现行消费税仅对卷烟、酒等 15 类消费品征税，通过深化消费税改革，扩大其征税范围，必然带来其收入及占比的进一步提升，对夯实地方财力基础意义重大。此外,以 2020 年为例,分析消费税与 11 个地方税种的收入规模对比情况,如图 5-1 所示。

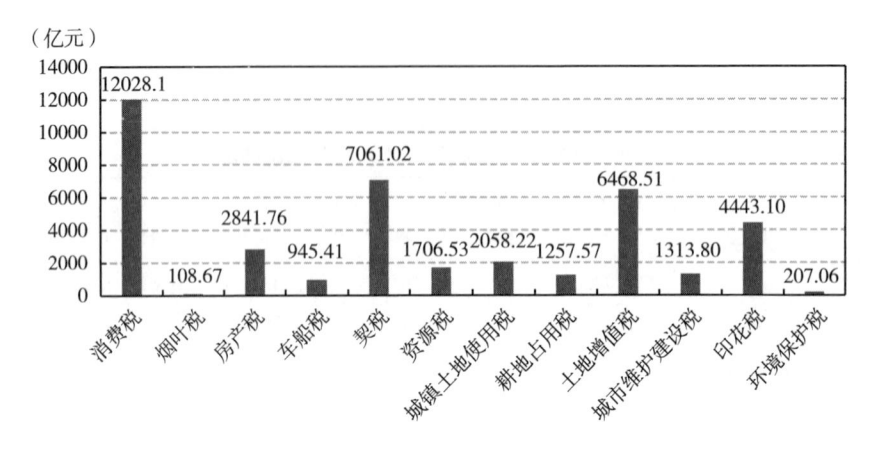

图 5-1　2020 年我国消费税与 11 种地方税收入对比情况

消费税 12028.1；烟叶税 108.67；房产税 2841.76；车船税 945.41；契税 7061.02；资源税 1706.53；城镇土地使用税 2058.22；耕地占用税 1257.57；土地增值税 6468.51；城市维护建设税 1313.80；印花税 4443.10；环境保护税 207.06（单位：亿元）

由图 5-1 中消费税及 11 种地方税收入规模可看出,消费税约是地方税收入规模最大的契税（7061.02 亿元）的 1.70 倍,是地方税体系中税收规模最小的烟叶税的（108.67 亿元）的 110.68 倍。因此,其作为地方主体税在税源潜力和税收收入规模方面具有绝对优势。

（二）符合宏观税制改革方向

消费税下划为地方税是加快建立现代财政制度和完善现代税收制度的必然趋势和重要选择。2019 年国务院颁布《实施更大规模减税降费后调整中央与地方收入划分改革推进方案》,2021 年全国财政工作会议明确提出"推进消费税征收环节后移改革并下划地方"等消费税的改革要求。

此外,"十四五"规划纲要明确指出了"调整优化消费税征收范围和税率,推进征收环节后移并稳步下划地方"的改革目标,反映了消费税或是以共享税抑或是以地方税的形式下划至地方是当前及未来一段时期内消费税改革的重要方向,这也为消费税成为地方主体税提供了重要可能。

（三）激励地方政府行为

我国消费税以特定消费品作为征税对象，征税项目具有较大的选择性，实行不同商品差别纳税，同种商品同等征税，且征税环节主要是生产、委托加工、批发、零售和进口等单一环节，对居民消费、产业结构调整优化乃至经济发展都具有重要的调节作用。

如果将消费税作为地方主体税种，能够激励地方政府主动营造良好的营商环境，吸引更多的劳动力、资本等生产要素流入，促进地区经济的发展。如从居民角度看，对特定消费品中的高档消费行为征税，有利于政府引导居民树立科学的消费理念、纠正消费行为的负外部性和调整居民收入分配。

（四）体现区域发展特色

若将消费税征收环节后移并稳步下划地方，由地方负责征收管理消费税，能够激励地方政府充分结合本地区经济发展状况、资源禀赋条件和居民消费水平等情况，科学调整消费税税率和制定相关消费税优惠政策，进而鼓励地方特色产业发展和产品结构转型升级，引导地方经济增长逐步向消费型驱动转变，使得地方经济发展充分体现区域特色。此外，消费税也有着"寓禁于征"的特点，将以课税形式抑制区域内不良消费行为的发展。

但消费税确立为地方主体税也有一些弊端，如消费税作为重要的"调节"类税种，对居民消费和宏观经济具有重要的调控作用，如果将其确立为共享税或地方税，必将影响中央对消费税税权的全面掌控；消费税的税基在各地域差异性较大，若将消费税确立为地方主体税易拉大地区间的财力差距，进一步扩大区域发展差异，与现阶段区域协调发展目标存在一定背离。

三、企业所得税的可行性分析

（一）税源充足税基广泛

企业所得税以企业生产经营所得和其他所得作为征税对象，其地方税源充足、税基广泛,如我国 GDP 由 2000 年的 100280.1 亿元增至 2020 年的 1015986.2 亿元,增长了 9.13 倍,其中三次产业增加值分别由 2000 年的 14717.4 亿元、45663.7 亿元和 39899.1 亿元增至 2020 年的 77754.1 亿元、384255.3 亿元和 553976.8 亿元,分别增长了 4.28 倍、7.41 倍和 12.88 倍。

此外,我国企业所得税收入稳步增长,即由 2000 年的 1441 亿元(不含外商投资企业和外国企业所得税,全国税收收入 12660 亿元,占比 11.38%),增至 2020 年的 36426 亿元(全国税收收入 154310 亿元,占比 23.61%,收入稳定、占比较高。我国由实施区域经济协调发展战略向区域协调发展战略转变,将极大缩小区域经济差距,进而促进四大区域企业所得税税源差异逐渐缩小。

(二) 税收收入规模合理

全面"营改增"后地方财政收入大幅下降,地方主体税的确立要既能满足地方财政持续增长的需要,又能保证中央与地方财力分配保持合理的比重。2016 年以前营业税作为地方主体税,收入规模位于地方税收入规模之首,其他地方税种收入规模均与其存在较大差距,因此本书对比了营业税与企业所得税、中央企业所得税、地方企业所得税收入情况,如图 5-2 所示。

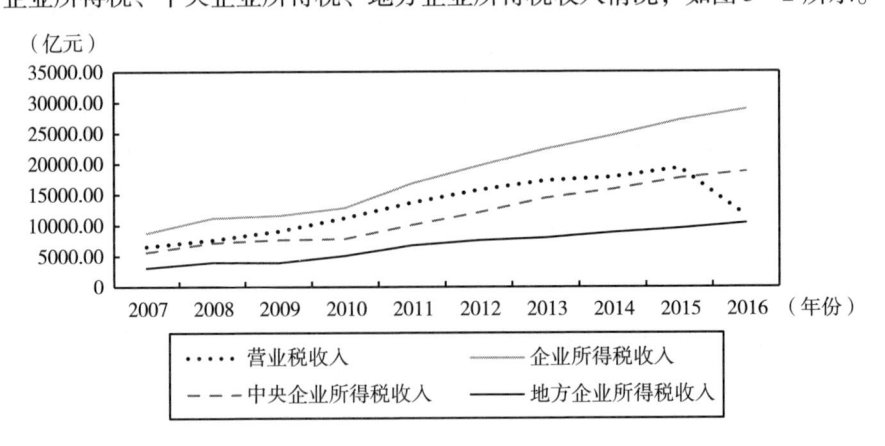

图 5-2 2007~2016 年我国营业税与企业所得税收入对比情况

资料来源:《中国统计年鉴》(2008~2017 年)。

由图 5-2 可以看出：2007~2015 年营业税、企业所得税、中央企业所得税和地方企业所得税税收入均呈逐年增长趋势，其中企业所得税收入明显高于营业税收入，而中央企业所得税收入与营业税收入较为接近，但前者明显低于后者，且两者差距 2007~2010 年和 2010~2015 年分别呈逐年扩大和缩小趋势；营业税收入 2015~2016 年呈大幅下降趋势，而企业所得税、中央与地方企业所得税收入呈持续增长趋势。其主因是 2015 年"营改增"政策已在全国多个省、自治区、直辖市及多个行业、产业范围内实施，而企业所得税收入在 2016 年以来实施的系列减税降费政策背景也呈现一定的增长趋势（如 2017~2020 年企业所得税收入分别为 32117.29 亿元、35323.71 亿元、37303.77 亿元和 36425.81 亿元）。因此，将企业所得税收入重新调整央地划分比例，确立为地方主体税，能有效弥补地方财力缺口，同时减轻中央对地方的转移支付压力。

（三）激励地方政府行为

企业所得税能通过产业性和区域性等税收政策给予企业税收优惠以支持产业发展，进而激励地方政府对区域重点企业和行业加大投入和支持力度。如我国对科技创新型企业的企业所得税优惠力度最大，优惠手段最为丰富，激励地方政府在全社会范围内培育鼓励创新和支持创新的氛围，并形成了以创新和技术为代表的东部发展特色；国家发展和改革委员会 2020 年通过的《西部地区鼓励类产业目录（2020 年本）》规定给予西部 12 个省、自治区及江西赣州、湖北恩施等 4 个局部地区的鼓励类产业减按 15% 征税，使地方政府能有针对性地引导西部地区产业发展和促进西部地区经济发展。

诚然，企业所得税确立为地方主体税有许多优势所在，但也有不妥之处。主要表现为：企业所得税主要是对资本利得进行征税，而资本作为税基具有较强的流动性，因此如果将企业所得税确立为地方主体税，并由地方政府负责征收和管理，易引发地方政府为增加地区财政收入和吸引资本流入；企业所得税作为地方主体税易引发税收与税源相悖的情况，如现行企业所得税法明确规定，企业以登记注册地为纳税地点，跨区经营企业要在注册地汇总缴纳企业所得税款,而在现实中企业经营地才是利润创造地,这在一定程度使得企业所得税收入由经营地流向注册地,我国西部地区通常是企业的实际经营地,以致西部等欠发达地区的税源变为东部发达地区的税收,违背受益性原则。

四、个人所得税的可行性分析

(一) 个人所得税税源充足

2013~2020年我国居民人均可支配收入由18310.8元增至32188.8元,其中居民工资性收入、经营净收入、财产净收入和转移净收入均呈逐年增长趋势,全国东中西部和东北地区四大区域人均可支配收入也均呈逐年增长趋势,其分别由2013年的23658.4元、15263.9元、13919.0元和17893.1元增至2020年的41239.7元、27152.4元、25416.0元和28266.2元,反映了个人所得税税源广泛充足。个人所得税从1999年征收起至2020年除2019年略有下降外收入逐年增加,以2016~2020年31个省份个人所得税收入情况为例,具体如图5-3所示。

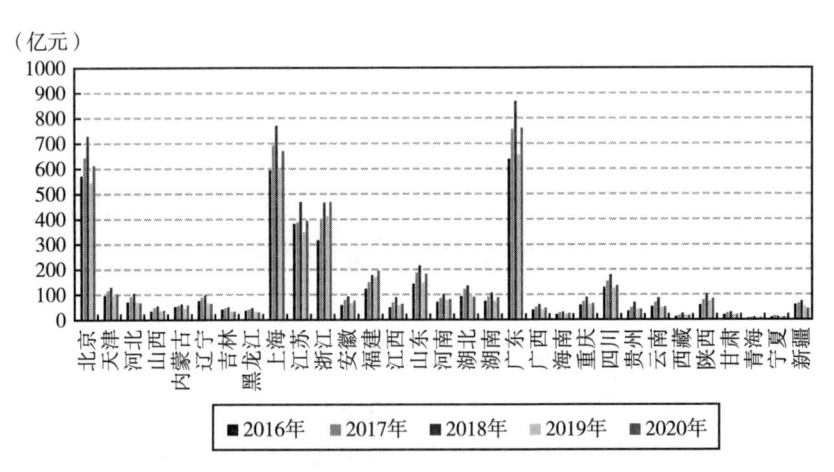

图5-3 2016~2020年我国31个省份个人所得税收入变化情况

从图5-3可知:31个省份个人所得税收入变动情况均与全国收入变动情况保持一致,反映了个人所得税税源具有一定的稳定性。

（二）激励地方政府行为

个人所得税是中央与地方共享税（按60%：40%分享收入），若将个人所得税确立为地方主体税需调整中央与地方税收收入分享比例，由地方拿大头，或是将个人所得税完全下划为地方税收收入。上述两种方案中的任意一种都会使得地方政府拥有更多的个人所得税管理权限，激励地方政府更加积极地参与地区经济发展和社会建设。

此外，地方政府与中央政府相比，更了解地区居民的收入和支出结构，公共产品和服务需求等信息，更能够结合地区居民的收入能力制定针对性的个人所得税优惠政策，从而保障个人所得税的应收尽收和减免合理，同时可充分利用个人所得税收入为地区居民提供更加符合居民实际需求的公共产品和服务，促进地方公共服务质量的提升。

（三）缩小区域发展差异

个人所得税具有调节个人收入的重要功能，随着居民收入的大幅提高，我国多次调整个人所得税免征额。如月免征额由1994年的800元调整为2006年的1600元、2008年的2000元、2011年的3500元和2018年的5000元，这对限制过高收入、扩大中等收入群体和缩小居民收入差距具有重要的现实意义。但也有部分学者对其调节功能产生怀疑，如李文（2019）提出，个人所得税改革削弱了其再分配能力，并对社会公平产生了负面影响，但这可通过调整税制要素，深化税制改革等途径发挥个人所得税的公平效应。

此外，个人所得税作为地方主体税也有一定的弊端，如个人所得税税基流动性较强，地方受益性较差，随着我国经济社会的快速发展和区域差异的不断明显，西部等欠发达地区居民通常为追求更好的就业机会和发展空间将会涌入东部发达地区，人口流动性较大，而发达地区地方政府在将个人所得税收入转化为地区居民的公共服务支出时，无形中也承担了区域内外流人员的公共服务支出，以致地区居民的公共服务质量受到影响。

五、资源税的可行性分析

(一) 地区受益性较强

现行资源税法规定,资源税征收应以资源节约和环境保护为宗旨。我国自然资源区域分布不均,31 个省份资源税收入差异较大,以 2020 年为例,探讨资源税收入及其差异情况,如图 5-4 所示。

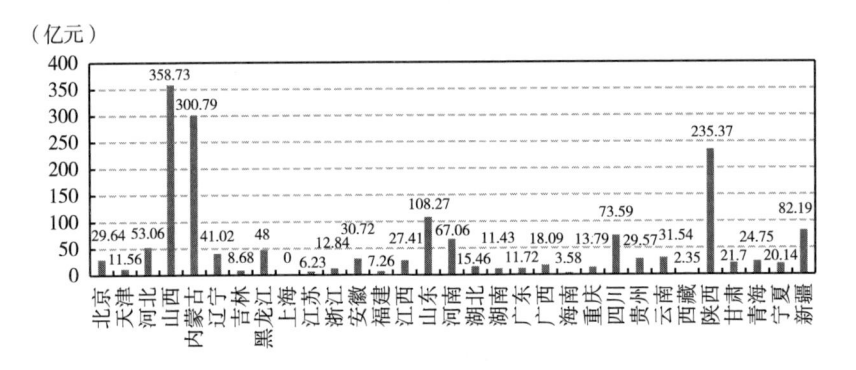

图 5-4　2020 年我国 31 个省份资源税收入情况

由图 5-4 可以看出,我国资源税收入最多的山西（358.73 亿元）与无资源税收入的上海相差 358.73 亿元,与北京等拥有资源税收入的地区收入差距也较大,而山西、内蒙古等资源丰富省份可充分利用资源税收入为地区居民提供更优质的公共产品和服务,同时可利用资源税对地区环境肆意开采和有意破坏起到良好约束,由此反映了资源税较强的地区受益性。

(二) 地方依附性较强

资源税以矿产资源和盐资源作为征税对象,税基流动性较差,对地方政府的依附性较强,而我国大部分矿产和盐等自然资源集中于西部财政收入能力较差的地区,因此将资源税确立为地方主体税在一定程度上能避免税源与税基相背离的情况,同时有利于西部地区将有限的资源优势转变为财政收入优势，进而缩小西部地区与东部等发达地区收入差距，促进西部地区加快实现西部大开发的战略目标。此外，将地方依附性较强的资源税交由地方征收管理能减少税收征管成本，提高征管效率。

资源税作为地方主体税除具备上述优点外，也有一些不足。主要表现为不同区域间资源税收入差异较大。如图 5-4 所示：31 个省份中除山西、内蒙古、黑龙江和陕西等资源型地区资源税收入较为丰富外其他地区收入较少，难以弥补主体税缺失背景下的地方财政缺口，若将其与其他税种共同确立为地方主体税，还需考虑资源税与其他税种税收汲取能力的相互补充效果及其对涵养区域税源和地方经济发展的有效调节作用；资源税收入增加具有一定的不稳定性，可通过 2010~2020 年我国资源税和地方税收收入及其增长率情况看出（见表 5-14）。

表 5-14　　　2010~2020 年中国资源税与地方税收收入及其增速情况

年份	资源税收入（亿元）	资源税收入增速（%）	地方税收收入（亿元）	地方税收收入增速（%）
2010	417.57	23.45	32701.49	25.02
2011	595.87	42.70	41106.74	25.70
2012	855.76	43.62	47319.08	15.11
2013	960.31	12.22	53890.88	13.89
2014	1039.38	8.23	59139.91	9.74
2015	997.07	-4.07	62661.93	5.96
2016	919.40	-7.79	64691.69	3.24
2017	1310.54	42.54	68672.72	6.15
2018	1584.75	20.92	75954.79	10.60
2019	1768.52	11.60	76980.13	1.35
2020	1706.53	-3.51	74668.06	3.00

资料来源：《中国统计年鉴》（2011~2021 年）或经计算所得。

由表 5-14 可以看出：2010~2019 年我国地方税收收入呈逐年增长趋势，2020 年略有下降，但其增长率总体呈下降趋势，而资源税收入总体呈波动增长趋势，其中 2015~2016 年及 2020 年下降明显，其作为地方主体税对保障地方税收收入持续稳定增长的能力有待深入研究。

此外，资源税易产生对地方政府行为的负面激励，如果将资源税确立为地方主体税，易引发地方政府为收取更高的财政收入而通过税收减免和优惠等形式鼓励资源开采和利用，进而破坏地区资源环境，引发对政府行为的负面激励效应。

六、地方主体税可行性的结果分析

结合对国内研究文献的梳理可知，学界对地方主体税的选择主要有5个备选税种。本书通过对学界提出的地方主体税备选税种的可行性分析发现：从理论上讲上述5个备选税种以任一单一税种或多个税种组合作为地方主体税均有一定的合理性和可行性，但也有一定的不足。

可以说，仅以我们所掌握的相关理论知识为依据以定性分析方法确立地方主体税的严谨性和科学性明显不足。因此，本章第三节展开对地方主体税选择问题的定量分析，以期增强地方主体税确立的科学性、可行性和可操作性。

第三节　层次分析法下构建地方主体税选择模型

主体税作为地方税体系的重要组成部分，影响地方税收收入规模和结构的因素势必也会影响地方主体税的选择。基于前文对地方税收收入规模和结构影响因素的分析，地方主体税的财政标准、经济标准和价值标准等定位分析，以及学界提出的地方主体税5个备选税种的可行性分析，本书运用层次分析法构建地方主体税选择模型，探究地方主体税选择的具体方案。

一、构建层次分析结构模型

层次分析法（AHP）是美国运筹学家匹茨堡大学教授萨蒂（T. L. Saaty）

在20世纪70年代初提出的一种层次权重决策分析方法。这种方法的特点是在对复杂决策问题的本质、影响因素及其内在关系等进行深入分析的基础上，利用较少的定量信息使决策的思维过程数学化，从而为多目标、多准则或无结构特性的复杂决策问题提供简便的决策依据，其基本原理如下。

第一，建立层次结构模型。一是确定最高层（目标层）、中间层（准则层）和最底层（方案层），其中最高层只有决策目标一个元素，中间层是决策的准则及子准则，最底层是决策的备选方案；二是求解最底层对最高层的相对权重，对备选方案得分进行排序，选择最优方案。

第二，构造判断矩阵。构造层次结构模型后，针对任一层次，在比较第 i 个元素与第 j 个元素相对上一层某个因素的重要性时，使用数量化的相对权重 a_{ij} 表示，假设共有 n 个元素参与比较，则判断矩阵为

$$A = \begin{pmatrix} a_{11} & \cdots & a_{1n} \\ \vdots & \ddots & \vdots \\ a_{n1} & \cdots & a_{nn} \end{pmatrix} = (a_{ij})_{n \times n}$$

萨蒂根据大多数人认知事物的心理习惯，建议用 1~9 及其倒数作为标度确定 a_{ij} 的值，具体见表 5-15。

表 5-15　　　　　　萨蒂层次结构模型 1~9 标度含义

标度	含义
1	表示两个因素相比，具有同样重要性
3	表示两个因素相比，一个因素比另一个因素稍微重要
5	表示两个因素相比，一个因素比另一个因素明显重要
7	表示两个因素相比，一个因素比另一个因素强烈重要
9	表示两个因素相比，一个因素比另一个因素极端重要
2，4，6，8	上述两相邻判断的中值
倒数	因素 i 与 j 比较的判断 a_{ij}，则因素 j 与 i 比较的判断 $a_{ji} = 1/a_{ij}$

第三，层次单排序及判断矩阵的一致性检验。一是计算判断矩阵 A 的最大特征值 $\lambda_{\max}$；二是求出一致性指标 $C.I.$，若 $C.I. = 0$ 表示完全一致，

$C.I.$ 越大表示越不一致；三是运用随机模拟方法求解平均随机一致性指标 $R.I.$；四是计算一致性比率 $C.R. = C.I./R.I.$；五是判断矩阵的一致性与否，若 $C.R. < 0.1$，则认为判断矩阵 A 具有一致性，反之 $C.R. \geq 0.1$ 则考虑修正判断矩阵 A。

第四，计算各元素对目标层的合成权重。通过各个备选方案权重的计算，确立最终的决策方案。

二、指标选取及其权重判断

（一）指标选取

结合本书提出的地方主体税应在理论层面符合财政标准、经济标准和价值标准，通过第五章第一节的实证分析可得出影响地方主体税选择的因素包括税收汲取能力、经济发展优度和公共服务水平，地方主体税选择的理论标准与实践要求基本一致，因此以其作为宏观层面的准则层。此外，地方主体税种应具备较强的地方税特征、符合宏观税制改革方向，并能对地方政府行为产生较强的激励效应，因而本书选取税源充足、地方受益性、地方依附性、宏观税制改革方向和激励地方政府行为5个指标作为微观层面的准则层，指标选取情况如下，运用层次分析法构建地方主体税选择模型，如图5-5所示。

（1）税源充足。一般认为税源充足税基稳定即能够提供持续足额稳定的税收收入，地方主体税的重要目标之一在于弥补"营改增"后地方主体税缺失造成的地方财政收不抵支现象，因此本书选取税源充足作为分析指标之一。

（2）地方受益性。一般认为受益性即"谁受益谁支付，不受益不支付"，其符合税收公平原则和税收中性原则，是中西方税权划分的重要原则之一，有利于提高地区居民的认可度和接受度，因此选取地方受益性作为分析指标之一。

（3）地方依附性。一般认为地方政府相比中央政府更了解辖区居民的

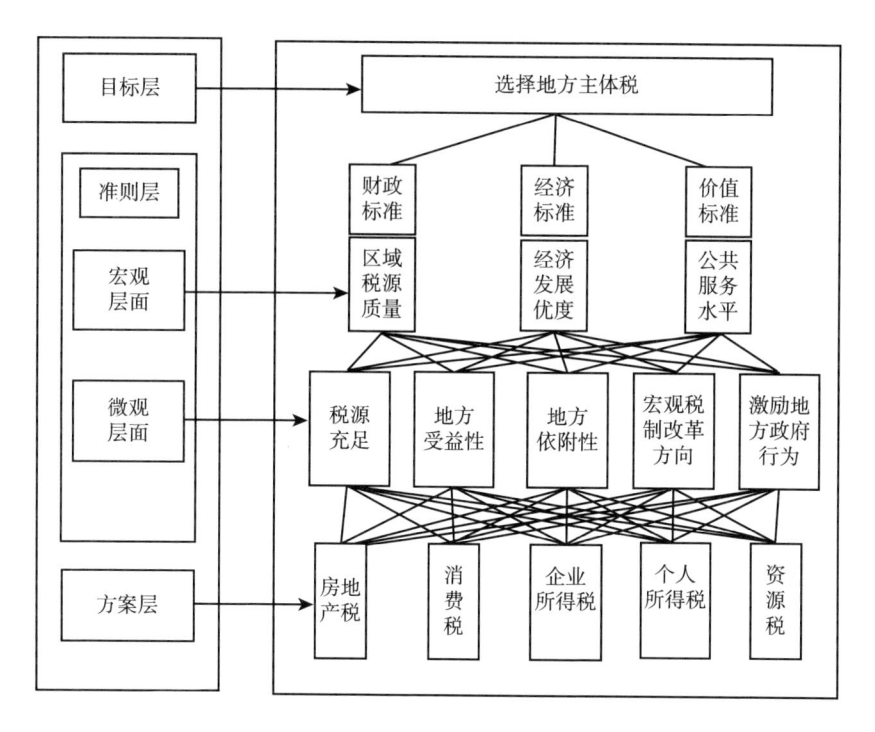

图 5-5 地方主体税选择模型拓扑

偏好和需求,以及区域发展目标,将地方依附性较强的税种交给地方政府管理能降低税收征管成本和提高税收征管效率。因此,选取地方依附性作为分析指标之一。

(4) 符合税制改革方向。税制改革方向是国家的重要战略目标及政策导向,地方主体税选择应充分反映国家政策目标和符合税制改革方向,促进政策预期目标的实现。因此,选取宏观税制改革方向作为分析指标之一。

(5) 激励地方政府行为。一般认为地方主体税能夯实地方政府收入,调动地方政府更好地参与地方主体税征收管理的热情和积极性,激励地方政府积极参与经济发展和社会建设。因此,选取激励地方政府行为作为分析指标之一。

(二) 数据处理

本书所选取的税源充足、地方受益性、地方依附性、宏观税制改革方向和激励地方政府行为5个指标多是定性变量，难以量化分析，因此将其进行量化处理，其特征变量属性量化结果见表5-16。

表5-16　　　　　　　地方主体税评估指标选择

特征变量	含义
税源充足	按照2015~2019年5个税种平均收入排序
地方受益性	具有地方受益性=1，不具有地方受益性=0
地方依附性	具有地方依附性=1，不具有地方依附性=0
宏观税制改革方向	国家出台改革措施=1，国家出台改革措施=0
激励地方政府行为	正面激励地方政府行为=1，负面激励地方政府行为=0

结合地方主体税选择模型及房地产税、消费税、企业所得税、个人所得税和资源税的可行性分析，本书将地方主体税的5个备选税种特点加以总结，具体见表5-17。

表5-17　　　　　　　地方主体税5个备选税种的特点

税种	地方受益性	地方依附性	宏观税制改革方向	税源充足	激励地方政府行为
房地产税	1	1	1	3	0
消费税	0	0	1	4	1
企业所得税	0	0	0	5	0
个人所得税	0	0	0	2	1
资源税	1	1	0	1	0

（三）权重赋值

对本书所选取的准则层和方案层各元素对地方主体税选择的不同影响程度进行标度，标度方法为萨蒂给出的1~9层次标度规则，具体见表5-15，根据地方主体税选择模型和5个备选税种的特点分析，得出各税种的成对比较矩阵如下（各项指标赋值表详见附录A）。

（1）宏观层面准则层对目标的成对比较矩阵：

$$A = \begin{pmatrix} 1 & 1/3 & 3 \\ 3 & 1 & 1/5 \\ 1/3 & 5 & 1 \end{pmatrix}$$

（2）微观层面准则层对宏观层面准则层的对比较矩阵：

$$B_1 = \begin{pmatrix} 1 & 3 & 3 & 5 & 3 \\ 1/3 & 1 & 2 & 3 & 3 \\ 1/3 & 1/2 & 1 & 1/2 & 1 \\ 1/5 & 1/3 & 2 & 1 & 1/2 \\ 1/3 & 1/3 & 1 & 2 & 1 \end{pmatrix} \quad B_2 = \begin{pmatrix} 1 & 1/2 & 4 & 3 & 3 \\ 2 & 1 & 7 & 5 & 5 \\ 1/4 & 1/7 & 1 & 1/2 & 1/3 \\ 1/3 & 1/5 & 2 & 1 & 1 \\ 1/3 & 1/5 & 3 & 1 & 1 \end{pmatrix}$$

$$B_3 = \begin{pmatrix} 1 & 1/2 & 3 & 3 & 4 \\ 2 & 1 & 7 & 5 & 5 \\ 1/3 & 1/7 & 1 & 1/2 & 1/3 \\ 1/3 & 1/5 & 2 & 1 & 2 \\ 1/4 & 1/3 & 3 & 1/2 & 1 \end{pmatrix}$$

（3）方案层对微观层面准则层的成对比较矩阵：

$$C_1 = \begin{pmatrix} 1 & 2 & 4 & 3 & 5 \\ 1/2 & 1 & 2 & 2 & 3 \\ 1/4 & 1/2 & 1 & 1 & 1 \\ 1/3 & 1/2 & 1 & 1 & 2 \\ 1/5 & 1/3 & 1 & 1/2 & 1 \end{pmatrix} \quad C_2 = \begin{pmatrix} 1 & 1 & 2 & 2 & 1/2 \\ 1 & 1 & 3 & 3 & 2 \\ 1/2 & 1/3 & 1 & 2 & 1/3 \\ 1/2 & 1/3 & 1/2 & 1 & 1 \\ 2 & 1/2 & 3 & 1 & 1 \end{pmatrix}$$

$$C_3 = \begin{pmatrix} 1 & 1 & 2 & 2 & 1/2 \\ 1 & 1 & 3 & 3 & 2 \\ 1/2 & 1/3 & 1 & 2 & 1/3 \\ 1/2 & 1/3 & 1/2 & 1 & 1 \\ 2 & 1/2 & 3 & 1 & 1 \end{pmatrix} \quad C_4 = \begin{pmatrix} 1 & 1 & 2 & 3 & 3 \\ 1 & 1 & 3 & 2 & 3 \\ 1/2 & 1/3 & 1 & 1/2 & 2 \\ 1/3 & 1/2 & 2 & 1 & 1 \\ 1/3 & 1/3 & 1/2 & 1 & 1 \end{pmatrix}$$

$$C_5 = \begin{pmatrix} 1 & 1 & 2 & 2 & 3 \\ 1 & 1 & 3 & 2 & 2 \\ 1/2 & 1/3 & 1 & 1/3 & 3 \\ 1/2 & 1/2 & 3 & 1 & 2 \\ 1/3 & 1/2 & 1/3 & 1/2 & 1 \end{pmatrix}$$

三、模型求解及其结果分析

（一）一致性检验

程序代码及运行结果见附录 B。其计算过程如下：

第一，宏观层面准则层的成对比较矩阵 A 代入模型，得到

$$\lambda = 3.0385, CI = 0.0193, CR = 0.0332 < 0.1$$

通过一致性检验，成对比较矩阵 A 的最大特征值 $\lambda = 3.0385$，该特征值对应的归一化特征向量为

$$W_1 = (0.6370, 0.2583, 0.1047)$$

第二，微观层面准则层的成对比较矩阵 B_1、B_2、B_3 代入模型，得到结果见表 5-18。

表 5-18　微观层面的归一化特征向量、特征值及一致性检验指标

K	1	2	3
ω_{K1}	0.4419	0.2636	0.2615
ω_{K2}	0.2371	0.4773	0.4734
ω_{K3}	0.1008	0.0531	0.0558
ω_{K4}	0.1272	0.0988	0.1126
ω_{K5}	0.0929	0.1072	0.0968
λ_k	5.2756	5.0717	5.3525
CI_k	0.0689	0.0179	0.0881
CR_k	0.0615	0.0160	0.0787

对微观准则层的各项元素，均有 $CR_k < 0.1$，$k = 1, 2, 3$，通过一致性检验，成对比较矩阵 B_1、B_2、B_3 的最大特征值 $\lambda_1 = 5.2756$，$\lambda_2 = 5.0717$，

$\lambda_3 = 5.3525$，对应的归一化特征向量矩阵为

$$W_2 = \begin{pmatrix} 0.4419 & 0.2636 & 0.2615 \\ 0.2371 & 0.4773 & 0.4734 \\ 0.1008 & 0.0531 & 0.0558 \\ 0.1272 & 0.0988 & 0.1126 \\ 0.0929 & 0.1072 & 0.0968 \end{pmatrix}$$

第三，方案层的成对比较矩阵 C_1、C_2、C_3、C_4、C_5 代入模型，得到的结果见表 5-19。

表 5-19　方案层的归一化特征向量、特征值及一致性检验指标

L	1	2	3	4	5
ω_{L1}	0.4338	0.2116	0.2242	0.3168	0.2957
ω_{L2}	0.2383	0.3283	0.1659	0.3168	0.2957
ω_{L3}	0.1099	0.1187	0.1187	0.1242	0.1257
ω_{L4}	0.1337	0.1120	0.1009	0.1426	0.1951
ω_{L5}	0.0843	0.2294	0.3903	0.0997	0.0878
λ_l	5.0405	5.3739	5.1384	5.1736	5.3132
CI_l	0.0101	0.0935	0.0346	0.0434	0.0783
CR_l	0.0090	0.0835	0.0309	0.0388	0.0699

对方案层的各项元素，均有 $CR_l < 0.1$，$l = 1$，2，3，4，5，通过一致性检验，C_1、C_2、C_3、C_4、C_5 的最大特征值 $\lambda_1 = 5.0405$，$\lambda_2 = 5.3739$，$\lambda_3 = 5.1384$，$\lambda_4 = 5.1736$，$\lambda_5 = 5.3132$，对应的归一化特征向量矩阵为

$$W_3 = \begin{pmatrix} 0.4338 & 0.2116 & 0.2242 & 0.3168 & 0.2957 \\ 0.2383 & 0.3283 & 0.1659 & 0.3168 & 0.2957 \\ 0.1099 & 0.1187 & 0.1187 & 0.1242 & 0.1257 \\ 0.1337 & 0.1120 & 0.1009 & 0.1426 & 0.1951 \\ 0.0843 & 0.2294 & 0.3903 & 0.0997 & 0.0878 \end{pmatrix}$$

第四,层次总排序的一致性检验,计算得到

$$CR = \frac{W_1 \cdot (W_2 \cdot CI_i^T)}{1.12} = 0.0443 < 0.1$$

因此层次总排序通过一致性检验。

(二) 计算单排序及总排序权向量

根据各层次成对比较矩阵构成意义及各层次的相关指标计算结果,分别得到财政标准、经济标准和价值标准元素对于目标的权向量为

$$R_1 = W_1 = (0.6370, 0.2583, 0.1047)$$

税源充足、地方受益、地方依附、税改方向和政府激励元素对于目标层的权向量为

$$R_2 = W_1 \cdot W_2 = (0.3770, 0.3239, 0.0838, 0.1183, 0.0970)$$

房地产税、消费税、企业所得税、个人所得税和资源税元素对目标层的权向量为

$$R_3 = W_1 \cdot W_2 \cdot W_3 = (0.2739, 0.2316, 0.1861, 0.1590, 0.1494)$$

从而,确立地方主体税的选择顺序为

房地产税 > 消费税 > 企业所得税 > 个人所得税 > 资源税

基于此,本书认为在担当地方主体税种层面房地产税优于消费税优于企业所得税优化个人所得税优于资源税,但究竟选择哪个税种或税种组合作为地方主体税于本章第四节进行详细论述。此外,程序代码及运行结果见附录 B。

第四节 确定地方主体税的主要观点及选择

学界提出的地方主体税备选税种主要包括房地产税、企业所得税、

个人所得税、消费税和资源税五种，关于其具体观点已于第一节阐释。本节主要概括主体税确立的三种不同进路，包括确定单一或多税种为地方主体税，或是按步骤分阶段设立地方主体税，抑或是设置不同区域差别化地方主体税三类，并在此基础上，提出我国地方主体税的确定思路。

一、确定单一或多税种地方主体税

我国学界部分学者主张将房地产税、资源税、消费税等一个税种或多个税种组合作为地方主体税，其中对保有环节的房地产税确立为地方主体税或作为主体税之一的呼声最高。如李太东（2014）和朱青（2014）等就提出了这种观点，李太东（2014）提出将开发环节的土地增值税和耕地占用税，保有环节的房产税和城镇土地使用税，以及交易环节的契税统一合并为房地产税，并作为地方主体税种；朱青（2014）认为应将零售环节销售税和定额消费税确立为主体税。

此外，还有诸多的专家学者也提出了该种主张。如徐金红（2017）提出将资源税确立为地方主体税；冯曦明（2019）提出将房地产税和资源税作为地方主体税；朱尔茜（2017）、解应贵（2018）、李建军（2019）等认为应将保有环节的房地产税确立为地方主体税；冯蕾和王月欣（2021）提出将房地产税和企业所得税共同作为地方主体税等。

二、按步骤分阶段设立地方主体税

我国学界部分学者主张按步骤分阶段设立地方主体税，即根据经济发展阶段和经济目标不同确立不同的地方主体税，或是出台阶段性主体税选择方案，如葛静（2015）提出"增值税分成＋个人所得税""房产税＋个人所得税＋资源税""房产税＋土地增值税＋资源税"的短期、中期和长期方案。李金荣（2015）提出短期内扩大房产税征税范围与长期打造房地产税的地方主体税的阶段性改革方案；王乔等（2016）提出省级"消费税"与市县级"房产税+耕地占用税+城镇土地使用税+土地增值税+相关税费=房地产税"的短期和长期地方主体税改革建议。

此外，还有一些专家学者也提出了该种主张。如史兴旺等（2019）提出短期内以某一共享税作为地方主体税，长期内将房地产税确立为地方主体税的地方主体税改革思路等；郭建等（2021）提出短期内以规范和提高共享税比例保持地方税收入的持续稳定性，长期内培育具有主体税种功能的地方专项税，形成共享税与专项税比例合理的中央与地方收入格局。

三、设置不同区域差异化地方主体税

我国学界部分学者主张设置区域差异化的地方主体税，即根据我国四大区域的发展特色和发展差异，在不同区域内确立差异化地方主体税，有助于充分挖掘各地区的税源潜力和调动区域发展积极性，如陈少英（2014）提出应将"零售税+个人所得税+房地产税"作为东中部地区的主体税，而将"零售税+个人所得税+资源税"作为西部地区的主体税；长春市地方税务局国际税收研究会课题组（2014）提出应构建市县级财政以财产税为核心、省级财政以零售环节消费税为核心和西部地区以资源税为核心的地方税制体系等。

本书认为三种地方主体税的确定进路，均有一定的合理性。如第一种方案无论是确立单一税种或是多税种为地方主体税，都能优化地方税种结构，完善地方税税制，夯实地方财力基础。其难度在于确立何种税为主体税、何时确立和如何确立，这是需要进一步深入研究和探索的。

第二种方案充分考虑到不同时期内我国区域经济和社会发展目标的不同，随着经济目标的变化适时调整地方主体税，能够充分发挥地方主体税的作用，促使地方税制更好地服务地区经济发展建设。但其弊端在于前后两个时期主体税交替中，存在一定的政策重叠和时间滞后性，且违背了税制统一性的原则。

第三种方案密切结合区域税源和税基特点确立不同的地方主体税，短期内有助于弥补各区域财政收支缺口。但长期看各地区会选择域内税源充足的税种，而东部地区人力资源配置和基础设施条件等要素均优于其他地区，其税收收入势必产生更大的乘数效应，这与我国区域协调发展目标相背离。

鉴于此，本书认为第一种主体税确定方案更为合理，并以此为依据展开地方主体税确立问题的研究。

四、确立房地产税和消费税双主体税

社会主义市场经济的建立和完善推动我国确立了流转税和所得税"双主体"的税制模式，实践证明"双主体"税制模式是合理且较为成功的，其在组织财政收入、调节经济结构和兼顾效率与公平等方面发挥了积极作用。因此，本书在确定单一税种或多税种为地方主体税的地方主体税选择模式下，探讨确立地方双主体税模式是否合理，以及按照上述地方主体税选择模型的结论分析排序前两位的房地产税和消费税作为地方双主体税是否合理，具体分析如下。

第一，消费税作为流转税对流转额征税，税源充足，能保障财政收入稳定增长，且消费税税率增加，消费税收入增加，带动商品价格增加。反之，消费税税率降低，商品价格下降，因此消费税可通过税率和税目的调整合理配置社会资源，促进产品和产业结构的优化。

第二，房地产税作为财产税的一种，对居民房产进行征税，征税对象具有普遍性、稳定性和非流动性等特点，充分体现了税收公平原则，同时通过房地产税税率和征税范围的调整，可实现对居民财富的调节。

第三，房地产税和消费税的调节重点不尽相同，前者侧重税收公平，后者偏重税收效率，两者同时确立为地方主体税能够互相补充，相互协调，共同发挥弥补地方财力不足和优化地方税体系的功能。

因此，本书认为应以房地产税和消费税为主体建立地方双主体税制模式，并于第六章研究其税制要素设计问题。

本章小结

本章是关于地方税体系及其主体税分析与选择的研究,其内容主要包括地方税收收入规模和结构影响因素的实证分析;释析地方主体税备选税种的可行性分析;层次分析法下构建地方主体税选择模型;提出房地产税和消费税地方双主体税的基本观点等。

第六章 地方主体税模式的定位与要素设计

第一节 地方主体税模式的定位

一、房地产税的定位

2013年党的十八届三中全会提出"加快房地产税立法并适时推进改革"的政策要求，2018年房地产税立法工作被列入全国人大常委会五年立法规划要求，反映了房地产税法出台是历史之必然，加上党的二十大报告提出"坚持房子是用来住的、不是用来炒的定位，加快建立多主体供给、多渠道保障、租购并举的住房制度"的房地产市场发展定位，为房地产税立法及目标定位提供了重要指南。结合上海市和重庆市两地房产税试点政策以调节居民收入分配和正确引导住房消费为立税宗旨的基本状况，本书以房地产税作为地方主体税的改革思路及习近平新时代中国特色社会主义思想为指导，将房地产税主要定位于以下两个方面。

（一）引导房地产市场良性消费

继2014年房价大幅下降后，我国房地产市场价格总体呈持续走高态势，其中因住房与医疗、养老、教育、保险、工资、晋升等基本公共服务、公共资源和发展机会等密切挂钩，以致北上广深等一线城市在国家宏观政策指导下多次出台"限购""限贷""提高首付比例""提高商贷利率""限制纳税年限"等管制政策，一定程度上降低了部分居民对房地产投机行为的心理预期。

但是，对全款购房者的约束力不足和对房地产市场价格的调控作用有限，也扭曲了房地产市场的有序竞争。因此，房地产税的开征能有效调控房价和抑制房地产泡沫，发挥市场经济的调节作用，以防范系统性金融风险。与此同时，房地产税收入的稳定增长，能够较好地保障地方财政收入的能力，积极、有效促进地方经济良性运行与发展。

（二）组织地方财政收入

地方主体税缺位，财政收不抵支现象较为严重，部分地方政府过度依赖纵向财政转移支付和土地财政带来的土地出让金收入等，在一定程度上缓解了地方财政收入不足的压力，但对激发地区企业发展活力和保持地方财政可持续性的功能明显不足。通过借鉴发达国家以房地产税作为地方主体税的经验，整合现行税种打造新的房地产税及合理设置房地产税的税制要素，进而发挥房地产税夯实地方财政收入的重要功能，以此作为房地产税的目标定位之一，这也是其作为地方主体税的基本要求。

诚然，房地产税定位还包括调节收入分配结构、优化地方税税制结构和健全直接税体系等多个方面，且房地产税的定位也不应是一成不变的，其会随着经济社会发展目标、税制改革和宏观政策导向等方面的变化而不断调整。本书主要依据所提出的两个房地产税的定位展开对房地产税要素设计的相关研究，具体内容见本章第二节相关内容。

二、消费税的定位

我国消费税属于商品税的一种，也是当前仅次于增值税的第二大商品劳务类税种，自1994年开征以来，在调节居民消费结构、引导居民消费行为、保护生态环境和促进资源节约等方面发挥了重要功能，按照1994年分税制要求将其划分为中央税的一种。本书遵循将消费税调整为中央与地方共享税，并作为地方主体税的改革思路，将消费税定位于以下两个方面。

（一）弥补地方财力不足

消费税于1994年开始实施，在实践中积累了较为丰富的征管经验，其收入规模远大于房地产税收入规模，能更好地保障地方财政收入能力。因此，在消费税和房地产税共同作为地方主体税的前提下，短期内消费税要重点发挥弥补地方财力不足和增强地方政府治理能力的功能，更有效地支持地方经济高质量发展，促进实现区域协调发展的战略目标。

待房地产税正式立法实施，由房地产税和消费税共同发挥增强地方财政收入能力的作用，并各自按照我国税制改革目标和完善现代税收制度等政策要求，发挥调节收入分配和引导地区居民良性消费等职能，以缓解分税制财政体制改革遗留的中央与地方纵向财政失衡、地方政府之间的横向税收竞争和地方政府行为异化等问题，从而规范中央与地方之间的财政关系。

（二）引导良性消费行为

消费税自出台以来，通过征税科目和征税范围的不断调整，在调节居民良性消费方面发挥了重要作用。当下，消费税应定位于引导居民良性消费，如抑制有害产品消费，适当提高烟、酒、鞭炮、焰火、成品油和木制一次性筷子等高污染高能耗的消费品税率，增加消费者负担，引导居民绿色消费。

此外，消费税可有效地调节高档消费，将古玩字画、高档箱包、高档消费服务等高档消费品和高档消费行为逐步纳入消费税的征税范围，进一步引导居民合理消费和理性消费，调节不同消费群体的财富差距和消费水平，进而发挥消费税对消费和产业结构优化的重要调节功能。

诚然，消费税的定位也不仅是弥补地方财力不足和引导良性消费行为，还是当前与我国地方税税制结构优化、完善现代税收制度等税制改革目标相适应的定位，同时也是消费税确立为地方主体税的重要定位。

第二节 房地产税制设计与测算

一、房地产税的演变与内涵

房地产税在不同历史阶段有着不同的范围和名称,按照中华人民共和国成立以来的时间脉络总结概括房地产税在不同时期内的法律依据、具体范围及科学内涵。

(一) 房地产税的历史演进

1. 房地产税雏形阶段 (1950~1987年)

1950年我国《全国税政实施要则》规定在全国开征房产税和地产税,其中房产税即现代房地产税的雏形,仅对房产征税,地产税是以土地价格为依据对纳税人征税,1951年国务院颁布的《城市房地产税暂行条例》(2009年1月1日正式废止)提出,在不适合划分房价与地价的城市由中央人民政府财政部核定可开征城市房地产税,其相当于房产税和地产税的合并,因此该阶段仅对房产进行征税的房产税可被认为是小口径房产税。

2. 房地产税发展阶段 (1986~2005年)

1986年国务院颁布《中华人民共和国房产税暂行条例》规定房产税依照房产原值扣除一定比例缴纳,其中房产原值包括与房屋不可分割的或一般不单独计算价值的各种附属设备(如为取得土地支付的价款、开发土地的成本及费用等),以及排水等房屋内不可随意移动的附属设备和配套设施的价值,该阶段虽然法律上仍以房产税为税种名称,但实质上相当于对房产及其附属物一并征税,使得房产税征税范围逐步扩大,因此将该阶段的房产税可理解为中口径的房产税,具体包括房产收入及房地产开发相关投入。

3. 房地产税完善阶段 (2006年至今)

房地产税不同于1986年《中华人民共和国房产税暂行条例》规定的

房产税，其与 1951 年开征的城市房地产税较为相似，其收入包括了房产和地产征税两部分①，而其具体的概念和范围国家尚未出台正式文件予以规定，但已在党和国家多次重要文件中对其进行描述，并于 2011 年在上海市和重庆市两个城市开展了房产税试点工作。

（二）房地产税的政策法令

房地产税的政策法令体现了国家对房地产税的法制建设和征收管理工作，能有效规避现行房产税与城镇土地使用税、土地出让金等收入之间存在的重复和交叉征税等问题，以及促进房地产税与经济发展形势相适应（见表 6-1）。

表 6-1　　2003~2021 年党和国家重要会议或文件中关于房地产税的表述

时间	会议或部门	文件	具体表述
2003 年 10 月	党的十六届三中全会	《中共中央关于完善社会主义市场经济体制若干问题的决议》	对不动产征收统一规范的物业税，此后开启深圳、重庆、南京、北京、宁夏吴忠和辽宁丹东 5 个地区的物业税试点工作
2006 年 3 月	第十届全国人民代表大会第四次会议	《中华人民共和国国民经济和社会发展第十一个五年规划纲要》	改革房地产税收制度，稳步推行物业税并相应取消有关收费
2007 年 9 月	财政部和国家税务总局房地产模拟评税试点动员和培训会议	—	增加安徽、河南、福建和大连作为物业税试点地区
2009 年 5 月	国家发展和改革委员会	《关于 2009 年深化经济体制改革重点工作的意见》	深化房地产税改革，研究开征物业税（财政部、税务局、发改委、住房城乡建设部负责）
2010 年 5 月	国家发展和改革委员会	《关于 2010 年深化经济体制改革重点工作的意见》	逐步推进房产税改革

---

① 安体富，葛静. 关于房地产税立法的几个相关问题研究 [J]. 财贸经济，2014 (8)：5-12，48.

续表

时间	会议或部门	文件	具体表述
2011年1月	国务院常务会议	《上海市开展对部分个人住房征收房产税试点的暂行办法》和《重庆市人民政府关于进行对部分个人住房征收房产税改革试点的暂行办法》	上海和重庆市政府开始对部分个人住房征收房产税,房产税试点工作开启
2011年3月	第十一届全国人民代表大会第四次会议	《中华人民共和国国民经济和社会发展第十二个五年规划纲要》	研究推进房地产税改革
2011年5月	国家发展和改革委员会	《关于2011年深化经济体制改革重点工作的意见》	完善房地产相关税收政策
2012年3月	国家发展和改革委员会	《关于2012年深化经济体制改革重点工作的意见》	适时扩大房产税试点范围
2013年5月	国家发展和改革委员会	《关于2013年深化经济体制改革重点工作的意见》	扩大个人住房房产税改革试点范围
2013年11月	党的十八届三中全会	《中共中央关于全面深化改革若干重大问题的规定》	加快房地产税立法并适时推进改革
2014年4月	国家发展和改革委员会	《关于2014年深化经济体制改革重点工作的意见》	推进煤炭资源税改革和房地产税、环境保护税立法相关工作
2015年8月	全国人大常委会	《十二届全国人大常委会立法规划》	全国人大常委会预算工作委员会和财政部牵头起草房地产税立法工作
2018年9月	全国人大常委会	《十三届全国人大常委会立法规划》	全国人大常委会预算工作委员会和财政部牵头起草房地产税立法工作
2018年3月	国务院	《2018年国务院政府工作报告》	稳妥推进房地产税立法
2019年3月	国务院	《2019年国务院政府工作报告》	稳步推进房地产税立法
2020年5月	中共中央、国务院	《关于新时期加快完善社会主义市场经济体制的意见》	稳妥推进房地产税立法
2021年3月	第十三届全国人民代表大会第四次会议	《中华人民共和国国民经济和社会发展第十四个五年规划和2035年远景目标纲要》	推进房地产税立法

资料来源:根据政府部门官方网站整理所得。

（三）房地产税的科学内涵

鉴于本书第五章房地产税的可行性分析部分内容所界定的，房地产税是整合现行的房产税和城镇土地使用税并将其打造为新的房地产税，通过测算论证了新的房地产税适宜确立为地方主体税。房地产税即指对中国境内房地产所有者征收的一种税。本节所探讨的房地产税的税制要素设计主要是围绕将现行的房产税和城镇土地使用税整合形成的新房地产税展开的。

当然，形成这样改革思路的原因主要是基于房地产税立法推行难度较大、涉及的征税范围较广、利益关系较为复杂等。因此，短期内将房产税和城镇土地使用税合并是更容易稳步推进的，待房地产税正式立法或开征后，长期内也可考虑将房地产相关的税费收入与房地产税进行进一步的统筹改革，并对其税制要素重新进行优化和设计，以简化税制和完善现代税收制度。

二、房地产税的构建原则

房地产税的构建原则是确立房地产税纳税人、征税对象和适用税率等基本税制要素的重要依据，因此结合房地产税的特点、职能、目标和效应等具体情况，将构建房地产税的基本原则总结为以下四个方面。

（一）依法征收原则

房地产税关乎社会经济发展和改革之大局、涉及千家万户纳税人的切身利益，因此房地产税的制定、管理与征收等各个环节应在法律规定范畴内进行，即按照全国人大立法规划要求适时出台《中华人民共和国房地产税法》，以法律形式明确规定房地产税的征税对象、纳税人、适用税率、优惠政策和征管办法等税制要素设计，确保房地产税税制要素设置科学规范，房地产税征收合理合法，促进维护国家利益与保护纳税人权益的有机统一。

(二) 普遍征收原则

房地产税的征收既是符合我国深化税制改革要求的适时政策调整，更是夯实地方财政收入和确立地方主体税的必然要求，其既要能保证收入规模在地方税收收入中占据合理比重，又要具有较强的地区受益性和充足稳定的税源，因此房地产税的征收要符合普遍征收原则，即房地产税的征税范围应尽可能包含所有的纳税人，并确保受益程度相同的纳税人承担相同的税负，受益程度不同的纳税人承担不同税负，进而促进房地产税税负横向和纵向公平。

(三) 简便易征原则

税收的重要功能之一是为政府筹集财政收入。房地产税作为地方税乃至地方主体税，要能在最大程度上为地方政府筹集财政收入和弥补地方财力不足，因此其征收管理需符合简便易征原则，即房地产税的征收管理要使地方税务机关负担的征管成本最小，同时确保纳税人依法纳税的税收遵从成本最低，具有较高的征管效率。此外，房地产价值和成本等方面的评估方法应科学合理，避免在房地产征收环节增加征纳成本。

(四) 统筹推进原则

我国房地产税涉及税费收入较多，其改革进程并非一蹴而就，而应综合考虑涉及税费收入的特征，探索其中的哪些税费收入应纳入房地产税，哪些税费收入应通过深化改革作为房地产税的有益补充，保证房地产税充分符合依法征收、普遍征收和简便易征等原则，同时房地产税的征收也要兼顾社会公平，因此统筹推进原则应是房地产税征收的重要原则之一，即统筹兼顾各个税种各项收入，按照税制改革及立法规划要求稳步推进改革。

此外，由于房地产税涉及的利益群体复杂，税负痛感较强，因此要强化房地产税设计可行性，注重房地产税与房产税、城镇土地使用税和房地产税试点等政策的衔接性，以及坚持房地产税作为地方主体税的法制性，加快推进其立法。

三、房地产税基本要素

（一）房地产税的纳税人

1986年《中华人民共和国房产税暂行条例》（以下简称《房产税暂行条例》）明确规定，其纳税人为产权所有人，扣除该条例规定的免征房产税的房产，产权所有人仅包括"生产经营用地的产权所有人"。

1988年《中华人民共和国城镇土地使用税暂行条例》（以下简称《城镇土地使用税暂行条例》）明确规定，其纳税人为在城市、县城、建制镇、工矿区范围内使用土地的单位和个人，其征税范围主要包括了城镇地区而不包含农村。

因此，结合《房产税暂行条例》和《城镇土地使用税暂行条例》规定，本书将房地产税的纳税人概括为：在中华人民共和国境内拥有土地使用权和房屋所有权的单位和个人。

（二）房地产税的征税范围

《房产税暂行条例》和《城镇土地使用税暂行条例》明确规定，其征税范围为城市、县城、建制镇和工矿区，不包含农村地区，因此本书将房地产税的征税范围概括为：在中华人民共和国境内的所有房地产，包括生产经营企业和个人拥有的房地产、城镇和农村居民拥有的房地产，其中城镇居民和农村居民拥有的房地产包括普通住宅、保障性住房、高档住宅、唯一住宅、多套住宅和投资性房地产等房地产类型。

因此，本书建议在税率设计上分别考虑不同房地产类型，对农村唯一住宅和保障性住房可暂时免征房地产税，对城市保障性住房可减征房地产税，以确保房地产税税负的公平。但房地产税的征税范围也不是一成不变的，其会随着房地产税立税宗旨的变化而不断调整，若房地产税以担当地方主体税和弥补地方财政收支缺口为主要目标，其征税范围应尽可能包含各类房地产，以保证税源充足，而当房地产税以调控房价和限制多套房产为主要目标时,其征税范围可适当缩小,特别是减免个人基本生存住房的房地产税。

(三) 房地产税的计税依据

《房产税暂行条例》规定,房产税实行按房产余值从价计征和房产租金收入从租计征的计税方式,其中房产余值是指房产原值一次扣除10%~30%的余值;《城镇土地使用税暂行条例》规定,以纳税人实际占用的土地面积作为计税依据。

结合以上相关规定,以及本书提出的房地产税的征税范围,本书认为房地产税主要实行从价计征的方式。其计税依据为:单位和个人拥有房地产的评估价值减除一定扣除项目的余值,同时区别经营性房地产和个人房产、农村房地产和城市房地产等,如经营性房地产沿袭房产税暂行条例规定,将评估价值扣除10%~30%的余值作为其计税依据。

个人住房以房地产评估价值扣除免征额的余值部分作为计税依据。其中,国内主流观点认为免征额应以人均免税面积作为依据(侯一麟等,2016;尹音频等,2019;李建军等,2019),由各省、自治区、直辖市政府根据实际情况及时调整。

需要注意的是,评估房地产价值时要综合考虑房地产的区域位置、所处地段、建筑成本、影子价格、级差地租、历史成本、实际面积、户型格局和楼层朝向等因素,由各省、自治区、直辖市人民政府根据地区房价变动趋势,设置3~5年的再评估周期,房地产持有人严格遵循各省、自治区、直辖市的房地产评估政策,以最后一次评估日期作为基准,按期做好个人房地产价值的再评估,以确保评估价值科学准确。

(四) 房地产税的适用税率

1. 经营性房地产房地产税的适用税率

《房产税暂行条例》明确规定,按照房产余值和房产租金收入计算缴纳的税率分别为1.2%和12%;《城镇土地使用税暂行条例》明确规定,城镇土地使用税每平方米年应纳税额范围为0.6~3元,包含了各种城市类型,但税率设定不能简单地对上述两个税种的税率进行叠加,且要保证房地产税收入规模高于或等于现行房产税和城镇土地使用税收入之和,按照本书对房地产税的定义及其纳税人情况看,其征税范围具体包括经营性房地产和个人住房,因此应对经营性房地产和个人住房的税率加以区分,借鉴刘尚希等(2018)对北京市经营性房地产税率0.82%的测算结果,本书建议将经营性房地产的税率确立为0.8%~1.2%的浮动税率,由各省、自治区、直辖市根据地区的财政缺口、经济发展水平等实际情况进行调整。

2. 个人住房房地产税的适用税率

对个人住房征收房地产税属于开征房地产税后的新增纳税科目,其税率的确定尚无具体的依据,本书认为应以上海市和重庆市两个房产税试点地区的税率设置作为参考,短期内确立较为灵活的税率区间,待房地产税正式立法后再以明确的法律作为依据,本书主要从兼顾居民纳税能力、降低纳税人税负痛感和提高纳税接受度等角度出发,测算个人住房房地产税税率情况,具体思路如下。

(1)设定个人住房房地产税税率测算参数。

第一,确立房地产税计算公式。按照现行从价计征的房产税税额计算方式,其个人住房房地产税计算公式为

$$个人住房房地产税收入 = 住宅评估价值 \times (1 - 扣除率) \times 税率$$
$$= 住宅市场价值 \times 评估率 \times 计税比例 \times 税率$$
$$个人住房房地产税税基 = 住宅市场价值 \times 评估率 \times 计税比例$$

第二,明确房地产税评估率。房地产评估率主要是指评估价值对市场价值的反应程度,评估率越接近1说明评估准确性越高,评估率越接近0说明评估准确性越低,本书假定评估率为1。

第三,确定房地产扣除率。扣除率是指房产原值扣除一定比例的房地产剩余价值,其是计算计税价值的重要依据,本书借鉴上海市房产税试点设定的30%的扣除率,将个人住房房地产税的计税价值比例设定为70%。

第四，确立比例税率计征的税率方式。从征税的普遍性、便捷性和经济性等角度出发选择按比例税率计算房地产税收入的计征方式。

（2）测算普通居民纳税能力。国际上房地产税税负在2.5%~5%的区间范围内变化，本书参考国际上房地产税税负区间，确保我国个人住房房地产税税负低于国际水平，并将其按照0.5%为一个区间分6档进行分析。

本书选取2013~2020年全国住宅销售额与住宅销售套数的比值计算全国住宅市场价值，选取2013~2020年全国人均可支配收入与平均家庭户数的乘积反映全国家庭平均收入情况，具体数据选取及计算情况见表6-2，对个人住宅房地产税税率进行测算结果见表6-3。

表6-2　　　　住宅市场价值和全国家庭平均收入计算结果

年份	全国住宅销售额（亿元）(1)	住宅销售套数合计（套）(2)	全国住宅平均价值（元）(3)	全国家庭平均收入（元）(4)	全国居民人均可支配收入（元）(5)	平均家庭户规模（人/户）(6)
2013	67694.94	11046279	612830.26	54566.18	18310.80	2.98
2014	62410.95	10104351	617664.11	59896.29	20167.10	2.97
2015	72769.82	10578898	687877.13	68095.22	21966.20	3.10
2016	99064.17	12822565	772576.86	74083.31	23821.00	3.11
2017	110239.51	13361411	825058.90	78700.61	25973.80	3.03
2018	126374.08	13285469	951220.31	84684.00	28228.00	3.00
2019	139439.97	13216466	1055047.32	89739.78	30732.80	2.92
2020	154566.96	13555925	1140216.99	80150.11	32188.80	2.49

注：(3) = (1) ÷ (2)，(4) = (5) × (6)。
资料来源：《中国统计年鉴》（2014~2021年）。

表6-3　　　　个人住房地产税税率模拟测算结果

年份	全国住宅平均价值（元）	评估率	计税比例	税基（元）	全国家庭平均收入（元）	税率（%）					
						税负2.50%	税负3.00%	税负3.50%	税负4.00%	税负4.50%	税负5.00%
2013	612830.26	1	0.7	428981.18	54566.18	0.32	0.38	0.45	0.51	0.57	0.64
2014	617664.11	1	0.7	432364.88	59896.29	0.35	0.42	0.48	0.55	0.62	0.69
2015	687877.13	1	0.7	481513.99	68095.22	0.35	0.42	0.49	0.57	0.64	0.71
2016	772576.86	1	0.7	540803.80	74083.31	0.34	0.41	0.48	0.55	0.62	0.68

续表

年份	全国住宅平均价值（元）	评估率	计税比例	税基（元）	全国家庭平均收入（元）	税率（%）				
						税负 2.50%	税负 3.00%	税负 3.50%	税负 4.00%	税负 4.50%	税负 5.00%
2017	825058.90	1	0.7	577541.23	78700.61	0.34	0.41	0.48	0.55	0.61	0.68
2018	951220.31	1	0.7	665854.22	84684.00	0.32	0.38	0.45	0.51	0.57	0.64
2019	1055047.32	1	0.7	738533.12	89739.78	0.30	0.36	0.43	0.49	0.55	0.61
2020	1140216.99	1	0.7	798151.89	80150.112	0.25	0.30	0.35	0.40	0.45	0.50

由表6-3可看出：为保持个人住房房地产税税负维持在2.5%~5%的区间范围内，个人住房房地产税税率可确立在0.25%~0.71%的区间范围内。但因本书对个人住房房地产税税率的测算仅考虑了普通住宅，且是对全国平均住房价格的一个估算，而对高档住房和多套住房等房屋价值，商品房、公有住房、保障性住房和大小产权房等住房属性，以及对人均免税面积和免税额等情况暂时未作考虑。

因此，本书建议个人住房房地产税率设置为0.3%~1.2%的浮动区间，由各省、自治区、直辖市根据地区实际情况予以调整，对高于测算税率区间部分，统筹考虑不充分的个人住房类型，确保个人住房房地产税税率设置的公平合理。诚然，探究个人住房房地产税税率的设置仅是房地产税改革的一个环节，房地产税改革还应统筹兼顾、稳步推进。

四、房地产税其他要素

（一）房地产税的税收优惠

《房产税暂行条例》和《城镇土地使用税暂行条例》对房产和城镇土地的税收减免事项作出了具体的规定。本书认为，房地产税的税收优惠条件制定应以上述相关规定为基础和依据，遵循量能负担、税收中性、税收法定、地方授权和夯实收入等基本原则，将房地产税的免税条件确立为：一是国家机关、人民团体、军队自用的房地产；二是由国家财政部门拨付事业经费的单位自用的房地产；三是宗教寺庙、公园、博物馆、名胜古迹自用的房地产；四是市政街道、广场、绿化地带等公共用地占用的房地产；五是行使国家行政管理职能的中国人民银行总行（含国家外汇管理局）所属分支机构自用的房地产。

可经财政部、国家税务总局批准的其他减免条件包括：一是慈善机构用于公益慈善事业的房地产；二是养老服务机构自用的房地产；三是农村居民的个人保障性住房（如公有住房和廉租房等）及企业向员工提供的自有住房经财政和税务部门核定符合减免要求的可暂免征收；四是65岁以上（含65岁）孤寡老人、残疾人的唯一房地产，经财政和税务部门核定符合减免要求的可暂免征收；五是给予区域引进的高层次人才唯一的首套住房一定的房地产税减免优惠。

除上述条件外，房地产持有人纳税困难的，报经当地人民政府批准，可酌情暂缓征税、减税或免税。此外，各省、自治区、直辖市可根据全国税收政策变化和地区经济发展实际情况适时调整房地产税的其他减免条件等。

（二）房地产税的纳税期限

《房产税暂行条例》明确规定，实行按年征收、分期缴纳；《城镇土地使用税暂行条例》也明确规定，其实行按年计算、分期缴纳，而房产税和城镇土地使用税的缴纳期限均由省、自治区、直辖市人民政府确定。由于我国各地区经济发展水平、房地产市场发育程度和纳税人纳税能力等不同，房地产税改革在不同地区实现的预期效果不同，尤其是贫困地区房地产税改革会有一定的政策滞后性。

因此，本书建议将房地产税的纳税期限在短期内设置为按年征收、分期缴纳，由各省、自治区、直辖市人民政府确定具体的缴纳期限；长期内通过出台《中华人民共和国房地产税法》及优化《中华人民共和国税收征管法》等举措进一步明确房地产税的纳税期限。

（三）房地产税的征收办法

我国房产税和城镇土地使用税的征收管理主要依据《房产税暂行条

例》《城镇土地使用税暂行条例》《中华人民共和国税收征管法》等法律规定，因此房地产税的征收管理也应严格遵循即将出台的《中华人民共和国房地产税法》或房地产税相关暂行条例及《中华人民共和国税收征管法》明确规定的征管办法。

需要注意的是，由于国内相关研究及本书提出房地产税的计税依据主要是房地产的评估价值，因此确立科学准确的房地产评估方法是提高其税收征管质效的核心，如建立省级税务部门联合评估模式，逐步扩展到市县级税务部门评估，充分利用市场中的第三方评估机构的优点，促进房地产税能在各级税务部门之间顺利开展，有序征收；提高税收征管信息化和现代化水平，充分运用互联网、区块链和5G等现代化征管技术强化对房地产税的监控和管理，推动具有中国特色的房地产税征管信息系统早日建成。

五、房地产税收入规模的测算

（一）房地产税收入测算的基本思路

房地产税因其税基为不动产，具有较强的特殊性，开征房地产税后，房地产税收入必然随着房地产市场和社会经济的快速发展而呈现一定的上升趋势，并能为地方政府税收收入稳定增长提供有力支撑。按照将房地产税确立为地方主体税的基本观点，其应具有充足的税源和广泛的税基。

本书对2016~2020年的房地产税收入规模进行测算分析。其中房地产税的税率以本书提出的0.3%~1.2%的个人住房房地产税税率区间为依据，并将其划分为0.3%、0.6%、0.9%和1.2%四个档次分别测算；房地产税的征收率按照70%和100%两种情况进行估算；房地产税的税基包括存量和增量两个部分，其增量部分的房地产税税基主要以当年全国商品房销售额表示，既包括经营性房地产，又包含了个人住房；存量部分的房地产税税基分别用城镇居民住房市场价值和农村居民住房市场价值表示，具体公式如下。

城镇居民住房市场价值＝城镇居民人均住房建筑面积×城镇人口×当年及其前十年间的个人住房平均销售价格，如 2016 年个人住房平均销售价格为 2007～2016 年个人住房的平均销售价格，其他年份同此计算。

农村居民住房市场价值＝农村居民人均住房建筑面积×农村人口×当年及其前十年间的个人住房平均销售价格，如 2016 年个人住房平均销售价格为 2007～2016 年个人住房的平均销售价格，其他年份同此计算。

（二）房地产税收入测算的具体过程

将 2016～2020 年房地产税的增量和存量的税基经过计算或查找数据进行汇总分析，税基具体情况见表 6－4。

表 6－4　　　　　2016～2020 年我国房地产税的税基情况

年份	房地产税税基						
	存量						增量
	城镇居民人均住房建筑面积（平方米）	城镇人口（万人）	城镇居民住房市场价值（亿元）	农村居民人均住房建筑面积（平方米）	农村人口（万人）	农村居民住房市场价值（亿元）	商品房销售额（亿元）
2016	36.60	81924	1570781.45	45.80	57308	1375004.94	117627.05
2017	36.90	84343	1750831.13	46.70	55668	1462484.76	133701.31
2018	39.00	86433	2064095.24	47.30	54108	1567141.31	149614.42
2019	39.80	88426	2324920.97	48.90	52582	1698599.94	159725.12
2020	38.60	90220	2483573.99	43.75	50992	1590988.64	173612.66

资料来源：根据《中国统计年鉴》（2017～2021 年）及住建部官网信息整理所得。

本书对房地产税收入规模的测算具体分为三种情况，即对增量房地产、增量房地产和城镇居民个人住房，以及对所有增量房地产及存量的城镇和农村个人住房征收房地产税，具体测算结果见表 6－5。

表6-5　　　　　　2016~2020年不同征税标准下房地产税收入规模及其占比情况

年份	房地产税收入及占比	70%征收率				100%征收率			
		税率 0.30%	税率 0.60%	税率 0.90%	税率 1.20%	税率 0.30%	税率 0.60%	税率 0.90%	税率 1.20%
2016	全年新增房地产税收入（亿元）（1）	247.02	494.03	741.05	988.07	352.88	705.76	1058.64	1411.52
	全年新增房地产税收入（亿元）（2）	3545.66	7091.32	10636.97	14182.63	5065.23	10130.45	15195.68	20260.90
	全年新增房地产税收入（亿元）（3）	6433.17	12866.34	19299.50	25732.67	9190.24	18380.48	27570.72	36760.96
	（1）占地方税收收入的比重（%）	0.38	0.76	1.15	1.53	0.55	1.09	1.64	2.18
	（2）占地方税收收入的比重（%）	5.48	10.96	16.44	21.92	7.83	15.66	23.49	31.32
	（3）占地方税收收入的比重（%）	9.94	19.89	29.83	39.78	14.21	28.41	42.62	56.82
2017	全年新增房地产税收入（亿元）（1）	280.77	561.55	842.32	1123.09	401.10	802.21	1203.31	1604.42
	全年新增房地产税收入（亿元）（2）	3957.52	7915.04	11872.55	15830.07	5653.60	11307.19	16960.79	22614.39
	全年新增房地产税收入（亿元）（3）	7028.74	14057.47	21086.21	28114.94	10041.05	20082.10	30123.15	40164.21
	（1）占地方税收收入的比重（%）	0.41	0.82	1.23	1.64	0.58	1.17	1.75	2.34
	（2）占地方税收收入的比重（%）	5.76	11.53	17.29	23.05	8.23	16.47	24.70	32.93
	（3）占地方税收收入的比重（%）	10.24	20.47	30.71	40.94	14.62	29.24	43.86	58.49
2018	全年新增房地产税收入（亿元）（1）	314.19	628.38	942.57	1256.76	448.84	897.69	1346.53	1795.37
	全年新增房地产税收入（亿元）（2）	4648.79	9297.58	13946.37	18595.16	6641.13	13282.26	19923.39	26564.52
	全年新增房地产税收入（亿元）（3）	7939.79	15879.57	23819.36	31759.15	11342.55	13282.26	19923.39	26564.52
	（1）占地方税收收入的比重（%）	0.41	0.83	1.24	1.65	0.59	1.18	1.77	2.36

续表

年份	房地产税收入及占比	70%征收率				100%征收率			
		税率 0.30%	税率 0.60%	税率 0.90%	税率 1.20%	税率 0.30%	税率 0.60%	税率 0.90%	税率 1.20%
2018	(2) 占地方税收收入的比重（%）	6.12	12.24	18.36	24.48	8.74	17.49	26.23	34.97
	(3) 占地方税收收入的比重（%）	10.45	20.91	31.36	41.81	14.93	29.87	44.80	59.73
2019	全年新增房地产税收入（亿元）(1)	335.42	670.85	1006.27	1341.69	479.18	958.35	1437.53	1916.70
	全年新增房地产税收入（亿元）(2)	5217.76	10435.51	15653.27	20871.03	7453.94	14907.88	22361.81	29815.75
	全年新增房地产税收入（亿元）(3)	8784.82	17569.63	26354.45	35139.27	12549.74	25099.48	37649.21	50198.95
	(1) 占地方税收收入的比重（%）	0.44	0.87	1.31	1.74	0.62	1.24	1.87	2.49
	(2) 占地方税收收入的比重（%）	6.78	13.56	20.33	27.11	9.68	19.37	29.05	38.73
	(3) 占地方税收收入的比重（%）	11.41	22.82	34.24	45.65	16.30	32.61	48.91	65.21
2020	全年新增房地产税收入（亿元）(1)	364.59	729.17	1093.76	1458.35	520.84	1041.68	1562.51	2083.35
	全年新增房地产税收入（亿元）(2)	5580.09	11160.18	16740.28	22320.37	7971.56	15943.12	23914.68	31886.24
	全年新增房地产税收入（亿元）(3)	8921.17	17842.34	26763.50	35684.67	12744.53	25489.05	38233.58	50978.10
	(1) 占地方税收收入的比重（%）	0.49	0.98	1.46	1.95	0.70	1.40	2.06	2.79
	(2) 占地方税收收入的比重（%）	7.47	14.95	22.42	29.89	10.68	21.35	32.03	42.70
	(3) 占地方税收收入的比重（%）	11.95	23.90	35.84	47.79	17.07	34.14	51.20	68.27

注：(1) = 商品房销售额×税率×征收率；(2) = (商品房销售额+城镇居民个人住房市场价值)×税率×征收率；(3) = (商品房销售额+城镇居民个人住房市场价值+农村居民个人住房市场价值)×税率×征收率。(1) 占地方税收收入的比重 = (1) ÷ 地方税收收入×100%［(2)和(3)同］。

第一，仅对增量房地产征收房地产税。在70%和100%两种征收率的情况下，2016～2020年房地产税收入规模总体呈逐年上升趋势，其中在

70%征收率的情况下，2016~2020年房地产税收入在0.3%~1.2%的税率区间内占地方税收收入的比重在0.38%~1.95%的范围内；在100%征收率的情况下，2016~2020年房地产税收入在0.3%~1.2%的税率区间内占地方税收收入的比重在0.55%~2.79%范围内。由此可看出，仅对增量房地产征收房地产税的征收效果不够明显。

第二，对增量房地产和城镇个人住房征收房地产税。在70%和100%两种征收率的情况下，2016~2020年房地产税收入呈逐年上升趋势，其中在70%征收率的情况下，2016~2020年房地产税收入在0.3%~1.2%的税率区间内占地方税收收入的比重在5.48%~29.89%范围内；在100%征收率的情况下，2016~2020年房地产税收入在0.3%~1.2%的税率区间内占地方税收收入的比重在7.83%~42.70%范围内。由此可看出，对增量房地产和城镇个人住房征收房地产税征收效果明显。

第三，对所有增量房地产及存量城镇和农村个人住房均征收房地产税。在70%和100%两种征收率情况下，2016~2020年房地产税收入规模呈逐年上升趋势，其中在70%征收率的情况下，2016~2020年房地产税收入在0.3%~1.2%的税率区间内占地方税收收入的比重在9.94%~47.79%范围内；在100%征收率的情况下，2016~2020年房地产税收入在0.3%~1.2%的税率区间内占地方税收收入的比重在14.21%~68.27%范围内。由此可以看出，对所有增量房地产及存量城镇和农村个人住房均征收房地产税增收效果明显，但因农村房产和城镇房产市场价值之间存在较大差异，若按照相同税率、征收率和住宅平均销售价格征收将进一步扩大城乡居民收入差距，因此若对农村个人住房征收房地产税其税率应合理考量。

（三）房地产税收入测算的主要结论

根据测算结果可以看出，房地产税税基呈逐年扩大态势，作为地方主体税有着较强的可行性。但需要注意的是，房地产税的征税对象在对存量和增量房地产进行征税时，要合理设置税率。

以2020年对所有存量和增量房地产进行征税为例，其收入规模约占地方税收收入的68.27%，这无疑会增加房地产所有者税负，难以为纳税人所接受，且农村和城镇居民个人住房按照相同的住宅平均销售价格计算违背了税收公平原则，同时本书测算未考虑到人均免税面积或免税额等减免情况。

因此，房地产税既对存量房产，也对增量房产进行征税时，税率设置要兼顾城镇居民的税负承受能力，设置科学合理的税率、免税区间和免税群体。

第三节 消费税优化思路与设计

一、消费税优化方案的选择

我国高度重视消费税改革问题，特别是"营改增"后深化地方税税制改革和健全地方税体系被置于重要战略高度，并在党中央多次重要会议中提出，学界关于消费税改革的基本思路可具体概括为以下两种改革方案。

（一）设立销售税（零售税）方案

该方案是取消零售环节增值税并设立为销售税（零售税），即在商品进入零售环节之前征收增值税，全额作为中央税，而在商品进入零售环节之后取消增值税而整合其相关税种按照商品价格的一定比例开征销售税，全额作为地方税，其代表性观点如郭庆旺等（2013）、吕冰洋（2013）、庞凤喜等（2020）。

该方案的优势主要表现为：一是转变地方政府执政理念，零售环节征收增值税时，地方政府"唯GDP论"较为严重，而开征销售税后，有利于引导地方政府由为生产者服务转变为消费者服务，进而提高公共产品与服务的供给质量；二是开征销售税有利于约束地方政府行为，零售环节征收增值税使得地方政府为追求税收收入的高增长率，而引发盲目和过度投资第二产业的情况，而改征消费税后能够有效减少地方政府盲动投资行为；三是缩小区域财力差距，增值税作为价外税税负难以转嫁，而将零售环节的增值税改征销售税，税负不易转嫁，同时对所有消费者进行征收，一定程度上能够缩小区域财力差距；四是引导地区居民的消费和投资行为，由于消费税具有一定地域性特点，因此地方政府可通过调整销售税征税范围和制定税收优惠政策等举措对居民消费行为产生一定的引导性。

诚然，开征销售税也有着一定弊端，如销售税属于新开征的税种，其征收将直接增加纳税人的税收负担，且其涉及的纳税人数量较多，易引发纳税人的消极抵触心理，税收征管成本和难度较大；我国自2015年提出减税降费政策以来，减税降费规模不断扩大，开征新税种一定程度上与减税政策目标相背离等。

（二）消费税扩围与后移改革方案

该方案是通过将其征收环节由生产环节后移至零售环节改造现行消费税，扩大消费税的征税范围，并将消费税由中央税调整为中央与地方共享税，代表性观点如贾康等（2014）、林颖等（2014）、储德银等（2015）、冯俏彬（2017）、张学诞（2018）、刘磊等（2020）。依据2021年国务院印发的《实施更大规模减税降费后调整中央与地方收入划分改革推进方案》中提出的"消费税改革调整的存量部分核定基数，由地方上解中央，增量部分原则上归属地方"的规定，部分学者也对此进行了探讨，有人主张后移消费税至零售环节后，将消费税的存量部分划归中央财政，消费税改革的增量部分稳步下划地方（刘磊等，2020；孙玉栋等，2021）；还有人认为，卷烟、酒、成品油和小汽车四个税目的消费税收入占比高达99%以上，应研究将其部分税目下划至地方（葛玉御，2020），这是消费税收入划分的两种观点。

本书认同消费税适宜划分为共享税的观点，因为短期内将高档手表、贵重首饰和珠宝玉石等零售环节征收的部分消费税划归地方所有，长期内将"卷烟、酒、成品油和小汽车"等由中央的消费税收入以"分成分享型"或"税基分享型"或"比例分享型"等方式下划给地方，将消费税增量收入划归地方，使消费税成为地方政府的重要收入来源。该方案具备以下优势。

第一，引导地区消费行为。1994年《中华人民共和国消费税暂行条例》明确规定，消费税的课税对象主要包括烟和酒等劣质消费品，高档化妆品和高档手表等高档消费品，成品油等污染性消费品等，而随着我国居民消费结构不断调整，逐渐将私人飞机等高档消费品纳入征税范畴，反映了消费税通过调整征税范围能有效引导消费行为。

第二，夯实地方财政收入。通过将车辆购置税调整为消费税的征税对象和扩大消费税征税范围有利于增加地方财政收入，如2020年消费税和车辆购置税收入分别为12028.10亿元和3530.88亿元，合计为15558.98亿元，约占地方一般公共预算收入（100143.16亿元）的15.54%，在继续扩大征税范围的情况下，其税收收入占比势必会更高。

第三，深化财税改革之需。党的十九大以来，党中央、国务院多次提出"推进征税环节后移并稳步下划地方"等消费税改革意见，为深化消费税改革和完善现代税收制度指明了方向，因此征税环节后移并下划至地方是深化财政体制改革的重要保障；四是消费税具有内在稳定器功能，即经济发展速度较快时，消费税收入增长较其他税种更为平稳，而当经济下行时，消费税收入下降速度较其他税种较为缓慢，总体上对经济波动的反应较为平缓。

诚然，该方案也有一定的不足，如消费税收入中卷烟、酒和成品油等税目在消费税收入中占据了较高比重，其体现了政府对特殊消费品的调节功能和政策导向，消费税的改革需进一步研究和测算，以明晰其收入归属，避免其改革对地区利益分配和税源管理造成不必要的消极影响。结合学界对消费税改革两种主流观点的分析，本书认为第二种方案更为合理，并建议在此基础对消费税进行改革，将其确立为地方主体税，本章下文内容将具体阐释消费税"扩围"改革的举措。

二、消费税优化的基本原则

（一）税收负担整体适中性

我国现行消费税包括烟、酒、成品油等15个税目，大多是针对特殊消费品进行征税,而对消费税的扩围改革,多是主张将现行中央税中的车辆购置税和原营业税中的娱乐业、部分服务业等,以及新增的消费税税目一并归入消费税的征税范围征收零售环节的消费税,该项改革将直接增加纳税人的税收负担。

虽然我国宏观税负①(如2020年我国宏观税负约为15.19%)低于发达经济体,但仍高于印度和俄罗斯等新兴经济体,因此为保证纳税人的合法权益和全面贯彻落实大规模减税降费方针政策,消费税的扩围改革应保持零售环节的消费税税率合理,以确保消费者的整体税负维持在合理区间。

(二) 市场资源流通合理性

现行对生产环节征收消费税的课征模式,易引发部分地方政府为保证地方财政收入持续增收,出现以各种手段对地方应税消费品流通进行保护的行为,这将阻碍应税消费品在市场中的合理和有序流通,降低其相关产业的市场配置效率。

若地方政府对某类应税消费品过度依赖,会加大地区产业的转型难度,而将消费税改在零售环节课征在一定程度上有利于缓解上述情况,同时改善地方政府争相投资建厂、地方封锁割据和不正当税收竞争等行为,但在应税消费品税目选择上,应考虑到地区资源配置的均衡性和差异性等特点,尽量保证资源配置的区域均衡,从而利用消费税促进市场资源有效流通。

(三) 区域产业结构调节性

消费税实质上是通过应税消费品价格的调整,进而影响社会生产和居民消费,因而征收消费税不仅能够影响居民消费总量,更能优化产品和产业结构。对零售环节的应税消费品征收消费税有利于居民对其个人消费所征的税形成更为清晰的认识,并通过各类消费品消费税征收情况调整个人

---

① 宏观税负率=税收收入/国内生产总值×100%。

消费结构。

地方政府部门可根据居民消费结构的变动优化区域产业结构，同时也可根据产业结构目标变动情况调整应税消费品价格，再通过消费品价格变化影响居民消费，形成零售环节消费税对个人消费结构和区域产业结构间的有效调整和良性互动，最终发挥消费税对区域产业结构的调节作用。

（四）税收征管举措便利性

部分学者建议将车辆购置税和原营业税中的部分服务业，以及高档消费品和行为等并入消费税的征税范围，但因消费税的扩围改革涉及的纳税人数量较为庞大，同时消费税有着较大的作为地方主体税的可能性，所涉及的收入规模也会相对较大。

因此，征收零售环节的消费税应通过对其税收规模和税收负担的科学性、可行性和居民可承受度，以及征管成本等因素的科学测算，确保纳税人税负和税务部门征管成本保持在合理的范围内，促进消费税简便易征，进而从整体上提高消费税征管效率和消除纳税人的消极抵触心理。此外，鼓励税务部门积极应用现代化技术手段和信息系统提升税收征管效率。

三、消费税基本要素的优化

（一）消费税的纳税人

根据《中华人民共和国消费税暂行条例》对消费税纳税人的规定，以及国家和学界提出的消费税"扩围"和"后移"改革思路，本书将消费税的纳税人释义为：在中华人民共和国境内销售税法规定的应税消费品的单位和个人。

上述销售主要是指将应税消费品销售给单位和个人的行为，是一种应税消费品所有权的有偿转让，具体分为实体店销售，上门推销、电话销售、微信销售等无铺销售。需要注意的是，经营单位或个人将应税消费品用于馈赠、赞助、集资和奖励等行为视同销售；委托销售和受托销售应税消费品的，视同委托方发生零售行为。

（二）消费税的征税对象

我国现行消费税包括15个税目，按照消费税作为地方主体税的改革要求，建议将黄酒、啤酒等与居民息息相关的消费品从消费税应税科目中去除；将2008年以来兴起的，符合应税消费品特征的产品或消费行为纳入消费税的应税科目，如将一次性不可降解物、印染、电镀、电解、金属冶炼、化工产品、造纸、煤炭制品等高污染高耗能产品和名人字画、古玩、高档服饰、高档箱包、私人飞机、高档装饰等高档消费品，以及狩猎、赛马、夜总会、私人会所和高档俱乐部等高档消费行为纳入消费税课税范围。

因车辆购置税是指对在中国境内购买应税车辆的单位和个人进行征税，征税对象具有较强的地方依附性，与消费税应税科目中的私人飞机、游艇和高档家具等高档消费品交易具有一定的相似性，因此可考虑将车辆购置税及其征税科目中的电车、挂车和农用运输车等并入消费税的征税范围，作为消费税的重要税目之一；将原营业税中的娱乐业、服务业等部分税目纳入到消费税的征税范围等。

（三）消费税的计税依据

《中华人民共和国消费税暂行条例》明确规定消费税实行从价定率、从量定额和白酒、卷烟从价定率和从量定额复合计税的办法计算消费税的应纳税额，其中从价定率方式能够对消费者收入起到较好的调节作用，从量定额方式对纠正消费偏差和引导合理消费具有重要作用。

从价定率和从量定额复合计税办法兼具了上述两种征税办法的优点，但现行办法的显著缺陷之一就是透明度不高，因此结合将消费税后移至零售环节的改革方案，本书建议应实行价税分离的计征方式，即在商品零售价格中分别体现不含税价格、消费税税额和增值税税额等信息，以强化消费者对个人纳税情况及税务部门用税情况的了解和监督，从而更好地发挥消费税的导向性作用和促进地方政府更加切实有效地履行职能，同时改善部分商品生产、批发和零售环节出现的标价不统一问题。

（四）消费税的适用税率

消费税适用税率的确定旨在调整和优化居民消费结构、抑制有害消费、调控高档消费和促进健康消费等，以此为依据，本书提出消费税适用税率的调整方案，应继续遵循2008年修订的《中华人民共和国消费税暂行条例》中关于14个税目税率的规定，其中各税目主要实行按比例税率或定额税率或比例和定额税率复合的计征方式，以及财政部、国家税务总局印发的《关于调整化妆品消费税政策的通知》中对化妆品消费税税率调整的相关规定，并结合我国税制改革目标适当调整，扩围消费税的税率设计总体上应保证其税收负担与现行消费税税负基本持平或略有微小波动，以使消费税改革目标与大规模减税降费政策目标相一致，避免因消费税改革给纳税人造成较大的税收负担。

税率设计主要表现为：对高污染和高耗能应税消费品应设置较高税率，其具体税率应根据污染程度和资源消费量的测算结果而设置，以起到"寓禁于征"的效果；对私人飞机、高档箱包等高档消费品的税率可分别参考游艇和高档手表的税率水平进行设置，如将私人飞机的税率设置为10%，高档箱包、名人字画和古玩的税率设置为10%；狩猎、赛马、夜总会、私人会所和高档俱乐部等高档消费行为的税率可暂时设置为10%；对纳入消费税中的车辆购置税和原营业税中的部分服务业和娱乐业税率可暂时维持原税率不变。此外，部分税目应随税制改革的推进适当调整，如黄酒和啤酒已成为人们生活的必需品之一，建议逐步取消消费税征收，以降低中等收入群体的消费税税负；将游艇和高尔夫球及球具的税率由10%适当上调，待政策稳定后，对逐步开征消费税的高档消费品和高档服务设置较高的税率，以形成对高收入群体高档消费行为的有力约束，税率调整和新增税目的税率设置及其改革建议情况见表6-6。

表 6-6　　　　　　　消费税税目、税率设置及修订建议

税目		税率	优化建议
原税目	1. 黄酒	240 元/吨	因黄酒和啤酒已逐步成为人民的必需品，对个人消费的调节作用有限，在大规模减税降费政策背景下，建议黄酒和啤酒逐步移出消费税征税科目
	2. 啤酒（1）甲类啤酒［每吨出厂价在 3000 元（含 3000 元）以上］	250 元/吨	
	（2）乙类啤酒（每吨出厂价在 3000 元以下）	220 元/吨	
	3. 游艇	10%	可逐步上调税率
	4. 高尔夫球及球具	10%	可逐步上调税率
新增税目	1. 私人飞机	10%	高档消费品中私人飞机与游艇性质相似，建议其税率与游艇保持一致，设置为 10%
	2. 狩猎、赛马	10%	建议将狩猎、赛马、夜总会、私人会所和高档俱乐部等高档服务的税率设置为 10%
	3. 夜总会	10%	
	4. 私人会所、高档俱乐部	10%	
	5. 高档箱包	20%	高档箱包、名人字画和古玩与高档手表性质相似，价值较高，因此以调节和引导合理消费为宗旨，将其税率设置为 20%
	6. 名人字画	20%	
	7. 古玩	20%	
	8. 电车	10%	按照将车辆购置税纳入消费税征税科目的基本要求，将车辆购置税中除汽车和摩托车的税目遵循原 10% 的比例税率纳入消费税征税范围
	9. 挂车	10%	
	10. 农用运输车	10%	
	11. 印染、电镀、电解、造纸	4%	印染、电镀、电解、造纸、化工产品和一次性不可降解物属于典型的高污染消费品，建议其税率与电池和涂料保持一致，设置为 4%
	12. 化工产品	4%	
	13. 一次性不可降解物	4%	
	14. 煤炭制品	5%	煤炭制品、金属冶炼属于典型的高能耗消费品，建议其税率与木制一次性筷子和实木地板保质一致，设置为 5%
	15. 金属冶炼	5%	

资料来源：根据《中华人民共和国消费税暂行条例》及消费税税目调整建议整理而成。

四、消费税其他要素的完善

（一）消费税的税收优惠

现行消费税的减免税优惠主要包括对用于外购或委托加工收回的已税

汽油生产的乙醇汽油、航空煤油（暂缓征收）和施工状态下挥发性有机物含量低于420克/升（含）的涂料等实行消费税免税政策，对生产销售达到低污染排放限值的小轿车、越野车和小客车减按30%征收消费税。

因此，本书建议消费税优惠政策的制定应遵循现行注重对节能环保行业政策优惠思路的基础上，继续发挥消费税对节能环保等绿色产业的政策调节功能，如对环境污染小、资源消耗量低、碳排放量少等绿色清洁产品加大消费税的税收优惠力度；积极出台支持可循环利用资源和能源发展的消费税优惠政策等。

（二）消费税的纳税环节

现行消费税税目中除金银首饰（含镶嵌首饰）、钻石及钻石饰品在零售环节征收，卷烟在批发环节加征一道消费税外，其他税目主要是在生产环节进行征收，生产环节征收消费税有利于降低税务部门征管成本和有效监控地区税源，进而提高税收征管效率，但随着消费税"后移"改革逐步推进，消费税纳税环节也应逐步由生产环节转为零售或批发环节征收，以减轻地方政府对生产环节税收的依赖。

诸如对高档消费品，由于其售价高利润大，可移至零售环节征收；对木制一次性筷子、实木地板等高耗能应税消费品，由于其利润小规模大，可移至批发环节征收，以降低税收征管成本；对烟酒等消费量大但危害居民身体健康的应税消费品，应在生产、批发和销售环节均征收消费税，以抑制居民消费等，虽然这种征税模式可能加大税收征管难度，然而我国税收征管技术和税源管理系统的不断优化升级，足以充分应对该挑战。当然，消费税改革后仍会存在部分不适合零售环节征收或征管成本较大的应税消费品，对此其应仍维持在生产环节进行征收。

（三）纳税期限和征收办法

《中华人民共和国消费税暂行条例》对消费税纳税期限和征收办法的相关规定较为全面和合理，能够满足消费税改革后的税收征管要求。因此，本书建议改革后的消费税纳税期限和征收办法维持现行相关规定，即消费税纳税期限依然设置为 1 日、3 日、5 日、10 日、15 日、1 个月或 1 个季度，纳税人的具体纳税期限，由主管税务机关根据纳税人应纳税额的大小分别核定；不能按照固定期限纳税的，可按次纳税；而消费税的征收管理依然遵循本条例及《中华人民共和国税收征收管理法》规定具体执行。

本章小结

本章是对地方双主体税定位与要素设计的研究，其内容包括明确房地产税和消费税的定位；阐释房地产税的演变与内涵、构建原则、基本要素、其他要素和收入规模测算等房地产税的设计与测算；释析消费税优化方案的选择、优化的基本原则、基本要素优化和其他要素完善等消费税的优化思路与设计。

第七章 优化地方税体系的总体思路与设计

第一节 优化地方税体系的总体思路

一、优化地方税体系的目标

(一) 优化地方税体系目标的总体目标

"十四五"规划纲要对健全地方税体系问题做了明确部署,结合我国税制改革目标,优化地方税体系的总体目标:以"十四五"规划纲要为指导,以保持中央与地方间财力合理分配为前提,以调整和完善中央与地方之间的税权划分为基础,以优化税制结构和完善现代税收制度为导向,以提高各级政府治理能力为目标,逐步形成税权划分明晰、税收法治完善、税种划分科学、税收征管高效、税收规模合理,且能够满足各级政府公共支出需求、兼顾社会公平与效率、正向激励地方政府行为的具有新时代中国特色社会主义的地方税体系。

(二) 优化地方税体系目标的阶段目标

1. 短期目标 (2~3年)

从短期看,现行地方税体系的主要问题是全国多个地区财政收不抵支现象严重，地方税收收入主要依赖共享税收入，因此本书建议 2~3 年的短期目标主要是形成以"共享税为主，地方税为辅"的地方税体系税种职能划分格局，即通过调整共享税地方分享比例形式发挥其对弥补地方财政缺口的重要作用，地方税通过深化改革等形式优化税种结构发挥辅助作用。

2. 中期目标（3~5 年）

基于前文提出的确立房地产税和消费税地方双主体税的基本观点，本书建议 3~5 年的中期目标是形成"共享税和地方税并重"的地方税体系格局，即进一步推进房地产税立法及开征，推动消费税征收环节后移和稳步下划至地方，发挥共享税和地方税对明晰央地收入划分和提高地方财政收入能力的协同功能，并推进未立法地方税种的法制化进程。

3. 长期目标（5~10 年）

本书建议 5~10 年的长期目标主要是形成以"地方税为主，共享税为辅"的地方税体系格局，促进税制结构优化，即统筹房地产相关税费改革，进一步完善房地产税制，发挥房地产税对地方税体系的主导作用及共享税对地方税收的有益补充，完成拟开征的遗产税和赠与税的立法及试点工作，并作为财产税体系的重要组成部分，以落实"健全直接税体系"政策要求。

二、优化地方税体系的原则

（一）坚持分税制财政体制基本原则

分税制财政管理体制克服了包干制和分成制的缺陷，与我国政治体制、经济制度和现实国情紧密契合，对中央与地方关系的处理是密切关系市场经济发展全局的，即在分税制财政管理体制框架下，中央与地方各级政府间的事权—财权—财力配置与市场经济体制、市场经济环境相适应。

所谓事权应将各级政府定位于既不"缺位"也不"越位"的职能边界；财权主要是指赋予各级政府与事权相匹配相适应的税基，以及合理分配各级政府的税种选择权、税率调整权和税费征管权等权力。只有中央与地方之间的事权与财权相适应，才能逐步实现事权与财力相匹配的目标。因此，优化地方税体系应坚持分税制的根本原则和基本要求，促进事权与财权相适应，进而规范和理顺中央与地方之间的财政关系。

（二）坚持与税制改革相适应的原则

地方税体系的各税种都是税制体系的重要组成部分，地方税税制改革置于全国宏观税制改革浪潮之中，因此宏观税制改革直接影响到地方税体系的优化，健全的税制是合理划分中央与地方间的税种、税源、税基的基础和依据。目前，我国中央政府实行增值税和所得税并重的"双主体"型的税制结构，其他税种在税制结构中地位较弱，而地方税税制中，尚未确立主体税。

随着党的十九大以来提出的"建立现代财政制度""深化税收制度改革，健全地方税、直接税体系""完善现代税收制度"等政策要求，为消费税、资源税和房产税等现行地方税种改革提供了重要指导方向。因此，我国地方税体系优化应与税制改革步伐保持一致、紧密适应，在增减税种、合并税种和优化税种的基础上，合理划分中央与地方之间的税权、税种和收入归属，避免中央税、共享税与地方税间的交叉和缺位，保障中央与地方财力分配能满足自身支出需要，促进我国整体税制公平及中央与地方税制的有效配合。

（三）坚持中央与地方财力适宜原则

我国中央政府承担着政治、经济、社会和国防等诸多方面的宏观调控任务，应充分保证中央本级事权和支出责任相匹配。同时，受区域经济发展不均衡的现实国情影响，中央政府还承担着对欠发达地区的财政转移支付职能，这需要中央政府拥有足够的财力作为保障。

此外，我国是一个发展中国家，经济发展水平和基本公共服务均等化程度等仍有待提升，地方政府承担着地方公共基础设施建设、环境与生态资源保护、城乡义务教育、医疗卫生和社会保障等公共服务职能，同样需拥有稳定充足的财力作为支撑和保障。因此,我国地方税体系优化既要保障中央财力的稳定性和持续性,又要使地方拥有必要的自主性财力,以逐步减轻地方政府对财政转移支付制度的路径依赖,进而激发地方政府自身的"造血"功能。

(四)坚持与税费制度联动改革原则

地方税体系改革是一项复杂的系统性工程,涉及中央与地方、政府与纳税人、政府与企业、地方各级政府之间横向与纵向的利益分配等关系,应统筹兼顾、循序渐进、稳步推进。非税收入在我国政府收入中占有较大的比重,如2020年我国一般公共预算收入中非税收入为28601.59亿元,约占一般公共预算收入的15.64%,中央和地方政府非税收入分别为3126.49亿元和25475.10亿元,分别占中央和地方一般公共预算收入的3.78%和25.43%。

有鉴于此,非税收入在地方政府财政收入中占比较高,而受其法律层级较低且规范性不足等因素的影响,非税收入管理的规范性仍有待提高。因此,地方税体系优化应注重与税费收入和转移支付制度等相关配套措施的联动改革,规范非税收入制度管理,如把各项基金收入、预算外收入一并纳入地方税税制改革视野中统筹考虑,完善探矿权、采矿权等收入与矿山资源税制的搭配设计;落实将土地出让收入划归税务部门征管的要求,规范土地出让收入与房地产相关税收之间的关系等(刘尚希和张学诞,2018),逐步形成科学、系统、有机配合的地方税收与非税收入体系。

三、优化地方税体系的框架

地方税体系涉及中央与地方之间财政关系的规范、税收权限的划分、税收收入的分成、税种格局的设置、征管机构的优化和非税收入的管理等方面,其体系的优化要综合考虑上述诸多因素,本节主要就其税种格局和共享税收入分成问题进行讨论,以期提出地方税体系的优化框架。

(一) 地方税种格局的调整

本书建议从对现有税种的重划属性和优化合并,以及适时新增部分税种等角度调整地方税种格局来优化地方税体系,其中重划属性的税种包括将车辆购置税纳入消费税之中,作为消费税的重要税目之一,如王乔等 (2015) 也提出了此类观点。优化合并的税种包括将现行的房产税和城镇土地使用税打造为新的房地产税,因重划属性和优化合并的税种的具体原因已在第六章阐释,本部分重点阐释拟新增的税种。

本书认为,优化地方税体系适时新增的税种包括遗产税和赠与税,其原因基于以下方面:遗产税和赠与税是典型的直接税,适时开征与"十四五"规划纲要提出的"健全地方税、直接税体系"等政策要求不谋而合,且其也是对现行财产税和直接税体系的有益补充,将直接增加高净值人群的财产税税负(孙玉栋和庞伟,2021);开征遗产税和赠与税能实现对高收入群体收入的有效调节作用,2008~2020 年我国基尼系数始终在 0.465~0.469 徘徊,远高于 0.4 的国际警戒标准,反映了我国居民收入差距过大,运用税收实现对收入分配的调节是实现社会公平的重要手段。

需要注意的是:遗产税和赠与税都是调节居民财富的重要税收手段之一,只是调节重点和方向不同,在税制设计方面也应注意发挥赠与税对遗产税的有益补充作用。诚然,遗产税和赠与税的开征面临着诸多挑战,但仍需积极主动厘清其基本价值取向、凝聚社会共识和准备相关要素设计,为长期内深化现代税收制度改革打好坚实基础(贾康,2014)。

(二) 共享税分享比例调整

地方主体税缺位使得共享税收入成为地方税收收入的重要来源,关于共享税中央与地方分享方式和比例的调整,学界持有不同意见,一是主张改革增值税分享方式,如姜竹等 (2019) 提出,实施增值税超额累进分成模式以弥补中央与地方"五五分成"引发的横向财政失衡;张克中等 (2021) 认为,增值税由中央与地方"3∶1"调整为"1∶1"的分享制度改革缓解了"营改增"造成的纵向财政失衡,但加剧了区域间的横向财政失衡，应从调整增值税征收原则和分享方式等角度出发重构增值税分享制度。二是主张调整增值税分享比例，如施文泼（2019）提出，综合生产地和消费地因素，结合健全地方税体政策要求，合理调整中央与地方增值税分享比例，特别是长期内提高中央增值税分享比例，降低地方分享比例。本书认同以调整共享税分享比例的方式弥补地方财力不足的基本观点，具体调整方案如下。

1. 增值税分享比例的调整

2016 年国务院发布的《全面推开营改增试点后调整中央与地方增值税收入划分过渡方案》规定，"营改增"后 2~3 年的过渡期，中央分享增值税的 50%，地方按税收缴纳地分享增值税的 50%。2019 年国务院发布的《实施更大规模减税降费后调整中央与地方收入划分改革推进方案》提出，保持增值税"五五分享"比例稳定，这反映了增值税"五五分享"是应对税制改革的重要举措。当然，也有部分学者认为增值税"六四分成"更符合我国国情，如王乔等（2015）提出，"营改增"后地方增值税分享比例不应超过 50%，建议中央与地方按照"六四分享"。因此，本书以 2015 年数据为例，探讨增值税按照中央与地方 6:4 和 5:5 分成两种情况的地方财政缺口问题，以期为其分享比例的进一步调整提供依据。2015 年营业税收入为 19312.84 亿元，其中中央营业税收入为 150.73 亿元，地方营业税收入为 19162.11 亿元，国内增值税收入为 31109.47 亿元，其中中央国内增值税收入为 20996.95 亿元，地方国内增值税收入为 10112.52 亿元，具体计算如下。

（1）中央与地方"六四分成"。其归属地方政府的收入为

地方政府收入 = 19162.11 + 10112.52 = 29274.63（亿元）

现假设"营改增"政策全面实施，按照中央与地方 75%:25% 的增值税分享比例，地方政府减少的收入为

$$19162.11 \times (1 - 25\%) = 14371.584 （亿元）$$

若增值税分享比例按照"六四分成"其归属地方政府的收入为

地方政府收入 =（19162.11 + 31109.47）× 40% = 20108.632（亿元）

地方政府减少的收入为

$$29274.63 - 20108.632 = 9165.998 （亿元）$$

从动态看,考虑到"营改增"政策的减税效应,按照2015年"营改增"5000亿元的减税规模标准,地方政府减少收入为

地方政府减少的收入 = 9165.998 + 5000 × 40% = 11165.998（亿元）

（2）中央与地方"五五分成"。其归属地方政府的收入为

地方政府收入 = 19162.11 + 10112.52 = 29274.63（亿元）

现假设"营改增"政策全面实施,按照中央与地方75%:25%的增值税分享比例;地方政府减少的收入为

$$19162.11 × (1 - 25\%) = 14371.584（亿元）$$

若增值税分享比例按照"五五分成",其归属地方政府的收入为

地方政府收入 = (19162.11 + 31109.47) × 50% = 25271.58（亿元）

地方政府减少的收入 = 29274.63 − 25271.58 = 4003.05（亿元）

从动态看,考虑到"营改增"政策的减税效应,按照2015年营改增5000亿元的减税规模标准,其地方政府减少的收入为

$$4003.05 + 5000 × 50\% = 6503.05（亿元）$$

基于此,本书认为,在地方主体税的缺位和大规模实施减税降费政策的背景下,短期内应遵循《实施更大规模减税降费后调整中央与地方收入划分改革推进方案》的要求,继续坚持增值税"五五分成"的划分原则;长期内推动增值税由"生产地"原则向"消费地"原则不断转变,进一步优化增值税分享方式,在纵向上保障各级政府财权、事权与支出责任相匹配,横向上综合考量不同区域财力获取差异,兼顾效率与公平。

2. 企业所得税分享比例的调整

为弥补"营改增"及大规模减税降费政策对地方财政收入的影响,本书建议将企业所得税中央与地方之间的"六四分成"调整为"五五分成",与增值税规模测算年度选取相同,以2015年企业所得税相关数据为例展开测算,全年企业所得税收入为27133.87亿元,其中中央企业所得税收入为17640.08亿元,地方企业所得税收入为9493.79亿元,具体计算如下。

地方、银行等汇总缴纳的企业所得税为:27133.87 − 9493.79 ÷ 40% = 3399.395（亿元）。若企业所得税收入按照"五五分成",则归属地方政府的收入为:(27133.87 − 3399.395) × 50% = 11867.2375（亿元）。地方政府

收入增加值为：11867.2375 - 9493.79 = 2373.4475（亿元）。

3. 个人所得税分享比例的调整

为弥补"营改增"及大规模减税降费政策对地方财政收入的影响，本书建议将个人所得税中央与地方之间的"六四分成"调整为"五五分成"，与增值税规模和企业所得税规模测算年度选取相同，以2015年个人所得税相关数据为例展开测算，全年个人所得税收入为8617.27亿元，其中个人企业所得税收入为5170.52亿元，地方个人所得税收入为3447.75亿元，具体计算如下。

个人所得税收入按照"五五分成"，则归属地方政府收入为4308.635亿元（8617.27×50%），其增加值为860.885亿元（4308.635 - 3447.75）。

因此，在地方增值税、企业所得税和个人所得税税收均按照五五分成的情况下，从宏观层面看地方政府税收收入减少3268.7175亿元（6503.05 - 2373.4475 - 860.885），一定程度上缓解了地方主体税缺位带来的地方财政缺口。

综上所述，本书认为应保持增值税中央与地方"五五分成"的比例不变，而将企业所得税和个人所得税的中央与地方分成比例由"六四分成"逐步调整为"五五分成"，这符合健全直接税体系和地方税体系的政策要求。

（三）地方税体系的新格局

结合前文关于地方税种格局调整和共享税收入分成等内容的表述，本书认为我国地方税体系的框架主要包括增值税、企业所得税、个人所得税、消费税、资源税、遗产税和赠与税等16个税种的新格局，具体税种、属性、共享税种收入分成和地方税种收入分配等情况见表7-1。

表7-1　　　　　　　　　未来地方税体系框架

税种	属性	分享比例	备注
增值税	共享税	遵循中央与地方5:5分成不变	收入归属省级政府的，由自治区、直辖市、省政府决定与市（县）的分成比例
企业所得税	共享税	中央与地方6:4分成调整为5:5分成	收入归属省级政府的，由自治区、直辖市、省政府决定与市（县）的分成比例

续表

税种	属性	分享比例	备注
个人所得税	共享税	中央与地方6:4分成调整为5:5分成	收入归属省级政府的,由自治区、直辖市、省政府决定与市(县)的分成比例
消费税	共享税	生产环节的消费税划归中央,零售环节的消费税划归地方	将车辆购置税纳入消费税征税范围,下划消费税至地方
资源税	共享税	海洋石油资源收入归中央,其他资源税收入归地方	
印花税	共享税	证券交易印花税收入全部归中央,其他收入归地方	
房地产税	地方税	收入全部归市(县)政府	原房产税与城镇土地使用税合并打造成新的房地产税
城市维护建设税	地方税	收入归市(县)政府	
耕地占用税	地方税	收入归市(县)政府	
土地增值税	地方税	收入归市(县)政府	
车船税	地方税	收入归市(县)政府	
契税	地方税	收入归市(县)政府	
烟叶税	地方税	收入归市(县)政府	
环境保护税	地方税	收入归市(县)政府	由省级政府市(县)政府分成比例
遗产税	地方税	收入归市(县)政府	收入归省级政府所有,由自治区、直辖市、省政府确定与市(县)的分成比例
赠与税	地方税	收入归市(县)政府	收入归省级政府所有,由自治区、直辖市、省政府确定与市(县)的分成比例

第二节 强化地方税体系法治化管理

一、全面落实税收法定原则

党的十九大以来提出的关于建立现代财政制度、深化税收制度改革等政策要求,是与党的十八届三中全会提出"落实税收法定原则"深度契合的，其实质上就是通过民主控制和程序规范等限制课税权的行使空间和方式，实现对纳税人的权利、个人尊严和主体性的维护，从而保证税制的法制性、科学性、权威性和稳定性。其具体路径可概括为从"无法"到"有法"、从"有法"到"良法"、从"良法"到"善治"三个阶段（刘剑文，2015），具体内容如下。

第一，加快税收立法的进程。我国现行18个税种中已有12个税种具有明确的法律规范，但地方税相关统领性法律法规仍不健全，以致我国税收立法供给数量有待提升，特别是与房产和土地相关的地方税法律规范明显缺失，因此遵循《贯彻落实税收法定原则的实施意见》及历届全国人大常委会立法规划的相关要求，加快将现行房产税、城镇土地使用税和土地增值税依据的行政法规和暂行条例上升为法律规范，同时废止有关税收条例内容，进一步推进科学立法和民主立法。此外，结合地方税及其收入征收管理需要，适时出台地方税统领性法律规范。

第二，提高税收立法的质量。随着我国法治化进程的不断推进，人民对法律需求已不是有没有法律，而是法律好不好、管不管用、能不能切实解决问题。因此，一是要完善立法工作程序和工作机制，推进人民代表大会制度与时俱进，提高其政治地位和专业能力；二是要推进科学立法和民主立法，建立健全信息公开和专家审议制度，通过座谈、听证、评估、公布法律草案等形式增强立法过程的透明性和公平性，以推动我国立法质量的提升。

第三，推进良法向善治转变。推进"良法"向"善治"转变是落实税收法定原则的最终环节，其实质就是让税法在实践中得到广大纳税人的自觉尊重和主动践行，具体包括：一是营造有法可依、有法必依、违法必究的社会法治环境，鼓励广大社会公众自觉学法知法懂法守法用法；二是建立科学的绩效考评机制，引导税务机关以绩效或指标为征收标准加快向以税收法律作为唯一的征收依据逐步转变，强化税务执法人员对税法权威的重视程度和敬畏之心，增强税收法律法规的权威性；三是健全监督和问责机制，切实保障纳税人的合法权益。

二、适时出台《税收基本法》

（一）明晰《税收基本法》的重要价值与地位

我国自 1995 年首次启动《税收基本法》的立法工作以来，学术界和政界对此展开了较为深入的研究。但截至 2022 年 12 月底，我国尚未出台正式的《税收基本法》或是等同于《税收基本法》性质的统领性税收法律法规，从《税收基本法》的历史变迁、理论基础、国际经验和现实困境等情况可看出，出台《税收基本法》是一项复杂的系统性工程。

因此，本书基于对现有研究成果的梳理和对我国税制改革的思考，认为《税收基本法》应是由全国人民代表大会及其常务委员会制定，具有税收领域最高的法律地位和法律效力，具体规定我国税收制度的一般性和共同性事项，以实现对现行 18 个税种及其相关法律法规的统领、约束、指导和协调功能，发挥其在税法体系中的税收母法作用，且能使税收法律中的基本问题更加系统和规范，进而为完善我国法律体系和加快税收法治化建设奠定重要基石。

（二）协调《税收基本法》与其他法律的关系

我国《税收基本法》尚未出台的重要原因之一在于其与其他相关法律法规之间存在一定的内容交叉，甚至是对同一问题的规定有一定的偏差，因此《税收基本法》的出台应从立法内容方面协调好其与各个法律之间的关系，如《税收基本法》与《宪法》应是子法与母法的关系，即《税收基本法》应在内容上服从和服务于《宪法》，由《宪法》对税收制度作出全面性和统领性规定，而由《税收基本法》负责规范和协调税收的一般性和共同性事项等。应做好以下三个协调：

第一，协调好《税收基本法》与《立法法》间的关系。我国《立法法》是规范立法活动的基本法律规范，因此《税收基本法》除对特殊的税收问题进行立法外无须对税收立法问题作出规定，而是遵循《立法法》的具体立法规定。

第二，协调好《税收基本法》与《税收征管法》间的关系。《税收征管法》对我国税收征收管理相关事项作出了具体规定，而《税收基本法》的出台需逐步缩小《税收征管法》的范围，把税务检查、纳税评估、税务违法处理和纳税人权利与义务等规定从《税收征管法》中剥离出来纳入《税收基本法》中，进一步规范《税收征管法》程序法的内容。

第三，协调好《税收基本法》与实体法间的关系。有效处理两者之间可能出现的内容重复、交叉等问题，促进彼此关系的协调统一（张义军，2015）。总体而言，应协调好《税收基本法》与现行各项法律之间关系及其地位的基础上，明确规定税收的性质、原则、税制、中央与地方税权划分、税收征管及征纳双方权利义务关系等内容，为落实依法治税理念和规范税法体系提供重要的法律保障。

三、加快地方税法治化进程

（一）强化地方税法治理念

严格遵循2021年全国财政工作会议提出的"加快构建现代财政法律制度体系"等相关政策要求，加快地方税法治化进程，强化法治理念。如以习近平新时代中国特色社会主义理论和全面依法治国总方略为指导，在把握社会主要矛盾的基础上，着力推进地方税、税收法治理念和理论创新。

全面优化地方税的法治环境，国家税务总局及地方各级税务局应严格依法履行税收职能，切实做到依法组织税收收入和落实各项税收政策，不断优化地方税体系，充分调动地方政府参与政府管理和经济建设的主动性和积极性。

着力提高税务人员执法能力，按照国家税务总局的要求，进一步加强税务干部队伍建设，提高税务干部法律素养，培养广大税务干部以法治思维分析和解决问题的能力，厚植向善向上良好氛围。此外，还可通过强化税务部门法治绩效考核和完善社会综合治税机制等举措（武汉市地方税务局课题组，2016），进一步强化地方税法治理念。

（二）完善地方税法律制度

习近平总书记指出，改革与法治如鸟之两翼、车之两轮，要坚持在法治下推进改革，在改革中完善法治。因此，地方税体系优化应加快完善地方税相关法律制度，如出台《地方税法》，明确《地方税法》的立法宗旨、立法依据、适用范围、调整对象、地方税种设立原则、中央与地方间的税权划分、地方税的税率确定方式和地方税优惠政策等内容，并将现行的地方税种、地方非税收入管理纳入《地方税法》的管理范畴，以进一步规范地方税管理。

完善《中华人民共和国税收征管法》，为地方税乃至整体税收征管提供重要的法律依据，切实提高税收征管工作质效，促进地方税收合法征收、合理征收和应收尽收。加快出台《中华人民共和国房地产税法》，明确规定房地产税的征税对象、征税范围、计征依据、税率方式和优惠政策等内容，以房地产税法的出台推进地方税体系的健全和完善。

第三节 明确中央与地方间税权划分

一、规范地方税的税权立法

国家税收法治建设是税权合法性的保障，能使中央与地方之间的税权配置和事权划分以法律形式明确下来，并成为基于制度化的权力共享模式，因此明确中央与地方之间税权划分的前提是要完善地方税权相关的立法，从我国立法看，地方税权立法进程不是一蹴而就的，而是要稳步推进，具体思路如下。

第一，短期内的地方税税权立法。可尝试通过对《立法法》相关规定予以法律释义，明确我国的税收立法权、税收执法权和税收司法权等税权配置，如细化和完善税收立法权内容，探索中央与地方税收立法权合理划分的具体路径，为地方税收立法权最终立宪打下坚实的基础。此外，可按照全国人大立法规划要求，将现行税收体系中的行政法规和暂行条例等逐步上升为法律。

第二，中期内的地方税税权立法。借鉴德国、日本等发达国家的税收立法实践，结合我国现实国情，加快制定《税收基本法》和《地方税法》等相当于税收或地方税领域母法地位的法律规范，明确规定中央与地方之间的税权立法权限、税收收入划分和税收征管等具体内容，规避部分行政法规和行政规章法律效力不足的问题，为地方税体系优化提供有效的法律保障。

第三，长期内的地方税税权立法。应在完成短期和中期地方税法律建设内容基础上，按照党的十八届三中全会以来提出的"全面落实税收法定主义原则"的基本方针，以修改宪法等形式将税收法定原则补入宪法内容之中，进一步提高税收的法律效力。若此项进程较为缓慢，则也可通过《宪法》第五十六条对税收法定原则以立法解释的形式予以先行规定，待合适时机再将其写入宪法（彭艳芳，2013）。

二、合理调整地方税权事项

（一）适当下放税收立法权

目前，我国四大区域的财政自主权和收入能力有较大差别。税收立法权是税权的核心，适增地方税收立法权符合深化税收制度改革，健全地方税和直接税体系的内在要求。因此，应适当下放地方税收立法权限，实施中央与地方集权模式下的适度分权。

地方可在遵循中央税收制度的前提下，结合地区情况自行决定新税种的开征与停征，以发挥地方特色资源和环境等生产要素的优势，进而增加地方财政收入，调动地方政府的积极性。

赋予地方政府地方税的税率、征税范围和减免税等税收优惠政策的灵活调整权，如地方可在中央税收政策的统一指导下适当增加资源型城市的资源税税率，以增加企业税负，从而减少企业对资源的浪费和过度开采。

（二）赋予地方税收执法权

党的十九大和"十四五"规划纲要均提出"建立权责清晰、财力协调、区域均衡的中央和地方财政关系"相关政策要求，反映了中央和地方之间的财政关系问题是完善现代税收制度的重要内容。其不合理的表现：中央与地方事权与支出责任划分不合理，地方税权较小，因此应全面落实"十四五"规划纲要提出的"逐步扩大地方税政管理权"等相关政策要求，扩大地方税权范围。

以房产税为例，实施按照房产原值一次减去10%～30%的从价计征计税依据的征收标准，应赋予各省、自治区、直辖市政府结合地方实际确定扣除标准的权力，进而合理调整区域内房产税的税负水平，降低经济欠发达地区的房产税税负和限制发达地区房价过快过度上涨。此外，要进一步明确中央与地方事权与支出责任划分，理顺中央与地方间的财政关系。

（三）完善省以下税权划分

明晰省以下税权划分是优化中央与地方纵向及地方政府之间横向财政关系的重要环节，对完善财政体制，特别是健全省以下财政体制，以及提高地方政府治理能力具有积极的理论和现实意义，其核心在于对地方税收立法权的纵向优化配置，但如何优化税收立法权的纵向配置学界尚未形成一致意见。

从理论上讲，应是在保证全国税制统一和符合地方发展特殊性之间找到最优平衡点，借鉴金砖国家将省以下地方政府间的税权划分上升至法律高度的经验，结合我国分税制财政管理体制特点，逐步将省以下地方政府间的税收关系以法律形式予以规范，并考虑在适当时机确立市县级政府的主体税。

三、健全地方税权监管机制

（一）加强税权的内部监督

审计是权力机关实施内部监督的最常见形式，加强税权的内部监督首要的是完善政府审计模式。我国实行行政型审计模式，但该模式下的审计机关隶属政府职能部门，在强化国家行政管理方面具有显著的优势，但因审计机关职权来源于政府并对政府负责，以致审计工作的客观性和独立性较难得到充分保障。

我们建议，将我国现行的政府审计模式逐渐向议会型审计模式转变，可考虑将审计署直接设为全国人大常委会的内设机构，实现审计部门与政府的独立，从而增强审计工作的权威性、公平性和客观性。此外，还可发挥财政预决算报告对财政收支的重要监督作用。

（二）强化税权的外部监督

对税权的外部监督主体主要包括社会组织、纳税人和自媒体等多个方面，其实行监督的前提是政府信息的公开，只有政府信息全面面向社会公开，才能接受全社会的监督，因此应进一步健全和完善政府信息公开制度。

可在2008年5月开始实施的《政府信息公开条例》公开财政预决算报告的基础上，考虑将政府财政转移支付资金的规模、分配、使用和管理等情况以法律形式明确规范，并逐步向全社会公众公开。此外，还应畅通社会公众利益表达机制，拓宽公众参与监督的渠道，确保地方税权在阳光下运行。

第四节 合理调整和优化地方性税种

地方税种的优化应包括主体税、辅助税和共享税的优化，但因本书已于第六章阐释地方主体税的税制要素设计相关问题,因此本节主要阐释辅助税种和共享税种的改革建议。

一、健全地方辅助税种

(一)优化现行地方性税种

调整房产税的计税依据,将房产税计税依据由折余价值和租金收入逐步改为评估价值,增强其计税依据的精准性和透明度,强化房地产市场的税收征管;适当提高耕地占用税适用税额标准,从《中华人民共和国耕地占用税法》第一条"为了合理利用土地资源,加强土地管理,保护耕地,制定本法"的法律内容看,该法律主要目的在于强化土地管理和保护耕地,但其现行适用税额标准由省、自治区、直辖市政府确定,31个省份耕地占用税平均税额为12.5~45元/平方米,分9个等级,税额标准总体偏低,对此应在土地出让收益和物价上涨,以及地方财政收入能力不足的情况下,适当提高耕地占用税的税额标准,强化土地管理和降低耕地占用行为引发的负外部性效应,以增加地方税收收入(郭佩霞,2019)。

完善土地增值税应遵循2019年财政部关于"力争年内完成土地增值税法的部内起草工作"的立法工作要求,结合2019年7月发布的《中华人民共和国土地增值税法(征求意见稿)》,加快推进土地增值税立法工作,明晰土地增值税的立法目的、合理设置土地增值税简易征收比例和优化房地产企业清算管理等,发挥土地增值税重要的调控和财政功能(邹新凯,2021);实行车船税"按排量征收"和"按价值征收"相结合的双轨制征收模式。

此外,我国税制改革中多次提及"费改税",但"费改税"进程总体较为缓慢,部分专家学者认为"费改税"与我国所倡导的大规模减税降费政策要求是相悖的,实则不然,减税降费是应对经济下行压力、助企纾困的重要举措,强调的是结构性减税和普惠性减税同时进行,既是有增有减的减税,更是惠及全民的减税,而费改税实际上也并不是单纯的征税和增加居民税收负担,而是要通过费改税,规范我国税收收入和非税收入管理。因此,加快费改税进程,特别是推进具有地方性质的税费改革,发挥其夯实地方财政收入及优化地方税体系的重要作用,如将教育费附加和地方教育附加合并改为教育税进行征收,解决教育费附加存在的制度设计不合理、费用负担不公平、收入难以足额入库等问题,支持地方教育事业发展;将社会保障费改为社会保障税统一征收,以法律保障社会保障税费合理合法征收,以社保筹资应对我国即将面临的"未富先老"的人口老龄化等社会问题;将排污费逐步改为排污税,扩大水资源税试点范围,并逐步将其纳入资源税管理范畴,以强化对环境的保护和对有限水资源的节约等。

(二) 探索新地方税种的征收

按照前文提出地方税体系新格局中应适时新增的税种,主要包括遗产税和赠与税,其中遗产税的改革方向:第一,适时出台《中华人民共和国遗产税法》(以下简称《遗产税法》),现行《宪法》及其修正案、《刑法》《继承法》《物权法》等法律对财产继承、私有财产合法性和税收违法行为认定,以及继承顺序和遗产赠与等问题都作出了明确的规定,为《遗产税法》的出台提供了重要的法律基础和依据。第二,遗产税主要是对逝者遗留财产进行征税,税源较为隐蔽和分散,加之我国注重对居民个人隐私权的保护,以致税务人员精确掌握纳税人财产有较大的困难,这也是制约遗产税开征的重要原因之一,对此应广泛应用大数据、区块链和人工智能等现代化税收征管技术,着力提高税收征管质效。第三,完善个人财产管理相关制度,主要包括财产申报、登记、查验、保护和交易等制度,遗产税的顺利开征需要以其作为依据。以个人财产申报制度为例,我国仅对国家公职人员实施该项制度,个人财产无须申报,导致个人财产管理及信息获取难度较大,因此遗产税和赠与税的开征需加快个人财产管理制度等配套措施改革。

赠与税的改革建议主要包括:积极探究赠与税的法律依据、税制要素和开征条件等内容,为其顺利开征做好准备,另因赠与税相当于广义上的遗产税,学界多数学者认为其也是遗产税的重要补充,因此本书虽建议将赠与税作为地方税体系的独立税种之一，但关于遗产税的第二条和第三条改革建议对其依然适用。

此外，在中央适当下放税政管理权的政策背景下，地方政府应根据我国地区资源禀赋差异，适时探索和挖掘区域新税源，以弥补地方财政缺口。如东中部地区可开征特色旅游资源税，设置自然旅游资源和历史遗留旅游资源差别税率，扩大当地政府和有关部门修缮和维护旅游资源的资金来源；西部地区可在遵守中央资源税征收条件的基础上，由地方确立地方特色矿产资源和动植物资源征税科目、税率和税收优惠条件等，以发挥西部地区的资源红利效用，增加地区税收收入；东北地区可适时开征土特产税，针对黑木耳和蘑菇等土特产的稀有程度不同，确立不同税率和征收标准，以其收入增强政府治理能力。

二、完善地方共享税种

（一）深入推进增值税制改革

完善增值税分享机制，税收分成制从本质上看是一种政府间财政转移支付形式，一定程度上加大了增值税收入的横向分配不均衡，改革税收分成制为税率分享制或税基分享制等收入分配方式，坚持成本收益原则，使得地方政府能够结合地方财政收入水平确定财政支出规模，辖区居民能够更直观地感受到公共产品和服务的成本和收益，这是推进国家治理现代化进程的必由之路。

进一步简化增值税税率，逐步将现行13%、9%和6%三档税率转变为两档税率，促进增值税税率结构合理化和科学化；优化增值税抵扣范围，借鉴OECD国家"限制抵扣清单""例外条款"等办法，完善增值税抵扣制度；优化增值税零税率和免税制度设计，逐步完善增值税税收优惠政策（樊勇，2019），改善免税项目较多、零税率项目较少的现状。

（二）加快企业所得税制改革

按照国务院发展研究中心课题组提出的企业所得税分税率改革方案要

求，建议改变企业所得税在中央与地方间的收入分享方式及比例，由收入分成转变为按税率分成（贾康等，2015），即由中央设定统一征收税率，地方政府可在此基础上加征，并报国务院予以审批。这样既赋予了地方政府较多的财政自主权，也相当于给予地方一个独立的税种，有利于夯实地方财政收入，调动地方政府的积极性。

逐步将企业所得税中央与地方共享比例由60%：40%调整为50%：50%，企业所得税收入归为省级政府的，由省级政府、自治区、直辖市确定与市县的分成比例。此外，考虑到企业所得税税源的流动将会造成的地区税收分布不均，建议健全地区税收分配调节机制，以维护税收公平。

（三）深化个人所得税制改革

个人所得税制具有较强的收入再分配效应和社会福利效果，对促进社会公平正义和缩小居民收入差距具有重要的现实意义。其主要举措：逐步将个人所得税中央与地方共享比例由60%：40%调整为50%：50%，对个人所得税收入归属省级政府的，由省级政府确定与市县的分成比例。

与此同时，推进个人所得税由分类所得税制向综合与分类相结合税制模式转变，全面落实量能负担原则和税收效率原则。引入税收指数建立与物价指标联动的调整机制（张德勇，2016），避免因物价涨幅过大、通货膨胀所带来的居民生活水平下降，切实发挥个人所得税的调节作用。

第五节 完善征管体制规范税源管理

一、深化地方税收征管体制

（一）改革健全地方税征管机制

1. 建立健全多部门间协同征管机制

健全地方税多部门协同征管相关法律法规，明确多部门征管主体应依法享有的权利和承担的义务,以及不履行义务应承担的法律责任,从而明晰多部门之间的职责与功能,约束多部门的行政执法行为;建立健全跨部门间的地方税征管绩效考核制度,将征管目标作为考核的重要内容,以调动和激发多部门主体为实现地方税征管目标的积极性和创造性,增强各部门之间的合作效果;建立地方税征管"联席执法制度""协税控管制度""重要情况通报制度"等制度,特别是对征管过程中出现的重大和特大问题最大限度地降低征管成本,提升地方税的征管质效。

2. 健全涉税涉费部门的信息共享与沟通机制

实施税务机关内部专业化分工管理,设立专门的数据处理、数据分析、软件开发等岗位,强化税务机构内部各科室与部门外部涉税涉费信息部门间的信息沟通,确保对纳税人相关信息的充分了解和把握;加强税务部门内部的信息沟通、交流与学习,保证各部门能够充分掌握国家及地方最新的税收政策法令变更,保证涉税涉费信息的及时沟通与共享,发挥信息化对地方税征管工作的促进作用;建立现代化数据信息平台,充分利用大数据、云平台等现代化信息技术,促进涉税、涉费信息的有效交换,精准对接纳税人的办税需求,扩大"非接触式"办税缴费的服务范围,实现治税管税的科学化、精细化、规范化、专业化发展(李俊英,2021)。

(二)规范地方税执法行为

1. 完善现行地方税行政裁量权规则

修订和完善税收征管法和行政处罚法等法律法规,以健全地方税收征管的相关法律法规体系,切实做到让各级税务部门执法人员有法可依、依法行政、依法管税;适当明确地方税处罚裁量权的具体情节,如将税务违法手段、危害程度和主观故意等情况,逐步纳入对违法行为活动的事实、性质、轻重、罚与不罚、处罚种类、处罚程度的认定过程中,减少税务机关对违法行为处罚的裁量幅度,降低权力寻租空间;细化地方税行政处罚裁量权的标准,将行政处罚按照违法行为轻重程度进行档次划分,保证行政裁量更加科学化和精准化,确保行政处罚的预期效果得以实现。

2. 提高税务人员的业务能力与素质

加大教育培训力度，定期组织税务人员参加教育培训活动，让税务人员充分了解国家最新的地方税收政策和法规，做到知法懂法守法用法，切实提高税务人员的执法能力；完善地方税执法程序，强化纳税申报、税款征收、纳税评估、纳税检查、税务稽查和税务惩处等各环节的征管工作，规范税务执法行为；引导税务人员树立正确的纳税服务意识，培养其树立良好的职业道德和爱岗敬业的奉献精神，以纳税服务为根本，以优化税务执法行为为目标，提升自身业务素质与能力；健全地方税征管绩效和纳税服务绩效考评体系，逐步形成税务人员长效的责任和激励机制。

（三）完善地方税服务机制

1. 科学规范税务人员纳税服务权责

在纵向上，规范和明晰各级税务局及各分局间的纳税服务权责，提升纳税服务质效；在横向上，强化纳税服务部门的地位和服务意识，对带有服务性质的涉税提醒、发票管理和户籍管理等业务由纳税服务部门进行集中统一管理，保证其与税收执法部门相分离；创新纳税服务满意度调查相关模式，建立"预调查+抽样问卷+实地访谈"有机结合模式，并结合定期、线上、线下评价结果，优化纳税服务；合理划分纳税服务与纳税管理的界限，即将基础纳税服务业务交由纳税服务厅办理，而将税源管理、风险管理、纳税评估、税务稽查等业务交由税源、税种和税务稽查等部门专门负责。

2. 简化基层税务机关纳税服务流程

以"便民办税春风行动"为载体，以"最多跑一次"为纳税服务的硬性任务，优化"互联网+税政服务"模式，结合纳税人的诉求和地方税的税源差异，精简纳税服务业务流程和证书表单；完善《全国税务机关纳税服务规范》《税收征管操作规范》等规范，保障纳税服务有效落实；健全集地方税服务观、涉税咨询辅导、纳税信用评定、纳税流程再造、纳税成本节减、纳税法律救济、社会共同参与、人员素质保障、纳税服务监管和税务执法评价为一体的评价体系；畅通互联网、微信、QQ等网上办税渠道，发挥 12366 纳税服务热线的积极作用，为纳税人提供规范、全面、便捷的纳税服务。

二、促进地方税源的专业化管理

（一）强化分级分类税源管理

1. 树立专业税源管理理念

目前部分税务干部在思想、行动、作风上仍未适应新时代、新变化和新要求，存在着抱残守缺、不思进取等不良风气，对专业化税源管理造成了一定挑战。因此，税务部门应遵循税收征管"34 字方针"中关于强化税源管理的相关规定和 2015 年《政府工作报告》提出的"互联网＋"行动计划的基本思想，运用专业化分工理论，引导广大税务人员强化对分级分类专业化税源管理的认识，如对辖区内的纳税人按照其企业规模、行业类别、资产数量和收入情况等指标的不同将其具体划分为大企业税源、重点税源、一般税源、小型税源和特定业务类型等。

2. 优化地方税源管理模式

探索不同类型税源管理规律，逐步实施"重点税源管精、一般税源管细、小型税源管住"的专业化管理模式，即根据税收分析和税源监控结果对重点税源实施精准管理，如对华东等地的制造业税源进行精准管理，发挥其对国民经济发展的重要拉动作用；根据行业、地区经营特点对一般税源实施细化管理，确保及时掌握区域内纳税人生产经营变化和非常规性税源变化；发挥网络办税优势，优化税收征管措施，坚持属地管理原则管好小型税源（曹锦阳和曹树武，2016）。此外，提高地方税征管现代化信息技术应用能力，建立覆盖全国的网络信息管理平台，完善信息收集、传输、加工和储存等管理过程。

（二）完善税源管理信息模式

1. 推行一体化的税源信息管理系统

建立科学的税源信息标准体系，强化地方税源相关数据信息的科学化和标准化管理，努力实现数据内涵与具体口径的统一，并将零散化、碎片化的数据通过现代化技术手段（如大数据、云平台、区块链、人工智能等）连接起来，以加快数据信息系统的整合；做好征纳双方涉税信息的有效对接，税务部门可将区块链技术进一步应用到征管领域，逐步建立集纳税人业务流、收支资金流、会计数据流和税务信息流为一体的账本数据库，以解决征纳双方信息不对称的问题；增强税源信息的透明度，建立健全信息互换与数据共享平台，实现税务部门与外部机构间数据的有效对接和交换。

2. 强化数字中国理念下的税收征管

熟悉和笃信数字中国理念，提升税务部门及其人员的税源管理能力；设立专门的税源管理软件开发、数据处理、数据分析等岗位，提高税务部门的数据分析能力；借鉴数据在金融、电商、电信、市政管理和社会治安等领域的实时汇聚、预测分析和精准管理等功能，增强数据在专业化税源管理中的作用；认真研究纳税人诉求指标，并用于指导客观实践；加强税务部门内部的信息沟通、交流与学习，保证各部门充分参与税源管理信息化建设活动；完善现代化数据信息平台，促进"数据管税""数据治税""数据增税"的科学化、精细化、规范化、专业化和质效化。

（三）提升税收风险应对能力

1. 增强经济分析与风险管理协调性

提升税收经济分析能力，按照国家税务总局提出的要求，税务部门要强化问题反馈与沟通指导，运用科学化专业化的分析手段和视角探析中央经济工作会议等重大会议中的热点和重点问题，探索税收风险管理的工作内涵与重难点；构建"互联网+税收风险管理"新架构，运用大数据技术，强化对涉税数据的采集、整理和应用，形成对中观和微观层面的税收风险监控（孙存一，2019），以发挥税收风险管理对税收经济分析的保障性作用；充分调动税收社会化管理积极性，强化税务部门与其他部门间的信息公开与数据共享，发挥第三部门的协同配合和有效监督作用。

2. 合理配置地方税征管的人力资源

优化税务人员年龄结构，特别应注意税务人员"老中青"三个年龄段的梯形格局（肖玉峰，2018），并形成各层次税务岗位需求合理的学历结构配置；设置专门的税收风险管理岗位，在各级税务机关内部根据风险程度和等级设置专门的税收风险管理岗位，并结合实际需要配置不同数量的具备财税、会计、管理、法律、审计等专业知识和业务素质的专业人才；引进和培养复合型和创新型的税务人才，结合大数据背景下对税收风险管理的需要，特别需要配备熟悉和掌握计算机、通信技术、财会信息系统和数据软件的高素质专业化人才，不断提升地方税源管理的质量。

本章小结

本章是关于优化地方税体系总体思路与设计的研究，其内容主要包括优化地方税体系的总体思路，如明确优化地方税体系的目标、原则和框架；强化地方税体系法治化管理，如全面落实税收法定原则、适时出台《税收基本法》和加快地方税法治化进程；明确中央与地方间税权划分，如规范地方税的税权立法、合理调整地方税权事项和健全地方税权监管机制；合理调整和优化地方性税种，如健全地方辅助性税种和完善地方共享性税种；完善征管体制规范税源管理，如深化地方税收征管体制改革和促进地方税源的专业化管理。

第八章 优化地方税体系的配套改革与举措

第一节 适当调整央地间的事权划分

一、明晰央地事权划分的原则

（一）央地事权划分原则的思路

事权是我国特有的称谓，与国际上的"财政支出"作用相似，在不同历史背景下有不同的内涵，如计划经济体制下事权是指各级政府对其治下的国营企事业单位的行政管理权，突出的是一种行政隶属关系。市场经济体制下事权是指各级政府承担的提供本级政府公共服务的职能和责任，其实质上是指政府承担的公共产品或服务职责。

市场经济条件下事权划分的第一个阶段，是1994年分税制财政管理体制改革背景下确立的"事权与财权相结合"原则。这与中华人民共和国成立初期毛泽东在《论十大关系》中提出的"有中央和地方两个积极性，比只有一个积极性好得多"是思路一脉相承的。但限于分税制财政体制关于事权划分改革不彻底性及地方政府特别是县乡财政的困难性，地方政府相较财权，反而更重视财力因素（杨志勇，2016）。

2006年第十六届中央委员会第六次全体会议确立了"健全财力与事权

相匹配的财税体制"的事权划分原则,但该思想蕴含着财政体制的内在和深层矛盾,即地方政府的积极性在此原则下更易受到影响。2013年党的十八届三中全会确立了"建立事权与支出责任相适应的制度",这体现了中央与地方政府之间财政关系的不断规范和职能关系的明晰优化。

当下我国优化地方税体系,应以合理划分中央与地方之间的事权作为有益补充,特别是在坚持《国务院关于推进中央与地方财政事权和支出责任划分改革的指导意见》中提出的"体现基本公共服务受益范围,兼顾政府职能和行政效率,实现权、责、利相统一,激励地方政府主动作为,做到支出责任与财政事权相适应"等要求。

(二)央地事权划分的基本原则

第一,外部性原则。外部性这一概念最早由马歇尔和庇古在20世纪初提出,主要是指一个经济体的活动对另一经济体的福利产生的积极影响或消极影响(其中积极影响称为正外部性,消极影响则称为负外部性),另一经济体却不会因此得到补偿或受到损失,其实质是一种"非市场性"的附带效应,把外部性引用为中央与地方事权的划分原则。主要举措有:一是不作正外部性和负外部性的区分,按照外部性的大小分别交由不同级次政府承担事权,外部性越大越交给更高级次政府承担,如国防、外交和援助其他地区等事权交由中央政府承担;二是将跨区域外部性事权交由更高级次政府管理,或由中央政府负责或由中央与地方政府共享,将单一外部性事权交由地方政府承担,以充分发挥中央与地方两个积极性,促进中央与地方政府都能切实履行职责。

第二,信息处理复杂性原则。信息经济学认为,信息不对称直接影响着社会公平公正和社会中交易主体的利益损失,信息对经济规律的总结和经济理论的完善具有积极的理论和现实意义,因此将信息处理复杂性引用为中央与地方事权划分原则。主要举措有:一是将信息处理复杂性较高的事权交由地方政府承担,信息处理越复杂,越容易造成信息不对称,进而引发"搭便车""寻租"等机会主义行为,地方政府更接近民众,相比中央政府能获得更多的信息,因而应将该类事权交由地方政府负责(白景明等，2015），进而提高各级政府的行政效率；二是将信息处理复杂性较低符合全局性和整体性特点的事权交由中央政府独自承担或按照事权的强制性和直接性等特征不同划分为中央与地方共享事权，确保事权划分的科学合理。

第三，激励相容原则。激励相容主要是指存在一种制度安排，能够使行为主体在追求个人利益的同时，正好与企业实现集体价值最大化的目标相吻合，其实质上是实现效用最大化的过程，因此将激励相容原则引用为中央与地方事权划分原则。主要举措有：一是中央与地方的事权划分应既能够保障中央财力稳定，又能调动各级地方政府履行职能的积极性，从而形成中央与地方财力分配均衡、事权划分合理的格局；二是对外部性和信息处理复杂性一致的情况，应引用激励相容机制，如外部性和信息处理复杂性同高时，将此类事权划归为中央政府承担，但可考虑将支出责任交由地方政府承担，从而发挥中央和地方两个积极性（李俊生，2014）。

二、确立央地事权划分的内容

（一）央地事权划分内容的要求

我国中央与地方之间的事权划分存在着法律法规约束缺失，政府与市场边界不清，政府间事权划分不明晰，财权财力、事权与支出责任不匹配等问题，对规范我国中央与地方财政关系、优化地方税体系，乃至建立现代财政金融体制等方面均存在诸多不利影响，因此本书建议调整中央与地方间的事权划分，主要有以下表现。

第一，明确央地事权划分的法律制度。以法律和制度方式明确规定中央与地方政府之间的事权划分，可考虑在短期内以出台行政法规或管理办法等形式规定事权划分。长期内制定专门的法律或宪法条款对事权划分问题予以规范，以明确事权划分和明晰各级政府职能分工。

第二，界定好政府与市场的职权关系。制定政府职能清单和配置公共资源的权力清单，以逐步厘清政府与市场、政府与社会、政府与企业、国家与纳税人等关系之间的边界，明晰政府的职能和权力范围，借以规范政府行为。

第三，统一各级政府间事权划分标准。特别是要明晰各级政府之间基本公共产品和服务领域交叉或重叠的事权，以及同一级次政府不同部门之间的事权划分标准，确保事权划分的稳定性和确定性。

第四，充分发挥央地政府的基本功能。原则上中央政府可有限介入关系国计民生的为数不多的大型长周期的跨地区重点建设项目，地方政府应逐渐从一般竞争性生产建设项目的投资领域中退出转而收缩到公益性公共工程和公共服务领域，以确保中央与地方事权归位和发挥中央与地方政府的最大功能。

（二）央地事权划分的主要内容

基于此，在遵循《中华人民共和国宪法》《中华人民共和国预算法》和参照各级政府文件，以及《国务院关于推进中央与地方财政事权和支出责任划分改革的指导意见》中关于推进中央与地方财政事权划分相关内容的基础上，结合我国财权、事权与支出责任特点，现将中央与地方事权划分的基本内容构想总结如下（见表8-1）。

表8-1　　　　　　中央与地方事权划分内容

内容	事权归属	内容	事权归属
国防	中央	公共文化	中央、地方
外交	中央	基本养老保险	中央、地方
国际贸易	中央	基本医疗和公共卫生	中央、地方
金融与银行政策	中央	城乡居民基本医疗保险	中央、地方
管制地区间贸易	中央	就业	中央、地方
国家安全	中央	粮食安全	中央、地方
出入境管理	中央	环境保护与治理	中央、地方
国防公路	中央	跨省（区、市）重大基础设施项目建设	中央、地方
国界河湖治理	中央	跨省（区、市）且具有地域管理信息优势的基本公共服务	中央、地方
全国重大传染病防治	中央	社会治安	地方

续表

内容	事权归属	内容	事权归属
全国性大通道	中央	市政交通	地方
全国性战略性自然资源使用和保护	中央	农村公路	地方
对个人的福利补贴	中央、地方	城乡社区事务	地方
失业保险	中央、地方	供水、下水道、垃圾处理	地方
义务教育	中央、地方	警察	地方
高等教育	中央、地方	消防	地方
科技研发	中央、地方	公园、娱乐设施	地方

第二节 完善现行财政转移支付制度

一、明晰财政转移支付原则

（一）事权与支出责任相适应的原则

党的十八届三中全会提出全面深化改革总体部署后，促进事权与支出责任相适应，建立现代财政制度成为推进资源优化配置、维护市场统一和实现国家长治久安的重要抓手；"十四五"规划纲要明确提出"建立权责清晰、财力协调、区域均衡的中央和地方财政关系"等政策要求，反映了财权、事权与支出责任相适应是中央与地方之间财政关系改革的重要方向，也是财政转移支付制度发挥作用的重要基础，对此可从以下三个方面促进事权与支出责任相适应。

第一，明晰事权与支出的责任内容。减少并规范中央和地方共同事权，避免出现上下级政府共同事权或事权划分不清时，下级政府过度依赖上级政府的转移支付资金或出现上下政府相互推诿责任和自身积极性不高等问题。

第二，适时出台《财政关系基本法》。以法律或责任清单等方式明确规定中央和地方应承担的财政事权与支出责任，推进各级政府财政事权与支出责任朝着清单化、制度化和法治化的方向逐步迈进。

第三，增强各级地方政府的财政能力。从国家政策层面提升各级地方政府财政收入能力，加快推进地方税体系优化及其主体税确立。加快完善省以下财政体制，增强地方政府特别是市县政府财政收入能力。

（二）兼顾经济效率与社会公平原则

我国财政转移支付主要是指在现行财政管理体制的制度安排下政府将部分政策或资金无偿转移给无法正常履行公共产品和公共服务职责主体的行为活动，本质即政府为解决公共产品和公共服务供求矛盾的弥补性或补偿性支出，其既要注重经济效率，更要兼顾社会公平。在当前地方主体税缺位，地方财政缺口严重及地方税体系不健全背景下，财政转移支付制度作为重要的配套措施之一，应以统筹经济效率与兼顾社会公平作为重要原则，推进经济效率与社会公平辩证关系的重新调整与匹配，主要包括以下内容。

第一，以公平为视角推动基本公共服务均等化。我国四大区域经济发展不平衡，特别是中西部和东北地区经济发展落后，以致区域财政收支能力存在较大的差距，应着重发挥横向财政转移支付制度作用，以先发区域带动后发区域提高经济发展和公共服务水平。

第二，以效率为视角激发组织收入的积极性。由于地方税体系不健全及地方主体税缺位，地方政府收不抵支现象普遍。分税制以来中央对地方的税收返还办法及专项财政转移支付制度，特别是税收返还的增量机制，可激发地方政府组织收入的积极性，也提升了资金使用效率。

（三）服从和服务于国家治理的原则

我国财政转移支付制度以区域财力差异存在为基础，以促进基本公共服务均等化为目标，旨在配合中央宏观调控政策的实施和落实民生保障相关举措。该制度自实施以来，为全面深化改革和稳定经济大局作出了重大贡献。如1999年党的十五届四中全会明确提出了"西部大开发战略"，2000年设立了民族地区财政转移支付制度，为西部大开发战略的实施提供了一定的财力保障，当然财政转移支付制度也不单是为西部大开发战略而设立的，也对民族地区的基本公共服务能力和水平的提升产生了重要的现实意义。

推进国家治理体系和治理能力现代化是国家的重要战略部署，财政转移支付制度改革是与国家治理体系建设和国家治理能力提升相适应，并为完善国家治理提供财力保障。我国现行地方税体系不健全，地方主体税缺位，使之全国诸多地区财政缺口严重，为此中央政府可加大对财政资源的统筹力度，发挥财政转移支付对支撑经济欠发达地区的积极作用。此外，还应加快财政转移支付制度法治化建设，适时出台《财政转移支付法》，为财政转移支付制度提供法律保障，促进财政转移支付资金公开公正和透明使用。

二、优化纵向转移支付制度

（一）健全一般性转移支付管理体系

一般性转移支付能够为地方提供财力支持，是优化地方税体系的重要制度和资金保障，因此健全一般性转移支付管理体系迫在眉睫，其内容主要包括：

第一，提高均衡性转移支付规模。遵循2019年财政部发布的《中央对地方均衡性转移支付办法》，探索建立均衡性转移支付规模稳定增长机制，特别是要重点加大对经济欠发达地区、民族地区等具有刚性支出需求的领域或行业的转移支付力度，缩小各区域之间的财力差距，进而推进基本公共服务均等化进程。

第二，完善民族地区转移支付制度。部分民族地区为提高地区资本边际回报率，在使用财政转移支付资金中存在着"重生产建设，轻福利提升"等问题，以致其背离可持续发展目标，对此应进一步强化民族地区转移支付管理，特别是要发挥预算对民族地区转移支付资金分配、使用和退出等环节的监督作用，确保其实现提高居民的基本公共服务水平和夯实地区财力的效果。

此外，应积极借鉴德国等国家因素法测算转移支付规模的做法，完善现行财政转移支付资金的测算方法，科学确定转移支付资金系数，保证财政转移支付资金分配公正合理和科学有效。

（二）完善专项转移支付制度的模式

我国专项转移支付制度是分税制财政体制的重要组成部分，是推动建立中央与地方财权、事权相匹配的公共财政体系的主要途径，对提供跨区域公共产品和促进区域经济协调发展具有重要的作用。但受专项转移支付内容繁杂和规模较大等因素影响，其在实施过程中存在着审批环节较多、资金挪用占用、多头监督管理等部分违法违规行为，因此应从以下方面完善专项转移支付制度模式。

第一，规范专项转移支付项目审批流程。明确规定专项转移支付项目的目录清单、示范文本、办事程序和办理时限等内容，并以此作为依据，编制项目审批流程图，进而优化审批流程和简化审批手续，确保专项转移支付项目审批程序公正合法和公开透明。

第二，健全专项转移支付绩效管理机制。通过设定科学合理的专项转移支付绩效管理目标，实施全过程专项转移支付资金绩效管理和健全专项转移支付结果反馈机制，确保资金合理使用和项目有效实施。

第三，探索专项转移支付基金模式，将中央与地方共享税收入以专项转移支付基金的形式返回给地方，用于支持地方经济社会发展建设，保证中央与地方及各级地方政府之间的财力均衡。

（三）发挥其他纵向转移支付的作用

我国财政转移支付形式除一般性转移支付和专项转移支付外，还包括税收返还、体制补助、结算补助、民族地区转移支付、调整工资转移支付、农村税费改革转移支付和"三奖一补"转移支付等多种形式，其中税收返还、体制补助和结算补助是 1994 年分税制财政管理体制改革的时代产物,其实质是维护旧体制的既得利益。从实践看,其财力分配加大了我国地区间的财力分布不均衡,均等化效应并不显著,因此应逐步去除对税收返还的路径依赖,提高财力性转移支付比重,调整增值税、消费税、所得税返还比例并将其让利于地方,以弥补地方财政缺口、优化地区之间的财力分配格局。

此外,对上述其他类型的转移支付,应充分发挥其促进基本公共服务均等化的作用,以维护地区财力均衡和充分支持地方经济协调发展,如民族地区转移支付可通过对地区人均一般公共预算收入和一般公共预算支出等可量化指标的调查研究,科学确立转移支付的补偿主体、补偿标准、补偿方式和支付权责等内容,确保民族地区财政转移支付制度合理和资金使用有效,进而发挥民族地区转移支付制度促进少数民族地区经济发展的重要作用。

三、探索横向转移支付模式

(一) 横向转移支付的定位及目标

改革开放以来,我国区域经济长期处于非均衡发展,经济基础良好、地理位置优越的东部沿海地区享有更多的优惠政策和财政资源,这在一定程度上实现了东部沿海地区经济的跨越式发展。但也加大了四大区域之间的发展差距,以致区域间横向税收竞争激烈及欠发达地区对财政转移支付的过度依赖。

此外,分税制财政体制导致的政府之间财权、事权与支出责任划分不合理进一步加剧了区域间横向税收竞争、财政收入失衡、土地财政困境和地方政府债务等问题。因此,横向转移支付制度可配合纵向转移支付制度,促进基本公共服务均等化和缩小地区间财力差距,实现外溢性公共产品的成本内部化(谷成和蒋守建,2017);同时通过中央对地方的纵向补助及地方之间的横向帮扶促进区域协调发展。

(二) 健全横向转移支付法律制度

对口支援和生态补偿是我国最为普遍的横向财政转移支付制度形式，其中对口支援是一种区域之间政府财力的无偿转移和资源再配置形式，主要包括同级政府间、降级次政府间、降多级次政府间和纵横交织转移支付等多种模式（石邵宾和樊丽明，2020），促进了基本公共产品均等化，但对口支援，甚至是生态补偿这两种横向转移支付形式的法制化建设进程都相对缓慢。

我国可借鉴德国以法律明确规范横向转移支付目标、范围、财力指数等具体做法，加快横向转移支付法制化建设进程，适时出台横向转移支付法律法规，确保横向转移支付有法可依和依据合法。因此，必须科学研究和规范横向转移支付资金的筹集、测算、分配和退出等办法，进而发挥符合中国发展特色的对口支援和生态补偿等横向转移支付制度的积极作用。

(三) 完善横向转移支付监督机制

横向转移支付制度是纵向转移支付制度的有益补充，对支持民族地区、欠发达地区、特殊困难地区等地区发展和缩小区域发展差距的意义重大，但其监督和制约机制尚不完善，建议完善横向转移支付监督机制，建立财税权力与区域协调发展的良性互动格局，主要举措如下。

第一，增强横向转移支付资金的透明度。发挥具有中国特色的人大、财政和审计部门的财政监督作用，逐步形成对横向财政转移支付资金的确立、划拨和项目运行情况的动态监督，以增强横向财政转移支付资金的透明度。

第二，发挥社会主体和民众的监督作用。加强横向财政转移支付在经济、政治、文化、社会和生态文明等领域的效能监督，充分发挥社会主体和民众的监督作用。此外，应制定横向转移支付绩效考评体系，提升绩效管理水平。

第三节 强化税费综合管理制度改革

一、科学规范非税收入管理

地方税体系优化是一项系统性工程，需多项综合配套改革对其予以推进。我国非税收入虽有下降趋势，但其占比仍旧过高，如2020年地方非税收入25475.10亿元，占地方一般公共预算收入（100143.16亿元）的25.44%，对企业生产经营和社会公平分配造成了不利影响，因此应科学规范非税收入管理，理顺税收收入与非税收入关系，为优化地方税体系提供有效保障。

（一）加快非税收入法制建设

非税收入作为与税收收入并存，在弥补市场缺陷、提供公共产品和调节经济运行等方面具有重要的作用。但我国对非税收入管理仅依据已出台的《政府性基金管理暂行办法》《行政事业性收费项目审批管理暂行办法》《政府非税收入管理办法》等法律制度，其法律层级相对较低。

因此，应加快推动非税收入管理的法制化进程，完善和规范《政府非税收入管理暂行办法》，待到时机成熟后出台《政府非税收入管理法》，确保非税收入的征收标准、征收依据、征管程序、资金管理和资金使用等有法可依，进而提高非税收入的科学化和法制化管理水平。

（二）提高非税收入管理质效

我国非税收入管理存在着收入规模大、管理政出多门和违规收费等问题，严重影响了公共财政体系的健全和财政资金的使用效率。因此，必须全面取消不合理不合法的收费项目，降低企业的费用负担；同时通过整合、改税、转经营等方式规范收费，坚决取消不合理不合法的行政事业性收费和政府性基金。

此外，应将非税收入纳入政府财政预算管理体系，科学规范非税收入的项目、标准和程序等内容，切实提高非税收入管理的科学性和透明度，以及非税收入管理质量和效率，减轻市场经济主体特别是中小企业的税外负担，有效促进社会经济的良性运行和高质量发展。

二、建立健全税费治理机制

2019年党的十九届四中全会明确提出"必须加强和创新社会治理"；"十四五"规划纲要提出"加强和创新社会治理"新要求。因此，本书建议从健全税费共建共治共享机制和建立规范的税费征管体系等角度建立健全税费治理机制。

（一）健全税费共建共治共享机制

激发纳税人自主纳税意识，鼓励纳税人积极参与税费共建共治，不断增强纳税人的主体意识，以及税收遵从度和纳税服务满意度。鼓励税务部门与政府有关部门开展合作，如可通过搭建数据共享平台，创新合作模式等多种形式，最终形成税务、审计、财政等多个部门的治税合力。

此外，要充分发挥社会组织的协同治税功能，利用税务师、会计师、律师等专业人士熟悉税费征管的优势，发挥税务相关专业人才的协同治税作用。规范涉税涉费中介的职能，促进涉税涉费专业服务的合法化和合规化运行。

（二）建立规范的税费征管体系

树立税费征管风险管理理念，如根据税费特点制定税费风险管理机制，强化税务人员税费征管风险防范认识和执法行为。进一步完善税费征收管理制度，逐步构建以税费征管操作规范为统领、以税费征管岗位职责清单为基础、以税费征管基础事项为指引、以征管基础台账为抓手的征管制度体系。

建立健全税费征收管理质量评价体系，如建立包括纳税人满意度、税收遵从度、税收流失率和征纳成本等指标在内的税费征管绩效评价体系，并将绩效评价结果纳入到税务部门及其税务人员晋升考核指标体系中，以形成对税务人员的有效激励，进而提高税费征管质效。

本章小结

本章是关于优化地方税体系配套改革与举措的研究，其内容主要包括明晰央地事权划分原则、确立央地事权划分内容，以适当调整央地间的事权划分；明晰财政转移支付原则、优化纵向转移支付制度、探索横向转移制度模式，以完善现行财政转移支付制度；科学规范非税收入管理、建立健全税费治理机制，以强化税费综合管理制度改革等。

第九章 结论与展望

党的十八届三中全会作出了"财政是国家治理的基础和重要支柱"的重要定位,其政策变化体现着党中央和国务院的治国理政思路,内含中央与地方、政府与市场、政府与社会、国家与纳税人等多重关系,是全面深化财税体制改革和建设新时代中国特色社会主义现代化国家的重要突破口。税收作为财政的重要组成部分,在国家治理中具有基础性、支柱性和保障性作用,对规范各级政府间的权责关系意义重大。地方税体系作为分税制改革的产物和地方政府财政收入的重要来源,本质上是对中央与地方间的税权进行划分。2016年"营改增"政策全面实施使得营业税退出历史舞台,该项改革对地方税体系的优化和地方政府财政收入的稳定性造成了巨大挑战,地方财政主要依赖增值税和所得税等共享税收入,以致某个区域税源发生变动时都可能导致地区经济的波动,进而引发地方政府以寻求预算外资金、制度外资金等方式增加地区财政收入的情况,这严重影响了社会资源的合理流通和社会资本的有效分配。本书以"地方税体系优化"为研究对象,以财政分权等理论为依据,分析优化地方税体系的问题及其成因,旨在提出优化地方税体系的总体设计及地方主体税种的选择方案,为深化新一轮财税体制改革建言献策,主要结论包括以下五个方面。

第一,央地税收权益博弈是完善地方税体系的根本矛盾之所在。我国中央政府出于行使宏观调控职能的需要,需拥有较为集中的税权以保证财权的实现,而地方政府作为地方公民权益的代表承担着促进基本公共服务均等化的重要使命,同样需要一定的财权和税权作为履行支出责任的财力

第九章　结论与展望

保证，地方税体系优化的核心问题是解决当前税权配置的纵向失衡问题，其触及了中央与地方、地方与地方之间的税收权益划分，这是完善地方税体系的根本矛盾之所在。

第二，分税制财政体制不彻底性是制约地方税体系优化的重要原因。分税制财政体制改革对央地间的财权、事权和支出责任作出了较为明确的划分。但地方税体系仍面临着地方税法制不规范、税权配置纵向失衡、现代征管模式滞后、地方主体税种缺位、地方税种结构不合理和地方税收规模较小等问题，这使得地方政府财权与事权不匹配、事权与支出责任划分不明晰等问题逐步凸显，这主要是分税制财政体制不彻底性所导致的。

第三，提出确立房地产税和消费税地方双主体税的基本观点。结合本书提出的地方主体税应符合的微观层面财政标准、中观层面经济标准和宏观层面价值标准，在对房地产税、消费税、企业所得税、个人所得税和资源税5个备选税种进行可行性分析基础上，运用层次分析法构建地方主体税选择模型，遵循流转税和所得税双主体的税制模式，凝练出房地产税和消费税地方双主体税的基本观点。

第四，阐释了房地产税和消费税地方双主体税的税制要素内容。本书认为对房地产税和消费税的改革思路侧重不同，前者主要是侧重于提出切实可行的改革方案，而后者主要是对现行税制的优化和调整，其内容包括房地产税制设计与测算，如阐释房地产税的科学内涵、制定原则、要素设计和规模测算等；释析了消费税优化思路与设计，如消费税的两种优化思路、优化基本原则、基本要素优化和其他要素完善等。

第五，确立了优化地方税体系的总体思路及其主要内容的设计。本书在阐述地方税体系建设的总体概况、问题分析及成因分析的基础上，提出了优化地方税体系的总体目标及基本原则，凝练出包含现行共享税，中央税中的消费税，地方税中的耕地占用税、土地增值税、车船税、城市维护建设税、契税、资源税、印花税、烟叶税和环境保护税，保有环节的房地产税，以及拟开征的遗产税和赠与税等16个税种在内的地方税体系新格局，并从加强法治建设、明确税权划分、深化征管体制、优化税种格局和强化税源管理等方面提出了具体改革建议。

地方税体系优化问题是深化税制改革、完善现代税收制度的重要内容，是具有重要理论和现实意义的命题，也是一个伟大的系统性工程，但囿于笔者研究能力有限，许多问题仍有待于在后期的学习和工作中进一步研究，如31个省份房地产税和消费税收入规模与能力的测算、消费税适用税率的确定等。对地方税种改革及完善地方税收征管建议等阐释较为简练，需要进一步详尽阐释。此外，地方税体系优化问题不仅是一个课题抑或是一个研究，更事关地方政府公共产品与公共服务的供给能力，以及每个公民的切身利益，但由于实践经验缺乏，本书主要从地方税体系及其主体税理论层面提出优化地方税体系的具体建议，其实践应用能力和可操作性等方面仍有待验证。本书所阐释的研究缺陷和不足，是我们今后学习和工作的重要研究方向，如未来可通过MATLAB等计量软件对地方税体系进行政策模拟仿真，探索本书所提出的地方税体系框架的合理与不足之处；系统测算房地产税改革建议的合理性与否，即合并现行房产税和城镇土地使用税更为合理，抑或将现行房产税、城镇土地使用税、契税、耕地占用税、土地增值税及相关税费一并整合为房地产税更为合理，这对确立地方主体税和优化地方税体系具有重要的研究意义。

附录 A
各层次成对比较矩阵指标赋值

附表 A1　　　　　　　　宏观层面成对比较矩阵 A

主体税	财政标准	经济标准	价值标准
财政标准	1	3	5
经济标准	1/3	1	2
价值标准	1/5	1/2	1

附表 A2　　　　　　　　微观层面成对比较矩阵 B1

财政标准	税源充足	地方收益	地方依附	税改方向	政府激励
税源充足	1	3	3	5	3
地方收益	1/3	1	2	3	3
地方依附	1/3	1/2	1	1/2	1
税改方向	1/5	1/3	2	1	1/2
政府激励	1/3	1/3	1	2	1

附表 A3　　　　　　　　微观层面成对比较矩阵 B2

经济标准	税源充足	地方收益	地方依附	税改方向	政府激励
税源充足	1	3	2	2	3
地方收益	1/3	1	1	2	2
地方依附	1/2	1	1	3	1/4
税改方向	1/2	1/2	1/3	1	1
政府激励	1/3	1/2	4	1	1

附表 A4　　　　　　　　微观层面成对比较矩阵 B3

价值标准	税源充足	地方收益	地方依附	税改方向	政府激励
税源充足	1	1/2	3	3	4
地方收益	2	1	7	5	5

续表

价值标准	税源充足	地方收益	地方依附	税改方向	政府激励
地方依附	1/3	1/7	1	1/2	3
税改方向	1/3	1/3	2	1	2
政府激励	1/4	1/3	1/3	1/2	1

附表 A5　　　　方案层成对比较矩阵 C1

税源充足	房地产税	消费税	企业所得税	个人所得税	资源税
房地产税	1	2	4	3	5
消费税	1/2	1	2	2	3
企业所得税	1/4	1/2	1	1	1
个人所得税	1/3	1/2	1	1	2
资源税	1/5	1/3	1	1/2	1

附表 A6　　　　方案层成对比较矩阵 C2

地方受益	房地产税	消费税	企业所得税	个人所得税	资源税
房地产税	1	1	2	2	1/2
消费税	1	1	3	3	2
企业所得税	1/2	1/3	1	2	1/3
个人所得税	1/2	1/3	1/2	1	1
资源税	2	1/2	3	1	1

附表 A7　　　　方案层成对比较矩阵 C3

地方依附	房地产税	消费税	企业所得税	个人所得税	资源税
房地产税	1	2	1	3	1/2
消费税	1/2	1	2	2	1/3
企业所得税	1	1/2	1	1	1/4
个人所得税	1/3	1/2	1	1	1/3
资源税	2	3	2	4	1

附表 A8　　　　　　　方案层成对比较矩阵 C4

税改方向	房地产税	消费税	企业所得税	个人所得税	资源税
房地产税	1	1	2	3	3
消费税	1	1	3	2	3
企业所得税	1/2	1/3	1	1/2	2
个人所得税	1/3	1/2	2	1	1
资源税	1/3	1/3	1/2	1	1

附表 A9　　　　　　　方案层成对比较矩阵 C5

政府激励	房地产税	消费税	企业所得税	个人所得税	资源税
房地产税	1	1	2	2	3
消费税	1	1	3	2	2
企业所得税	1/2	1/3	1	1/3	3
个人所得税	1/2	1/2	3	1	2
资源税	1/3	1/2	1/3	1/2	1

附录 B
实证分析过程（基于 MATLAB 语言）

一、基于 MATLAB 语言程序代码

```
function [W,Lmax,CI,CR] = aAHP(A)
% 实现用方根法近似求解单层次结构的层次分析法
% 输入：A 为成对比较矩阵
% 输出：W 为权重向量，Lmax 为最大特征值，CI 为一致性指标，CR 为一致性比率
W = prod(A,2);                  % 计算每一行乘积
n = size(A,1);                  % 矩阵行数
W = nthroot(W,n);               % 计算 n 次方根
W = W / sum(W);                 % 标准化处理,计算特征向量
Lmax = mean((A * W)/ W);        % 计算最大特征值
CI = (Lmax - n)/(n - 1);        % 计算一致性指标
% Saaty 随机一致性指标值
RI = [0 0 0.58 0.90 1.12 1.24 1.32 1.41 1.45 1.49 1.51];
CR = CI / RI(n);
```

二、程序运行过程及结果

```
>>A = [1      3      5;
       1/3    1      3;
       1/5    1/3    3;]
A = 1.0000   3.0000   5.0000
    0.3333   1.0000   3.0000
    0.2000   0.3333   1.0000
>>[W,Lmax,CI,CR] = aAHP(A)
```

W = 0.6370

 0.2583

 0.1047

Lmax = 3.0385

CI = 0.0193

CR = 0.0332

% 宏观层面一致性检验

\>\>B1 = [1 3 3 5 3;

   1/3 1 2 3 3;

   1/3 1/2 1 1/2 1;

   1/5 1/3 2 1 2;

   1/3 1/3 1 1/2 1;]

B1 = 1.0000 3.0000 3.0000 5.0000 3.0000

  0.3333 1.0000 2.0000 3.0000 3.0000

  0.3333 0.5000 1.0000 0.5000 1.0000

  0.2000 0.3333 2.0000 1.0000 2.0000

  0.3333 0.3333 1.0000 0.5000 1.0000

\>\>[W,Lmax,CI,CR] = aAHP(B1)

W = 0.4419

 0.2371

 0.1008

 0.1272

 0.0929

Lmax = 5.2756

CI = 0.0689

CR = 0.0615

\>\>B2 = [1 1/2 4 3 3;

   2 1 7 5 5;

   1/4 1/7 1 1/2 1/3;

     1/3 1/5 2 1 1;

     1/3 1/5 3 1 1;]

B2 = 1.0000 0.5000 4.0000 3.0000 3.0000

   2.0000 1.0000 7.0000 5.0000 5.0000

   0.2500 0.1429 1.0000 0.5000 0.3333

   0.3333 0.2000 2.0000 1.0000 1.0000

   0.3333 0.2000 3.0000 1.0000 1.0000

>>[W,Lmax,CI,CR] = aAHP(B2)

W = 0.2636

  0.4773

  0.0531

  0.0988

  0.1072

Lmax = 5.0717

CI = 0.0179

CR = 0.0160

>>B3 = [1 1/2 3 3 4;

    2   1   7 5 5;

    1/3 1/7 1 1/2 1/3;

    1/3 1/5 2 1 2;

    1/4 1/3 3 1/2 1;]

B3 = 1.0000 0.5000 3.0000 3.0000 4.0000

   2.0000 1.0000 7.0000 5.0000 5.0000

   0.3333 0.1429 1.0000 0.5000 0.3333

   0.3333 0.2000 2.0000 1.0000 2.0000

   0.2500 0.3333 3.0000 0.5000 1.0000

>>[W,Lmax,CI,CR] = aAHP(B3)

W = 0.2615

  0.4734

0.0558

0.1126

0.0968

Lmax = 5.3525

CI = 0.0881

CR = 0.0787

% 微观层面一致性检验

>>C1 = [1   2   4   3   5;

　　　　1/2 1   2   2   3;

　　　　1/4 1/2 1   1   1;

　　　　1/3 1/2 1   1   2;

　　　　1/5 1/3 1   1/2 1;]

C1 = 1.0000   2.0000   4.0000   3.0000   5.0000

　　 0.5000   1.0000   2.0000   2.0000   3.0000

　　 0.2500   0.5000   1.0000   1.0000   1.0000

　　 0.3333   0.5000   1.0000   1.0000   2.0000

　　 0.2000   0.3333   1.0000   0.5000   1.0000

>>[W,Lmax,CI,CR] = aAHP(C1)

W = 0.4338

　　0.2383

　　0.1099

　　0.1337

　　0.0843

Lmax = 5.0405

CI = 0.0101

CR = 0.0090

>>C2 = [1   1   2   2   1/2;

　　　　1   1   3   3   2;

　　　　1/2 1/3 1   2   1/3;

$$\begin{array}{cccccc} & 1/2 & 1/3 & 1/2 & 1 & 1;\\ & 2 & 1/2 & 3 & 1 & 1;]\end{array}$$

C2 = 1.0000　　1.0000　　2.0000　　2.0000　　0.5000

　　 1.0000　　1.0000　　3.0000　　3.0000　　2.0000

　　 0.5000　　0.3333　　1.0000　　2.0000　　0.3333

　　 0.5000　　0.3333　　0.5000　　1.0000　　1.0000

　　 2.0000　　0.5000　　3.0000　　1.0000　　1.0000

>>[W,Lmax,CI,CR] = aAHP(C2)

W = 0.2116

　　 0.3283

　　 0.1187

　　 0.1120

　　 0.2294

Lmax = 5.3739

CI =　 0.0935

CR =　 0.0835

>>C3 = [1　　2　　1　　3　　1/2;

　　　 1/2　1　　2　　2　　1/3;

　　　 1　　1/2　1　　1　　1/4;

　　　 1/3　1/2　1　　1　　1/3;

　　　 2　　3　　2　　4　　1;]

C3 = 1.0000　　2.0000　　1.0000　　3.0000　　0.5000

　　 0.5000　　1.0000　　2.0000　　2.0000　　0.3333

　　 1.0000　　0.5000　　1.0000　　1.0000　　0.2500

　　 0.3333　　0.5000　　1.0000　　1.0000　　0.3333

　　 2.0000　　3.0000　　2.0000　　4.0000　　1.0000

>>[W,Lmax,CI,CR] = aAHP(C3)

W = 0.2242

　　 0.1659

0.1187

0.1009

0.3903

Lmax = 5.1384

CI = 0.0346

CR = 0.0309

\>\>C4 = [1   1   2   3   3;

   1   1   3   2   3;

   1/2 1/3 1   1/2 2;

   1/3 1/2 2   1   1;

   1/3 1/3 1/2 1   1;]

C4 = 1.0000   1.0000   2.0000   3.0000   3.0000

   1.0000   1.0000   3.0000   2.0000   3.0000

   0.5000   0.3333   1.0000   0.5000   2.0000

   0.3333   0.5000   2.0000   1.0000   1.0000

   0.3333   0.3333   0.5000   1.0000   1.0000

\>\>[W,Lmax,CI,CR] = aAHP(C4)

W = 0.3168

0.3168

0.1242

0.1426

0.0997

Lmax = 5.1736

CI = 0.0434

CR = 0.0388

\>\>C5 = [1   1   2   2   3;

   1   1   3   2   2;

   1/2 1/3 1   1/3 3;

   1/2 1/2 3   1   2;

$$C5 = \begin{bmatrix} 1.0000 & 1.0000 & 2.0000 & 2.0000 & 3.0000 \\ 1.0000 & 1.0000 & 3.0000 & 2.0000 & 2.0000 \\ 0.5000 & 0.3333 & 1.0000 & 0.3333 & 3.0000 \\ 0.5000 & 0.5000 & 3.0000 & 1.0000 & 2.0000 \\ 0.3333 & 0.5000 & 0.3333 & 0.5000 & 1.0000 \end{bmatrix}$$

（1/3 1/2 1/3 1/2 1;]）

\>\>[W,Lmax,CI,CR] = aAHP(C5)

W = 0.2957

0.2957

0.1257

0.1951

0.0878

Lmax = 5.3132

CI = 0.0783

CR = 0.0699

% 方案层面一致性检验

参 考 文 献

[1] 安体富,葛静.关于房地产税立法的几个相关问题研究[J].财贸经济,2014(8):5-12,48.

[2] 白景明,朱长才,叶翠青,等.建立事权与支出责任相适应财税制度操作层面研究[J].经济研究参考,2015(43):3-91.

[3] 白彦锋,乔路.全面营改增后地方税制改革问题研究[J].财政监督,2016(18):5-11.

[4] [美]布坎南.民主财政论[M].1版.北京:商务印书馆,1993.

[5] 财政部综合计划司.中华人民共和国财政史料(第1辑:财政管理体制1950—1980)[M].北京:中国财政经济出版社,1982.

[6] 蔡军.地方税主体税种:评价与选择[J].南京经济学院,1997(6):31-33.

[7] 操倩倩,朱家明,金静.基于多元线性回归对中国税收收入影响因素的计量分析[J].哈尔滨师范大学自然科学学报,2020(4):9-15.

[8] 曹锦阳,曹树武.新常态下税源管理专业化国际借鉴和创新拓展的探究[J].中国商论,2016(1):143-149.

[9] 长春市地方税务局国际税收研究会课题组.完善我国地方税体系的前提、原则及具体设想[J].国际税收,2014(10):66-69.

[10] 陈龙,吴波.健全地方税体系须以提升国家治理效能为重心[J].地方经济研究,2020(5):4-12.

[11] 陈少英.可持续的地方税体系之构建——以税权配置为视角[J].清华法学,2014,8(5):51-67.

[12] 陈媛媛, 赵娜. 我国税收收入影响因素的实证分析 [J]. 长沙大学学报, 2019 (3): 35-37.

[13] 谌韵灵. 健全地方税体系视域下完善税务管理制度的思考 [J]. 科学社会主义, 2021 (1): 101-106.

[14] 储德银, 韩一多, 姚巧燕. 从收入分享视角看我国消费税改革 [J]. 税务研究, 2015 (4): 42-46.

[15] 崔志坤, 吴迪, 经庭如. 地方税的现实职能界定: 完善地方税体系的一个前提考量 [J]. 财政科学, 2018 (10): 98-109.

[16] [英] 丹尼斯·穆勒. 公共选择理论 [M]. 北京: 商务印书馆, 1999: 4.

[17] 邓光青. 税收收入的影响因素研究——基于 SPSS 软件 [J]. 纳税, 2020 (24): 3-6.

[18] 邓力平, 邓秋云. 健全地方税体系的分析框架: 理论原则与运用实例 [J]. 东南学术, 2022 (4): 127-146.

[19] 邓远军. 德国税制概括与借鉴 [J]. 扬州大学税务学院学报, 2002 (4): 29-35.

[20] 丁春玲. 适应经济高质量发展的地方税体系构建研究 [J]. 商业会计, 2020 (23): 60-63.

[21] 樊勇. 进一步深化增值税改革 [J]. 财政科学, 2019 (10): 69-76.

[22] 费茂清, 石坚. 论我国地方税体系重构的目标与路径 [J]. 税务研究, 2014 (4): 3-8.

[23] 冯蕾, 王月欣. 建议将房地产税和企业所得税作为地方税主体税种 [J]. 中国商人, 2021 (7): 46-47.

[24] 冯俏彬. 从整体改革实缴消费税改革 [J]. 税务研究, 2017 (1): 38-41.

[25] 冯俏彬, 李贺. 从地方税到地方收入: 关于新一轮中央与地方收入划分的研究 [J]. 财经智库, 2019 (5): 66-82.

[26] 冯俏彬, 李贺. 中国式财政分权与地方税体系建设 [J]. 税收

经济研究，2020（2）：20-28．

［27］冯曦明，蒋忆宁．地方税体系完善研析［J］．税务研究，2019（1）：45-49．

［28］符夷杰．地方税体系建设：基于税收治理属性的理论探讨［J］．税收经济研究，2019（5）：7-12．

［29］付伯颖．外国税制教程［M］．2版．北京：北京大学出版社，2018：311．

［30］高培勇，汪德华．本轮财税体制改革进程评估：2013.11—2016.10（下）［J］．财贸经济，2016（12）：5-16．

［31］高天惠，张玉静，朱家明，等．基于主成分分析对安徽省税收收入影响因素的实证研究［J］．哈尔滨师范大学自然科学学报，2020（5）：12-17．

［32］葛静．"营改增"后重构我国地方税体系的思路和选择［J］．税务研究，2015（2）：57-61．

［33］葛玉御．"三位一体"提高直接税比重 健全地方税体系［N］．中国会计报，2020．

［34］龚浩，李丽珍，王晓．中国现代财政制度构建的目标、进程与现状评估［J］．经济体制改革，2021（1）：129-135．

［35］古建芹．完善地方税体系：深化分税制改革的关键［J］．税务研究，2011（9）：82-84．

［36］谷成，蒋守建．我国横向转移支付依据、目标与路径选择［J］．地方财政研究，2017（8）：4-9．

［37］谷成，张洪涛．基于现代国家治理的税制改革思路［J］．税务研究，2020（11）：23-30．

［38］关礼．构建我国地方税体系的探索［J］．税务研究，2014（4）：76-78．

［39］郭健，王静茹．经济高质量发展视角下健全地方税体系研究［J］．理论学刊，2021（5）：68-76．

［40］郭佩霞．耕地占用税适用税额考察与政策建议［J］．税收经济

研究，2019（5）：13-18.

［41］郭庆旺，吕冰洋. 地方税系建设论纲：兼论零售税的开征［J］. 税务研究，2013（11）：9-14.

［42］郭树华，包伟杰，李芳. 云南省税收收入影响因素实证研究——基于1988—2016年的数据［J］. 经济问题探索，2018（3）：145-150.

［43］郭月梅. "营改增"背景下完善地方税体系的探讨［J］. 财政研究，2013（6）：35-37.

［44］国家税务总局税收科学研究所. 外国税制概览［M］. 4版. 北京：中国税务出版社，2012：211.

［45］郝昭成. 健全地方税体系的思考［J］. 国际税收，2018（6）：11-16.

［46］何盛明. 财经大词典［M］. 北京：中国财政经济出版社，1990.

［47］侯一麟，马海涛. 中国房地产税设计原理和实时策略分析［J］. 财政研究，2016（2）：65-78.

［48］胡洪曙. 构建以财产税为主体的地方税体系研究［J］. 当代财经，2011（2）：27-35.

［49］胡绍雨. 构建财产税为我国地方税主体税种的路径选择［J］. 湖南税务高等专科学校学报，2019（4）：22-27.

［50］贾俊雪，张永杰，郭婧. 省直管县财政体制改革：县域经济增长与财政解困［J］. 中国软科学，2013（6）：22-30.

［51］贾康，梁季. 我国地方税体系的现实选择：一个总体架构［J］. 改革，2014（7）：57-65.

［52］贾康，苏京春，梁季，等. 全面深化财税体制改革之路：分税制的攻坚克难［M］. 北京：人民出版社，2015：205.

［53］贾康. 遗产税的价值取向与其改革设计导向［J］. 税务研究，2014（4）：28-31.

［54］贾康，张晓云. 中国消费税的三大功能：效果评价与政策调整［J］. 当代财经，2014（4）：24-34.

［55］健全地方税体系研究课题组. 健全地方税体系问题研究［J］.

公共财政研究,2018(2):16-24.

[56] 姜长青.新中国财政体制70年变迁研究[J].理论学刊,2019(5):72-80.

[57] 姜孟亚.地方税税权的基本构成及其运行机制[J].南京社会科学,2009(3):125-129.

[58] 姜竹,王润华,岳晓蕾."营改增"后"五五分成"的税收分成效应分析[J].经济研究参考,2019(2):41-51.

[59] 赖勤学,林文生.试析我国地方税体系的制度安排[J].税务研究,2014(4):14-18.

[60] 黎江虹,沈斌.地方税收立法权的价值功能转向[J].法学,2019(7):67-82.

[61] 李登喜,李新,林剑雄.行使税务行政处罚裁量权存在的问题与规范建议[J].税收经济研究,2017(5):54-57.

[62] 李华.地方税的内涵与我国地方税体系改革路径[J].财政研究,2018(7):66-80.

[63] 李建军.地方税体系的逻辑和政策选择[J].财政监督,2018(9):17-21.

[64] 李建军,范源源.地方财政可持续视角下房地产税改革与收入测度[J].地方财政研究,2019(6):13-19.

[65] 李金荣."营改增"后地方税收体系建设研究[J].经济研究参考,2016(33):57-60.

[66] 李金荣."营改增"后地方税收体系重构[J].中国财政,2015(8):68.

[67] 李晶,赵余,张家家,等.营改增后中国地方税体系重构[J].宏观经济研究,2016(4):3-11.

[68] 李俊生,乔宝云,刘乐峥.明晰政府间事权划分 构建现代化政府治理体系[J].中央财经大学学报,2014(3):3-10.

[69] 李俊英,鲍晓敏.赋予地方税权的法治路径研究[J].地方财政研究,2020(5):18-24.

[70] 李俊英. 补充性原则下的地方税的治理逻辑与构建路径 [J]. 税务研究, 2021 (10): 15-21.

[71] 李俊英. 分税制财政体制下我国地方税收入不足问题研究 [J]. 经济纵横, 2014 (7): 81-86.

[72] 李俊英. 我国地方税体系的现实困境与制度安排 [J]. 经济纵横, 2020 (4): 121-128.

[73] 李楠楠. 论地方税收立法权: 理论逻辑、规范依据与现实路径 [J]. 税务与经济, 2019 (3): 11-18.

[74] 李升. 地方税体系: 理论依据、现状分析、完善思路 [J]. 财贸经济, 2012 (6): 36-42.

[75] 李升, 解应贵. 从效率角度看地方税体系改革 [J]. 税务研究, 2018 (4): 66-69.

[76] 李太东. 浅谈"营改增"后地方税主体税种的选择 [J]. 国际税收, 2014 (7): 61-63.

[77] 李文. 公平还是效率: 2019 年个人所得税改革效应分析 [J]. 财贸研究, 2019 (4): 41-55.

[78] 李文, 张博天. 地方税体系演进的路径依赖——一个交易费用视角的解释 [J]. 东北师大学报 (哲学社会科学版), 2019 (2): 124-131.

[79] 李新恒. 地方税体系中的主体税种选择——几种方案的比较分析 [J]. 地方财政研究, 2019 (4): 52-57.

[80] 李峰, 付晓枫. 地方主体税种培育问题探究——以经济发展理论为视角 [J]. 财政研究, 2015 (3): 45-50.

[81] 李玉虎. 我国地方税体系重构法律问题研究 [M]. 北京: 中国检察出版社, 2019: 336-338.

[82] 李舟. 中国地方税权配置法治化的困境及破解机制 [J]. 改革与战略, 2016 (5): 36-38.

[83] 林颖, 欧阳升. 零售销售税: 我国现行地方主体税种的理性选择 [J]. 税务研究, 2014 (12): 51-54.

[84] 刘建徽, 安然, 周志波, 等. 包容性发展背景下中国地方税体

系构建研究［J］．宏观经济研究，2014（6）：22－28．

［85］刘剑文．落实税收法定原则的现实路径［J］．政法论坛，2015（5）：14－25．

［86］刘磊，丁允博．减税降费背景下的消费税问题探讨［J］．税务研究，2020（1）：39－44．

［87］刘尚希，张学诞．地方税与地方税治理［M］．北京：经济科学出版社，2018．

［88］刘树成．现代经济词典［M］．南京：江苏人民出版社，2005．

［89］刘天琦，李红霞，刘代民．新形势下地方税体系重构路径探析［J］．税务研究，2017（4）：114－116．

［90］吕冰洋．零售税的开征与分税制的改革［J］．财贸经济，2013（10）：17－26．

［91］吕冰洋．论推动国家治理的税制改革［J］．税务研究，2015（11）：13－18．

［92］罗涛．构建我国地方税体系的路径［J］．税务研究，2013（11）：76－78．

［93］罗仪涵．论房地产税设立的目标及其法律实现［J］．税务研究，2018（4）：1－10．

［94］马国强，付伯颖．加拿大税制［M］．北京：中国财政经济出版社，2000．

［95］马海涛，白彦锋，刘明．"十四五"时期我国财税改革：挑战与对策［M］．北京：中国财政经济出版社，2021．

［96］马海涛，姜爱华．优化税权配置 完善地方税体系［J］．税务研究，2011（11）：3 9．

［97］麦正华．关于地方税制改革的思考［J］．税务研究，2013（9）：70－72．

［98］孟宪琦，杨秀玲．合理确定我国地方税的主体税种［J］．经济论坛，2004（5）：92－93．

［99］庞凤喜，王绿荫．消费税改革的目标定位及制度优化分析［J］．

税务研究, 2020 (1): 44-49.

[100] 彭建. 分税制财政体制改革 20 年: 回顾与思考 [J]. 财经问题研究, 2014 (5): 71-77.

[101] 彭建. 土地财政转型视角下的地方税体系优化 [J]. 财经问题研究, 2013 (8): 77-83.

[102] 彭艳芳. 当前税制改革与地方税收法律体系的完善 [J]. 北京教育学院学报, 2013 (6): 32-36.

[103] 朴姬善. 借鉴韩国经验 完善地方税制 [J]. 会计之友, 2006 (11): 94-95.

[104] 齐守印. 关于系统深化财政体制改革的思考 [J]. 财贸经济, 2013 (12): 30-37.

[105] 任强, 郭义. 健全地方税体系重在培育地方税源 [J]. 中国社会科学报, 2022 (5): 1-2.

[106] 施文泼. 基于实体经济影响的增值税收入划分制度改革取向 [J]. 财政科学, 2019 (12): 120-125.

[107] 石邵宾, 樊丽明. 对口支援: 一种中国式横向转移支付 [J]. 财政研究, 2020 (1): 3-13.

[108] 史兴旺, 焦建国. 健全地方税体系的几个认识 [N]. 中国经济时报, 2019.

[109] 孙存一. 大数据视角下的税收风险管理 [J]. 税务研究, 2019 (7): 107-111.

[110] 孙文基. 完善我国地方税体系的研究 [J]. 苏州大学学报, 2016 (3): 110-117.

[111] 孙玉栋, 庞伟. 促进构建新发展格局的现代税收制度完善建议 [J]. 税务研究, 2021 (6): 45-50.

[112] 索一冉. 国外地方税体系建设的经验及对我国的启示 [J]. 山西财政税务专科学校学报, 2013 (4): 29-33.

[113] 唐婧妮. 构建地方税体系的难题及建议 [J]. 税务研究, 2014 (4): 19-22.

［114］田志刚，丁亚婷．构建现代地方税体系的理念、路径与策略［J］．税务研究，2015（2）：62－67．

［115］汪彤．地方税体系：制度困境与路径重构［J］．税务研究，2019（1）：39－45．

［116］汪星明．完善地方税体系的国际借鉴［J］．国际税收，2014（10）：10－13．

［117］王茂庆．地方税的治理功能与税权配置［J］．理论月刊，2022（4）：100－106．

［118］王乔，席卫群．现代国家治理体系下的地方税体系构建研究［M］．北京：经济科学出版社，2015．

［119］王乔，席卫群，张东升．对我国地方税体系模式和建构的思考［J］．税务研究，2016（8）：3－8．

［120］王森．我国地方主体税种的选择与地方税体系建设［J］．当代经济，2020（1）：63－67．

［121］王曙光，章力丹．新时代地方税体系的科学内涵与构建［J］．税务研究，2019（1）：32－38．

［122］王曙光，章力丹，张泽群．税收征管现代化的科学内涵与发展路径［J］．税务研究，2021（10）：133－138．

［123］王婷婷．我国增值税收入地区分享不均衡问题的再思考［J］．当代财经，2021（5）：28－39．

［124］王伟同，徐溶壑，周佳音．县乡财政体制改革：逻辑、现状与改革方向［J］．地方财政研究，2019（11）：4－14．

［125］王玉玲，何倩，王劲楠．健全民族地区地方税体系：制度前提、现实基础与政策调整［J］．税收经济研究，2022（2）：11－16．

［126］王志扬，张平竺．地方税体系建设：理论基础和主体框架分析［J］．税务研究，2016（8）：13－17．

［127］温立洲，李金荣．''营改增''背景下地方税主体税种选择问题研究［J］．内蒙古社会科学（汉文版），2018（3）：125－131．

［128］吴市．我国现行税制问题及优化调整建议——以经济治理现代

化为视角 [J]．哈尔滨商业大学社会科学学报，2019 (4)：80 - 83．

［129］吴希慧．消费税作为地方税主体税种的可行性 [J]．会计之友，2014 (26)：83 - 87．

［130］吴晓红，罗文萍．我国地方税体系完善优化研究——以建立现代财政制度为目标 [J]．山东社会科学，2020 (11)：132 - 138．

［131］武汉市地方税务局课题组．深化我国税收法治现代化建设的对策 [J]．税务研究，2016 (2)：83 - 85．

［132］夏智灵．日本税收管理体制 [M]．北京：中国税务出版社，2013．

［133］肖玉峰．大数据在税收风险管理中的实践探析 [J]．税务研究，2018 (5)：123 - 127．

［134］谢贞发，夏宁潞，吴慧萍．消费税向地方税转型的改革研究 [J]．税务研究，2020 (6)：56 - 63．

［135］行伟波．地方财政困境的成因及地方税改革的模拟 [J]．财政研究，2013 (5)：55 - 58．

［136］徐博，庞德良．从"善制"走向"善治"：现代财政体制构建的系统思维与价值取向 [J]．经济学家，2017 (8)：80 - 88．

［137］徐翠翠，胡明，刘艳梅．地方税权配置的法治化路径 [J]．改革与战略，2015 (6)：93 - 96，114．

［138］徐歌．治理视角下我国地方税主体税种构建初探 [J]．山西财政税务专科学校学报，2021 (1)：11 - 16．

［139］徐全红，王艳芝．基于地方税体系完善的中国资源税制改革 [J]．地方财政研究，2017 (6)：40 - 45．

［140］徐涛，徐茂蓝．关于地方税若干基本问题的思考 [J]．中国财政，2020 (8)：53 - 54．

［141］许建国．中国地方税体系研究 [M]．北京：中国财政经济出版社，2014．

［142］颜晓玲，吴炜．主体税制理论与税种结构优化的思考 [J]．四川财政，2002 (10)：10 - 11．

[143] 杨得前. 中国税收收入规模与结构的影响因素研究 [J]. 中国行政管理, 2014 (7): 85-89.

[144] 杨卫华, 严敏悦. 应选择企业所得税为地方税主体税种 [J]. 税务研究, 2015 (2): 42-50.

[145] 杨欣. 论英国地方政府法下中央对地方管制路径的演进 [J]. 国际论坛, 2008 (4): 68-72.

[146] 杨志勇. 平等与税收: 对税制改革动向的思考 [J]. 国际税收, 2020 (7): 3-11.

[147] 杨志勇. 中央和地方事权划分思路的转变: 历史与比较的视角 [J]. 财政研究, 2016 (9): 1-9.

[148] 叶金育. 法定原则下地方税权的阐释与落实 [J]. 苏州大学学报 (哲学社会科学版), 2016 (5): 60-73.

[149] 尹音频, 金强. 房地产税免征模式: 社会福利效应的测度与比较 [J]. 税务研究, 2019 (4): 31-36.

[150] 于海斌, 樊丽明. 我国税收收入质量影响因素探究 [J]. 税务研究, 2015 (12): 29-33.

[151] 于淼. 税收法定视野下地方税体系之完善——一个地方税立法权的视角 [J]. 法学杂志, 2021 (3): 131-140.

[152] 张斌. 新发展阶段与地方税体系建设 [J]. 税务研究, 2021 (10): 10-14.

[153] 张德勇. 健全我国地方税体系的现实选择 [J]. 税务研究, 2018 (4): 57-61.

[154] 张德勇. 论个人所得税改革的政策取向 [J]. 地方财政研究, 2016 (7): 75-80.

[155] 张克中, 张文涛, 万欣. 税收分享与财政失衡: 中国增值税分享制度的重构 [J]. 财贸经济, 2021 (3): 44-58.

[156] 张念. 论"营改增"背景下地方税权体系之再完善 [J]. 法制与社会, 2018 (7): 158-160.

[157] 张守文. 论"共享型分税制"及其法律改进 [J]. 税务研究,

2014 (1): 58-63.

[158] 张学诞. 基于共享税视角下我国消费税度改革的思考 [J]. 国际税收, 2018 (11): 54-57.

[159] 张义军.《税收基本法》立法问题研究 [J]. 税收经济研究, 2015 (5): 35-43.

[160] 赵宇, 朱云飞. 西方主要国家的地方税体系与经验借鉴 [J]. 经济研究参考, 2014 (16): 18-23.

[161] 郑卫东, 刘朝均, 汪长青, 等. 不妨将企业所得税改为地方税 [N]. 中国经济导报, 2013.

[162] 周克清, 项梓鸣. 关于我国地方税系建设的若干思考 [J]. 税务研究, 2013 (11): 15-18.

[163] 周艳. 分税财政体制下的地方税体系健全探究 [J]. 中南林业科技大学学报 (社科学版), 2013 (8): 58-62.

[164] 朱尔茜. 全面营改增后地方主体税种的选择 [J]. 地方财政研究, 2017 (1): 57-62.

[165] 朱青. 完善我国地方税体系的构想 [J]. 财贸经济, 2014 (5): 5-13.

[166] 朱为群, 康善永, 缑长艳. 地方税的定位逻辑及其改革构想 [J]. 税务研究, 2015 (2): 51-56.

[167]《资源税、房产税改革对地方财政影响分析》课题组. 资源税、房产税改革及对地方财政影响分析 [J]. 财政研究, 2013 (7): 47-52.

[168] 邹新凯. 土地增值税立法：目的引入与税制修正 [J]. 税务与经济, 2021 (1): 41-49.

[169] Bird R M. Subnational Taxation in Developing Countries: A Review of the Literature [J]. Journal of International Commerce, Economics and Policy, 2011, 2 (1): 139-161.

[170] Boadway R. Inter-governmental Fiscal Relations: The Facilitator of Fiscal Decentralization [J]. Constitutional Political Economy, 2001 (12): 93-121.

[171] Bocci C, Ferretti C, Lattarulo P. Spatial Interactions in Property Tax Policies among Italian Municipalities [J]. Papers in Regional Science, 2019, 98 (1): 371-392.

[172] Brennan G, Buchanan J M. The Power to Tax: Analytical Foundations of a Fiscal Constitution [M]. New York: Cambridge University Press, 1980.

[173] Buettner T. The Incentive Effect of Fiscal Equalization Transfers on Tax Policy [J]. Journal of Public Economics, 2006, 90 (3): 477-497.

[174] De Tray D, Fernandez J. Distributional Impacts of The Property Tax Revolt [J]. National Tax Journal, 1986, 39 (4): 435-450.

[175] Elezi S. Property Tax in Transition Countries: The Case of the Republic of Macedonia from 2006-2015 [J]. European Scientific Journal, 2016, 12 (28): 344-360.

[176] Feltenstein A, Rider M, Sjoquist D L, et al. Reducing Property Taxes on Homeowners [J]. Public Finance Review, 2017, 45 (4): 484-510.

[177] Jibao S S, Prichard W. The Political Economy of Property Tax in Africa: Explaining Reform Outcomes in Sierra Leone [J]. African Affairs, 2015 (114): 404-431.

[178] Johnston R C. Property-Tax Reliance on Decline, Report Says [N]. Education Week, 2004-09-22.

[179] Kelly R. Implementing Sustainable Property Tax Reform in Developing Countries [M] //Taxation and Development: The Weakest Link?. Edward Elgar, 2014: 326-363.

[180] McKinnon R I. EMU as a Device for Collective Fiscal Retrenchment [J]. American Economic Review, 1997 (2): 227-229.

[181] McLure C E, Jr. Tax Assignment and Subnational Fiscal Autonomy [J]. Bulletin for International Fiscal Documentation, 2000, 54 (12): 626-635.

[182] Messina G, Savegnago M. Beyond the Acronyms: Local Property Taxation in Italy [R]. Questioni Di Economia E Finanza, Bank of Italy, 2014.

[183] Mintz J. Capital Mobility and Tax Competition [M]. Boston – Delft: Now Publishers Inc., 1998.

[184] Munoz A. Essays on Strategic Fiscal Interaction among Local Governments in the Context of Developing Countries: The Case of Colombia [D]. Dissertations & Theses-Gradworks, 2014.

[185] Musgrave R A. The Theory of Public Finance [M]. New York: McGraw-Hill, 1959.

[186] Musgrave R A. Who should Tax, Where and What? [C] //McLure C. Tax Assignment in Federal Countries. Canberra: Australian National University, 1983.

[187] Nelson M. An Empirical Analysis of State and Local Tax Structure in the Context of the Leviathan Model of Government [J]. Public Choice, 1986, 49 (3): 283 – 294.

[188] Norregaard J. Taxing Immovable Property Revenue Potential and Implementation Challenges [R]. IMF Working Papers, 2013, 13 (129): 1.

[189] Oates W E. An Essay on Fiscal Federalism [J]. Journal of Economic Literature, 1999, 37 (3): 1120 – 1149.

[190] Oates W E. Fiscal Federalism [M]. New York: Harcourt Brace Jovanovich, 1972.

[191] Passant J, Mclaren J. The Henry Review of Australia's Future Tax System: Implication for Local Government [J]. Mondes En Développement, 2011, 138 (2): 103 – 118.

[192] Povarova A. Reforming Individual Income Tax is the Crucial Factor in Stabilizing the Budgetary System [J]. Economic & Social Changes Facts, 2017, 6 (48): 193 – 213.

[193] Qian Y, Roland G. Federalism and the Soft Budget Constraint [J]. American Economic Review, 1998 (88): 1143 – 1162.

[194] Qian Y, Weingast B R. Federalism as a Commitment to Market Incentives [J]. Journal of Economic Perspective, 1997 (4): 83 – 92.

[195] Rao M G. Tax Reform in India: Achievements and Challenges [J]. Asia-Pacific Development Journal, 2000, 7 (2): 59 – 74.

[196] Shon J, Chung I H. Unintended Consequences of Local Sales Tax: Capitalization of Sales Taxes into Housing Prices [J]. Public Performance & Management Review, 2018 (1): 47 – 68.

[197] Sjoquist D L, Smith W J, Walker M B, et al. An Analysis of the Time to Adoption of Local Sales Taxes: A Duration Model Approach [J]. 2010, 27 (1): 20 – 40.

[198] Sujjapongse S. Tax Policy and Reform in Asian Countries: Thailand's Perspective [J]. Journal of Asian Economics, 2005, 16 (6): 1012 – 1028.

[199] Tiebout C. A Pure Theory of Local Expenditures [J]. Journal of Political Economy, 1956 (64): 416 – 424.

[200] Von Haldenwang C. The Political Cost of Local Revenue Mobilization: Decentralization of the Property Tax in Indonesia [J]. Public Finance and Management, 2015 (17): 124 – 151.

[201] Walasik A. The Propensity to Tax Competition: The Case of Implementation Local Tax Policy by Polish Local Governments [J]. Eurasian Journal of Economics and Finance, 2015, 3 (1): 28 – 37.

图书在版编目（CIP）数据

地方税体系优化研究／章力丹，王曙光著．--北京：经济科学出版社，2024.1
ISBN 978-7-5218-4983-7

Ⅰ.①地…　Ⅱ.①章…②王…　Ⅲ.①地方税体系-研究-中国　Ⅳ.①F812.7

中国国家版本馆 CIP 数据核字（2023）第 136951 号

责任编辑：初少磊　尹雪晶
责任校对：易　超
责任印制：范　艳

地方税体系优化研究

DIFANGSHUI TIXI YOUHUA YANJIU

章力丹　王曙光　著

经济科学出版社出版、发行　新华书店经销
社址：北京市海淀区阜成路甲 28 号　邮编：100142
总编部电话：010-88191217　发行部电话：010-88191540

网址：www.esp.com.cn
电子邮箱：esp@esp.com.cn
天猫网店：经济科学出版社旗舰店
网址：http://jjkxcbs.tmall.com
北京季蜂印刷有限公司印装
710×1000　16 开　14.75 印张　220000 字
2024 年 1 月第 1 版　2024 年 1 月第 1 次印刷
ISBN 978-7-5218-4983-7　定价：60.00 元
(图书出现印装问题，本社负责调换。电话：010-88191545)
(版权所有　侵权必究　打击盗版　举报热线：010-88191661
QQ：2242791300　营销中心电话：010-88191537
电子邮箱：dbts@esp.com.cn)